•项/目/管/理/核/心/资/源/库/

许江林 张富民 王洪琛 著

高效运作项目管理办公室

（第3版）

GAOXIAO
YUNZUO
XIANGMU GUANLI
BANGONGSHI

电子工业出版社·

Publishing House of Electronics Industry

北京·BEIJING

图书在版编目（CIP）数据

高效运作项目管理办公室 / 许江林，张富民，王洪琛著. —3 版. —北京：电子工业出版社，2020.7（2025.9 重印）

ISBN 978-7-121-39180-4

Ⅰ. ①高… Ⅱ. ①许… ②张… ③王… Ⅲ. ①项目管理 Ⅳ. ①F224.5

中国版本图书馆 CIP 数据核字(2020)第 113601 号

责任编辑：刘淑敏

印　　刷：**河北虎彩印刷有限公司**
装　　订：**河北虎彩印刷有限公司**
出版发行：电子工业出版社
　　　　　北京市海淀区万寿路 173 信箱　　邮编 100036
开　　本：720×1000　1/16　印张：21.75　字数：322 千字
版　　次：2010 年 5 月第 1 版
　　　　　2020 年 7 月第 3 版
印　　次：2025 年 9 月第 9 次印刷
定　　价：88.00 元

凡所购买电子工业出版社图书有缺损问题，请向购买书店调换。若书店售缺，请与本社发行部联系，联系及邮购电话：(010) 88254888，88258888。

质量投诉请发邮件至 zlts@phei.com.cn，盗版侵权举报请发邮件至 dbqq@phei.com.cn。

本书咨询联系方式：(010) 88254199，sjb@phei.com.cn。

前　言

不变的只有变化本身。PMO 不是一个新话题，但关于它的讨论每天都是新的。

本书在 2010 年出了第 1 版，受到业界的广泛好评。到目前为止，时间已经过去了整整 10 年，其间发生了很多变化。社会技术发生了变化，企业运作方式发生了变化，项目管理的实践和方法论发生了变化，项目管理办公室的生存状态发生了变化，人们对 PMO 的认知也发生了变化。

2010 年本书第 1 版推出时面临的形势是，虽然有一部分企业已经建立了 PMO，但是对于大部分企业来说，PMO 是一个新颖的话题，它们开始对这个话题感兴趣，并且开始考虑在自己的企业里筹建 PMO。基于这样的背景，第 1 版主要讨论了如何从无到有地组建 PMO，以及组建之后如何运作 PMO，包括详细的指导步骤、图表模板和案例讨论。

而在之后的几年中，大部分组织都组建并运行了 PMO，摆在人们面前的主要问题是：如何展示 PMO 的价值？如何让组织上下真正认可 PMO 的存在价值？有的 PMO 因为无法展示价值而陷入窘境，甚至有的 PMO 因为其价值不能及时获得认可，在运行两三年之后被迫关停。所以，2016 年推出的第 2 版增加了第 11 章，讨论如何彰显和度量 PMO 的价值。

在最近几年，笔者领导了多个 PMO 咨询项目，包括大型集团 PMO 体系的建设、小型公司项目管理转型、互联网公司PMO职责的重新定义、生物医药研发企业PMO的建设等，这些项目虽然从名字看大同小异，但是本质上千差万别，因为不同企业对PMO寄予的期望不同，要求PMO承担的角色不同，而每个PMO在组建或转型之后所面临的挑战也不同。笔者希望在第3版中分享这些咨询项目中的部分感悟和心得，供那些正在PMO岗位上工作的人士参考，也供那些正在对是否组建PMO犹豫不决的企业决策者参考。

一个PMO，如果运行得好，则从硬性指标看，可以缩短项目工期，降低项目成本（尤其是人工成本），提高项目质量，增加企业营收和利润；从软性指标看，可以使员工在工作中的成就感、幸福感提高，使客户在项目参与过程中的体验提升，从而不论是员工还是客户，都会把项目经历作为一份值得"炫耀"的职业资历，甚至一份值得珍藏的荣誉和记忆。

一个PMO，如果运行得不好，则不仅不会提升项目绩效和收益，不会提高客户满意度，反而会增加项目团队的工作量和焦虑感。比如，要求项目团队每月提交工作报告，每周填写工时统计，按时出席项目审查会议。有的PMO还对项目经理和成员进行绩效考核，并且与奖金、津贴挂钩。从价值流分析的角度上看，这些工作大部分属于非增值活动；从组织理论上讲，这些管理方法是从"Y理论"到"X理论"的一种倒退。

笔者经营着一家PMO俱乐部，一些来自不同企业的成员会定期聚集在一起讨论。讨论的内容每次都不同，讨论的目的却每次都相同，就是如何避免成为一个"运行得不好的PMO"，如何逐步成为一个"运行得好的PMO"。这也是本书从第1版到第3版所讨论的终极话题。

本书第3版在前面版本的基础上进行了修改，吐故纳新，删除了一些与当前时代不再合拍的理念、方法和案例，增加了VUCA时代项目环境下的新做法。主要修订和增加的内容有以下三个方面。

（1）讨论了网状组织结构。Google公司在层级组织的基础上建立了蜘蛛网状的项目组织结构，Facebook公司则采用了全方位的网状结构，完全模糊了上下级的关系。传统的职能型、矩阵型、项目型等组织结构已经很难解释和定义这些新的组织结构模式，而这些新模式也正在对其他的组织和项目产生影响。第 2 章增加了一个案例分享，描述了一个小型企业如何在 PMO 的推动下从垂直层级组织向网状组织转型，并且获得了初步成功。在这个企业中，员工可以自己发起项目、自己组建团队、自己推动项目执行，项目经理可能只是一名毕业两年的年轻员工，而部门领导可能是该项目的成员。

（2）删除了原来的"PMO 绩效评价表"，在此表基础上扩充为"PMO 成熟度评估表"。这个表格是 PMO 俱乐部成员集思广益、博采众长所形成的一个框架，框架中描述了 PMO 可以承担的几乎所有职能。编写 PMO 成熟度评估表的目的并非评估成熟度本身，因为各个组织对 PMO 的定位不同，没有一个组织要求 PMO 承担表格中定义的全部 13 大项 103 小项工作。这个表格的主要目的是回答 PMO 经常提到的问题：我们应该怎么做才能真正助力项目成功、助力企业发展，从而向组织展示自己的价值，赢得项目团队的尊重，赢得领导的认可？关于 PMO 成熟度评估表及其使用步骤详见新增加的第 11.6节"通过成熟度评估寻找提升 PMO 价值的机会"。

（3）讨论了敏捷环境下 PMO 的转型。互联网企业风起云涌，这些企业每天都在应对不断变化的市场需求，同时它们的运营在很大程度上依赖 IT 技术，因此很多互联网公司的研发部门采用了敏捷方法。实践证明，敏捷方法确实加快了研发的速度，改善了业务需求部门、市场销售部门、最终客户和用户与研发部门之间的关系。在很多非互联网企业，也在其研发项目中引入了敏捷方法。在企业向敏捷转型的过程中，PMO 应该承担什么角色，如何从"靠边站"转为"涛头立"？本书增加了"第 12 章 项目环境下的 PMO"，专门对此话题进行了详细的讨论。

在编写本书的过程中，笔者力求做到结构简单、内容务实。下面是对书中各个章节的简述，以便读者有选择、有针对性地阅读。

- 第 1 章介绍了 PMO 在组织中的几种典型的存在形态，讨论了 PMO 与相关个人及部门的关系，概要介绍了 PMO 的 3 个关键职能，即战略职能、治理职能和卓越中心职能。

- 第 2 章详细介绍了 PMO 的战略职能，说明了 PMO 与战略规划的关系，以及为了执行战略，PMO 需要制定的多个相关标准，如项目准入标准、项目退出标准等，并在章节末尾提供了一个从垂直职能结构向网状项目结构转型的案例分享。

- 第 3 章介绍了 PMO 的治理职能，定义了项目的治理主体，回答了：治理的目的是什么？治理时需要审查哪些方面？治理之后要得出什么结论？哪些做法是不恰当的治理？此章中提出了包含 8 个方面的项目治理环，涵盖了每次治理包含的 8 个方面；提出了基于项目生命周期模型的治理框架，以避免出现随意治理的乱象。

- 第 4~8 章，以通用的项目生命周期模型为线索，顺序讨论了 PMO 在各个阶段的治理活动，从项目选择、项目启动和计划、项目实施、危机项目整改，一直到项目收尾和收益转化。第 8 章末尾分享了一个经典研发项目失败的案例，PMO 在不同的时段对同一项目的复盘可能得出不同的结论，这有利于启发 PMO 思考如何处理那些"暂时失败"的研发项目——是束之高阁，还是寻找转机。

- 第 9 章介绍了 PMO 的第 3 个关键职能，即卓越中心职能，包括为组织建立项目管理体系、管理组织的项目知识库、对项目经理和成员进行绩效评价、建立组织项目管理能力框架、规划项目经理职业发展道路，以及在组织中营造项目管理文化氛围等。此章末尾分享了某公司 PMO 内部的职能分工情况，包括三个小组，分别为核心组、专家组和流程组，这种划分方式可以被大部分 PMO 作为参考。

- 第 10 章从项目管理顾问的角度出发，讨论了在组织中从无到有地建立 PMO 的详细过程，介绍了 PMO 建设项目的通用生命周期模型及各个阶段的主要工作。此章末尾提供了一个案例，详细介绍了某公司新建

PMO 过程的主要工作。

- 第 11 章介绍了用来度量 PMO 价值的诸多实用指标，提供了 PMO 成熟度评估表。PMO 可以直接在表格中进行自评打分，得出结果雷达图，圈定改善机会，不断提升价值和扩大影响力。

- 第 12 章详细讨论了项目环境下 PMO 的转型，分 6 个步骤描述了从敏捷适用性评估到转型成功后 PMO 稳定期的职能。其中提供了敏捷转型准备度评估表，有助于企业在实施敏捷方法之前做好充分的准备工作，以确保敏捷转型之后实现预期效果。

在本书改版过程中，参考了 PMI 推出的系列标准和实践指南的最新版本，这些标准一直是项目管理从业人员知识、力量和信念的来源。具体情况在书后的"参考文献"中有详细说明。

感谢尊贵的咨询客户和培训客户的信任，才使笔者有机会不断地在实践中提升自己的认知水平，才拥有此时的机会与广大读者分享自己的心得。由于咨询合同和培训合同中相关条款的限制，在此不能列举这些企业和个人的名字，只能把感激之情深藏在心底。感谢东川八佰 PMO 俱乐部所有成员的支持，是他们提出的问题鞭策着笔者不停地去思考、去探索。感谢李守中、白露、王兴钊、张轶明、李鹏飞、梁泽娴等朋友在本书编写过程中提供或整理素材。感谢刘露明，并把新版作为送给她的退休礼物。

最后，感谢各位尊敬的读者，感谢您的信任！在编写本书的过程中，笔者虽然做了大量的访谈和研究，但其中难免有不足之处，恳请读者不吝指出，共同探讨，共同提升。如读者有疑问或建议，可通过电子邮件联系笔者（dongchuan800@tom.com）；也可以关注笔者的微信公众号 xujianglin2014，了解有关项目管理及 PMO 的更多信息。

作者介绍

许江林

毕业于上海交通大学技术经济专业，工作期间攻读了美国城市大学在中国的 MBA 课程并获取学位。先后在海尔集团、朗讯公司、惠普公司从事 15 年项目管理工作，目前为独立项目管理顾问，为企业提供项目管理咨询和培训服务。参加了中粮集团标杆管理推进项目，被评为中粮集团标杆管理中心专家委员会成员（2015—2016 年）。从 2014 年起，组织开展跨行业项目管理现状调查活动并发布调查报告。培训课程有"高效运作项目管理办公室""企业项目管理实战研讨""项目经理个人魅力提升""项目管理知识体系基础"等。已出版的著作有《IT 项目管理最佳历程》，译作有《可视化项目管理》《信息技术项目管理》《发现你的行为模式》等。

张富民

大连理工大学计算机专业硕士，北京大学中国经济研究中心 BiMBA。在国家统计局数据管理中心任职，拥有十余年项目管理经验，先后参与并指导过多个重大项目的实施，担任过项目负责人、项目监控者、项目发起人等角色。

王洪琛

毕业于哈尔滨船舶工程学院计算机应用专业，在国家统计局数据管理中心任职，拥有十余年项目管理经验，先后参与并指导过多个重大项目的实施，担任过项目负责人、项目监控者等角色。

目 录

第 2 章　PMO 的战略职能 / 19

第 3 章　PMO 的治理职能 / 52

第 1 章

PMO 的概念和存在形式

How to

Run PMO

Effectively

1.1　项目在组织中的地位

　　根据 PMI 最新发布的《项目组合管理标准》，一个组织中组织战略、日常运营及项目管理之间的关系如图 1-1 所示，这种关系不仅适用于企事业单位，也适用于政府部门和非营利组织。

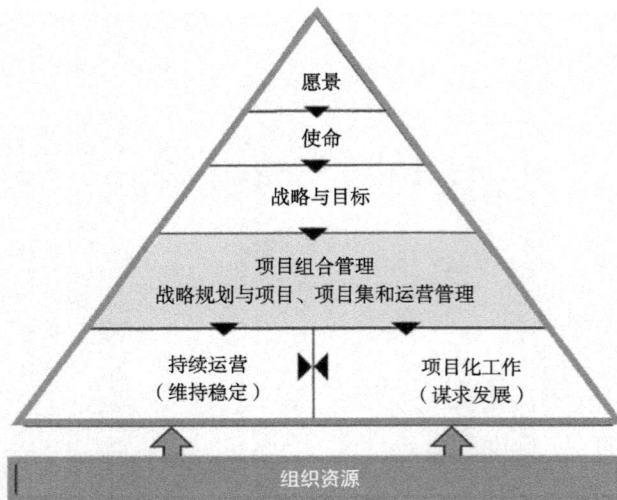

图 1-1　组织战略和日常运营及项目管理之间的关系

　　位于塔形图顶端的是组织的愿景（Vision）。愿景说明"What to be"，即成为什么，也就是对组织未来情形的期望，是组织发展的根本驱动力。为了实现愿景，组织需要确定其使命（Mission），使命说明"What to do"，即需要做哪些事情才能使愿景得以实现。基于使命，组织制定战略和目标。战略说明"How do do"，即如何做，也就是确定完成使命所采用的具体路线和方法；目标说明"How to measure"，即如何对使命的完成情况进行检查和度量。

　　组织战略通过两个途径得以实现：一个是运营工作（Operational Work），另一个是项目和项目集（Project/Program）。日常运营保证组织的持续稳定，而项目推动组织的持续发展。追求持续发展的组织至少关注 3 种类型的项目。

- 新产品、新业务的研发项目。这些项目为组织明日的生存做准备。
- 客户价值项目。组织通过提供产品或服务来满足客户需求，为客户提供价值，组织也从中得到应有的收益。
- 运营优化项目。这些项目着眼于降低组织目前的运营成本，提高工作效率。

因此，项目是组织实现其战略的重要手段，在组织中具有不可或缺的重要地位。而项目在组织中的存在形态可以分为 3 种，分别是项目、项目集和项目组合。下面分别对这 3 种形态进行简要介绍。

1．项目

项目是为提供某项独特产品、服务或成果所做的临时性努力。项目管理是指在项目活动中应用知识、技能、工具和技术以达到项目要求的过程。项目管理是通过应用和综合诸如启动、规划、执行、监控和收尾等项目管理过程来进行的。项目经理是负责实现项目目标的个人，项目管理的关键词是交付成果。在一个组织中，开发一款新产品、组织一次员工活动、执行一份客户合同都是一个项目，项目经理在管理项目的时候，需要同时在范围、进度、成本、质量、人员等诸多方面进行整合管理，以期成功交付项目成果，实现预期价值，为组织战略做贡献。

2．项目集

项目集是一组相互关联且被协调管理的项目或其他活动的总和，放在一起管理可以获得分别管理所无法获得的收益。项目集中的项目通过产生共同的结果或整体能力而相互联系。项目集管理指的是应用知识、技能、工具与技术来满足项目集的要求，获得分别管理各项目所无法实现的利益和控制。项目集管理重点关注项目间的依赖关系，解决多项目之间的资源制约或冲突。项目集管理的关键词是项目间协调和综合收益的实现。建立一个新的长途通信网络就是项目集的一个实例，其中包含交换机系统的设计和实施、传输系统的设计和实施、业务支撑系统的建设、计费系统的建设等。

3．项目组合

项目组合是指为了实现战略目标而组合在一起管理的项目、项目集和其他活动的总和。组合中的项目或项目集之间不一定相互依赖或直接相关。项目组合管理重点关注通过审查项目和项目集，来确定资源分配的优先顺序，并确保对项目组合的管理与组织战略协调一致。项目组合的关键词是投资与战略。一个组织某年度的战略举措之一是降低成本、提升运营效率，为此，当年度同时开展了若干个流程改进项目，这些项目之间并没有相互关系，却放在一起管理时，有助于组织利用现有资源最大限度地提升运作效率，实现战略目标。

1.2 项目组合、项目集及项目之间的关系

项目组合、项目集及项目之间存在包含和被包含的关系。项目组合中包含项目、项目集和其他活动；项目集包含在项目组合中，其自身又包含了项目和其他活动；单个项目无论属于或不属于项目集，都是项目组合的组成部分。它们之间的关系如图1-2所示。

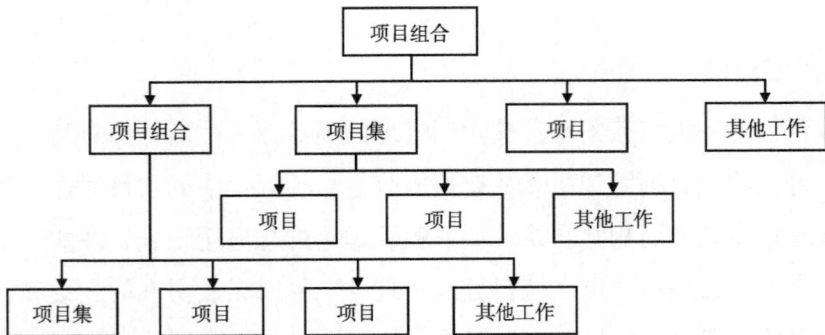

图1-2　项目、项目集和项目组合之间的关系

1.3　什么是项目管理办公室

PMO 是英文 Project/Program/Portfolio Management Office 的缩写，意思是项目/项目集/项目组合管理办公室，大部分情况下我们都简称为项目管理办公室。虽然项目具有临时性的特点，但是 PMO 是组织的常设职能机构。PMO 通过对项目、项目集和项目组合的集中管控，追求组织中所有项目的成功，从而帮助组织实现战略目标。PMO 的作用主要体现在以下 3 个方面：

- 向上承接战略。根据组织战略，选择正确的项目。
- 向下指导实际操作。通过监控和指导，确保各个项目都能成功，从而实现战略。
- 提高效率。通过流程改进和文化建设，确保组织资源的最佳利用，并同时保证员工的高满意度。

在实际工作中，根据组织对项目管理的重视程度，以及 PMO 本身成立的时间长短，PMO 有一个从初级职能到高级职能的演进过程。

- **初级职能**的 PMO 只对项目团队提供单向的支持，如提供工具模板、组织培训等，仅仅是一个卓越中心的雏形。
- **中级职能**的 PMO 开始制定流程并要求项目团队服从，同时对项目绩效进行监管和报告。在卓越中心的基础上，开始了治理职能的尝试。
- **高级职能**的 PMO 参与战略制定，对项目进行全程监控，并直接对项目结果负责，具体工作包括：选择正确的项目，监控项目实施过程，主动发现问题，督促并带领项目团队进行纠偏，及时叫停没有理由继续存在的项目，对项目最终绩效进行评价等。高级职能的 PMO 功能完整，同时拥有战略职能、治理职能和卓越中心职能这 3 个关键职能。

在一个期望持续发展的组织中，必须有项目型工作（如项目、项目集、项目组合）的存在。为了对这些项目型工作进行有效监管，确保其成功，从而实现战略，组织必须设置 PMO。PMO 的存在与组织现有的经营业务类型及组织结构形式无关。下面分别举例说明 PMO 在各种组织类型中的存在形式。

1.4 职能型组织中的 PMO

典型的职能型组织是一种层级结构，每位员工都有一位明确的上级。人员按专业归入不同的职能部门或运营部门。各部门还可进一步分成更小的部门。例如，工程部可能进一步分为机械部和电气部。在职能型组织中，各个部门相对独立地开展各自的项目工作，通常都由各个部门的经理来兼职担当项目经理的角色，项目成员来自部门内部。

在职能型组织中，PMO 设置在高于各个部门的位置，直接向总经理汇报。虽然各个部门各自负责自己的项目，但是各个部门发起项目时，需要提报 PMO 批准，PMO 要确保所启动的项目符合组织战略，并有合理可靠的预期收益。同时，PMO 还需要向各职能部门经理宣讲项目管理方式与运营管理方式的不同，以保证这些经理可以按照正确的方式分别管理项目与日常运作。职能型组织中的 PMO 位置如图 1-3 所示。

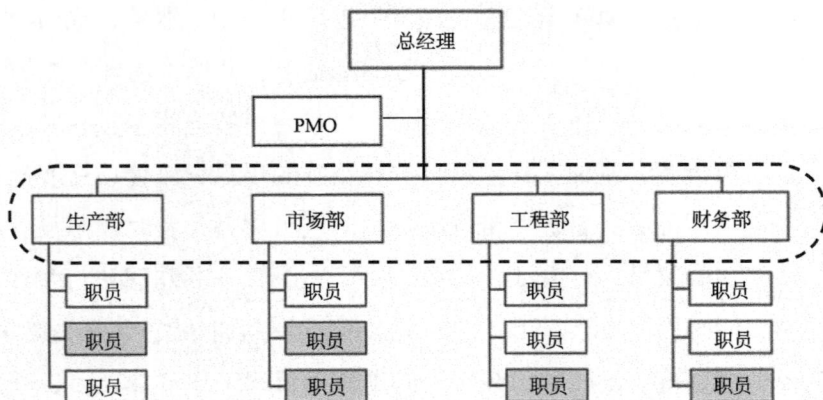

图 1-3 职能型组织中的 PMO 位置

1.5　矩阵型组织中的 PMO

矩阵型组织兼具职能型组织和项目型组织的特征。根据职能经理和项目经理之间的权力和影响力的相对程度，矩阵型组织可分为弱矩阵、平衡矩阵和强矩阵型组织。弱矩阵型组织保留了职能型组织的大部分特征，其项目经理的角色更像协调员或联络员。项目联络员作为工作人员的助理和沟通协调员，不能制定决策。项目协调员有权力做一些决策，有一定的职权，向较高级别的经理汇报。强矩阵型组织则具有项目型组织的许多特征，拥有掌握较大职权的全职项目经理和全职项目行政人员。平衡矩阵型组织虽然承认全职项目经理的必要性，但并未授权其全权管理项目和项目资金。

在矩阵型组织中，项目的实施需要大量的跨部门协作，与把 PMO 放在项目实施部门相比，把 PMO 设置在高于各个部门的位置更有好处。即使在强矩阵组织中，项目经理属于专门的项目实施部，资源仍然属于职能经理，项目经理的权力仍然需要与职能经理分享。PMO 负责项目的审批，保证项目与战略的一致性，以及每个项目均有合理可靠的预期收益。同时，PMO 对所有项目进行监管，站在战略高度，把有限的资源分配给更为重要的项目，并且及时终止那些不再符合战略的项目。在矩阵型组织中，PMO 负责横向协调各个部门之间的关系，保证以最高效的方式完成项目。图 1-4 说明了强矩阵型组织中的 PMO 位置。

1.6　项目型组织中的 PMO

在项目型组织中，团队成员通常集中办公，组织的大部分资源都用于项目工作，项目经理拥有很大的自主性和职权。项目型组织中的部门，要么直接向项目经理报告，要么为各个项目提供支持服务。

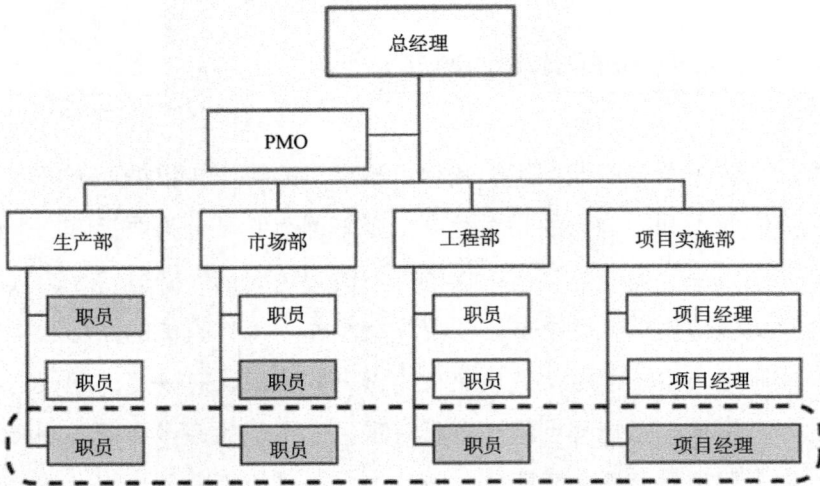

图 1-4　强矩阵型组织中的 PMO 位置

　　虽然在项目型组织中，项目经理拥有最大的权力，可以直接调动资源，但仍然需要设立 PMO。除负责项目与战略的一致性、对项目进行治理外，PMO必须发挥卓越中心的职责。在项目型组织中，各个小组独立作战，项目之间、技术领域之间、专业领域之间的分享机会较少。所以，PMO 需要制定统一的项目流程，并通过建立组织过程资产等多种形式促进共享，提升组织整体效率。图 1-5 是项目型组织中的 PMO 位置。

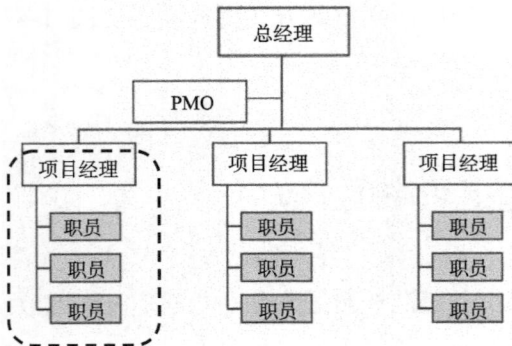

图 1-5　项目型组织中的 PMO 位置

1.7　复合型组织中的 PMO

　　复合型组织中会同时出现职能型、矩阵型、项目型组织的特征，在这种组织中，对于重大的项目，会建立专门的项目团队。同时，可能采用强矩阵结构管理其大多数项目，而小项目仍由职能部门管理。

示例

　　某制造工厂是典型的职能型组织，企业为了追求快速发展，每年都要实施大大小小很多个项目。有的小项目由部门负责，按照组织既有的职能汇报体系进行管理，如流水线的技术改造项目、流程优化项目等；有的大项目则需要成立专门的全职项目小组，如引进国外流水线项目、海外建分厂项目等。该公司设立有企业级 PMO，职责包括对所有项目的立项评估、可行性研究报告评估、项目资金批准和拨付、项目实施过程监管及项目投产批准。在项目投产之后，PMO 还要对项目收益进行跟踪，完成项目绩效后评估，从而验证项目是否实现了预期收益，当初的项目选择是否正确。PMO 在该组织中的位置如图 1-6 所示。

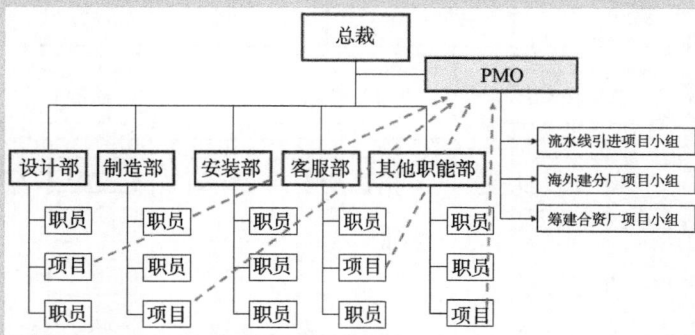

图 1-6　复合型组织中的 PMO 位置

1.8 多层级的 PMO

　　一些大型企业往往会设置多层 PMO。企业级 PMO（EPMO）负责战略管理和重大项目的监管。在事业部或部门也设置了 PMO，这些 PMO 主要负责本部门所辖项目的治理。一些大型的项目，通常由 EPMO 发起和批准之后，分配给某个部门具体牵头完成，那么部门级 PMO 就需要密切监控这些项目，并及时向 EPMO 报告情况。还有一些项目是部门根据组织战略自行发起的，通常会设一个控制界限，高于这个界限，需要获得 EPMO 的审批，并需要向其报告动态。低于这个界限，则由部门级 PMO 自行管理，不需要上报 EPMO。图 1-7 是多层级 PMO 的举例。在实际工作中，一个大型企业的 PMO 可能从集团级 PMO，延伸到二级单位 PMO、三级单位 PMO、四级单位 PMO 甚至更底层的单位，因此需要在集团层面上建立包括多层监管的 PMO 流程，详细设计各层级之间的控制临界值，做到监管的有效且高效。

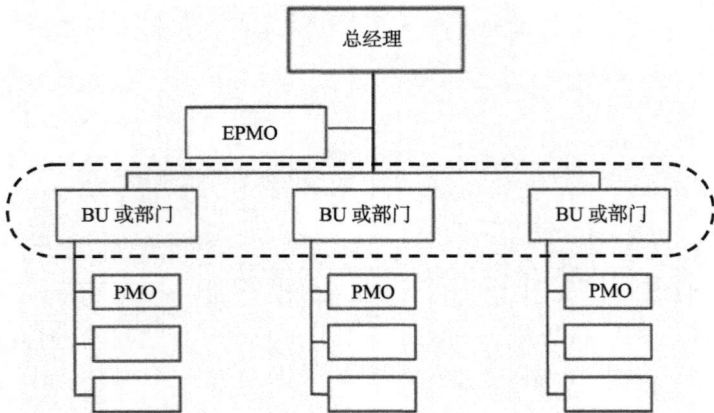

图 1-7　多层级 PMO

1.9　孤岛型部门级 PMO

不像上面的多层级 PMO 结构，这类孤岛型 PMO 存在于组织的某个部门。因为公司主营业务为运营型工作，因此项目管理尚未引起管理的足够重视，也就没有在组织层面设立 PMO。但是某些部门由于其工作有明显的项目特征，所以，在工作的驱动下，成立了部门级的 PMO。

这些 PMO 直接向部门经理报告，负责部门内部所有项目的选择、监控和绩效评估。部门级 PMO 从部门角度出发，通过资源优化等手段，追求最佳投入产出比，支持部门及组织战略目标的实现。孤岛型 PMO 通常存在于 IT 支持部、研发部、基建部、培训部、市场部等这类项目密集型的部门中。这些部门的工作虽然也包括日常运营业务，但主要集中于项目的实施和管理。项目之间需要协调，项目和日常运营之间也需要协调，因此，在这些部门内建立 PMO 就显得非常有必要。

示例

某个食品生产企业的职能包括研发部、市场部、采购部、生产部、财务部等。研发部研发出来的产品将由生产部进行生产，之后由市场部和销售部卖给用户，创造收益。当研发部职能比较简单、项目数量较少时，可以由部门经理在具备一定项目管理知识和能力的前提下担当 PMO 的职能；当部门并行实施的项目数量较多时，则需要建立由项目管理专业人士组成的 PMO，对这些项目进行集中跟踪和监管（见图 1-8）。

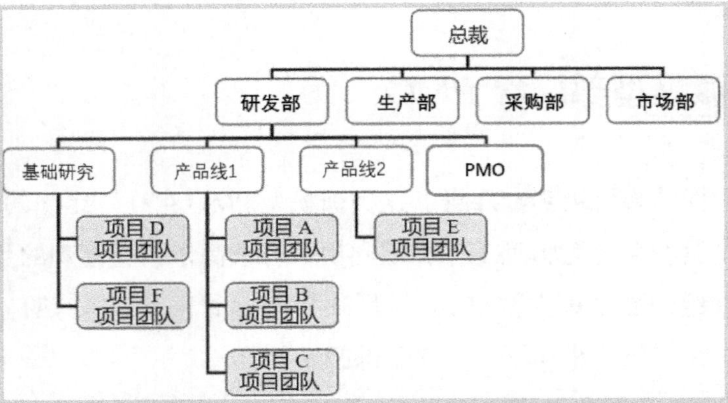

图 1-8 孤岛型部门级 PMO

1.10 敏捷环境下的 PMO

正在向敏捷转型或已经在实施敏捷方法的公司也需要 PMO。正在转型敏捷的公司通常会建立一个敏捷转型小组，这个小组日后会变身为一个持久的职能敏捷 PMO。

在敏捷环境下，PMO 的主要工作体现为：

- 推动敏捷变革。自上而下地宣讲敏捷方法的好处和必要性。
- 提供培训、建设能力。开发与敏捷方法相关的系列课程，持续向项目团队和相关方提供培训。
- 建立敏捷专业人才库，对敏捷项目经理或 Scrum Master 进行专业认证和持续培训辅导。
- 担任企业内部咨询顾问。针对项目团队遇到的特殊问题，通过专业引导技能，帮助团队找到答案，解决问题。
- 项目间协调。承担 TOT（Team of Teams）的责任，解决项目间的冲突，促进项目间的协作。

- 提供工具。为敏捷团队提供所需的模板、表格和软件工具，促进项目信息的可视化。
- 促进一致性。通过设立相关流程，确保各项目在管理方法、思路和理念上的统一；确保各项目与公司整体利益的统一。
- 知识共享。在敏捷团队回顾会议的基础上，促进项目团队之间的经验教训共享，建立组织级知识库。

1.11　PMO 与项目经理的关系

PMO 和项目经理的共同之处在于他们都希望项目成功，从而为组织创造预期的价值和收益，但是两者之间也存在差异。PMO 注重整体收益，强调从组织层面上实现投入产出的最佳比例。PMO 把项目作为实现组织战略目标的一种手段而不是目的。项目经理的责任是实现单个项目的目标，为了实现项目目标，他们有时候需要和其他项目抢夺稀缺资源。

在大部分情况下，项目经理直接汇报给项目实施部的领导，或者隶属于某个职能部门，同时就项目情况虚线汇报给 PMO。

有的 PMO 直接管理和控制项目，这时候，项目经理被安置在 PMO 部门之内，直接向 PMO 汇报，如图 1-9 所示。这时候的 PMO 也被称为指令型 PMO，需要直接对项目的成败负责任。在这种形式下，PMO 对项目经理和项目工作的管控更为直接，但是如果 PMO 的主任与其他职能部门的经理平级，那么在协调资源方面会存在困难。

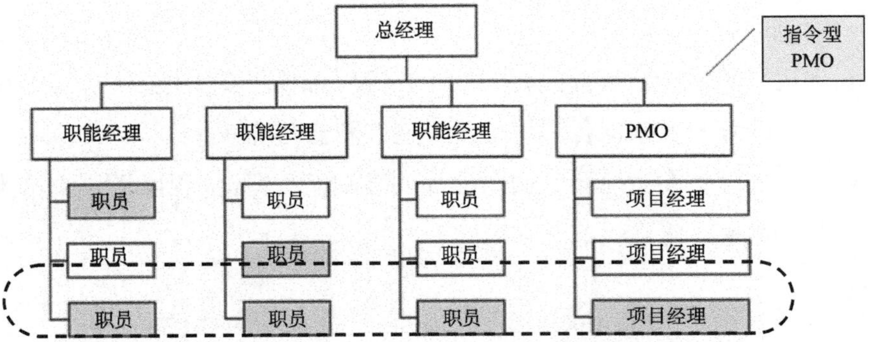

图 1-9　指令型 PMO

1.12　PMO 与项目经理的经理的关系

如果 PMO 不是指令型 PMO，也就是项目经理自己有领导，只是就项目状况虚线向 PMO 汇报，那么此时 PMO 的一个重要相关方就是项目经理的直接领导。这位领导对 PMO 的支持和认可，对 PMO 工作的成功至关重要。PMO 与这些经理之间需要达成协议，清楚地定义在对项目经理、项目团队、项目的管理过程中，各方的责任与分工。主要来说，这些经理负责对项目的直接指导，对项目成败负有直接责任。PMO 负责项目立项的审批、基于项目里程碑的治理、卓越中心的建设。但是还需要根据各个公司具体情况的不同，通过详细的流程把双方之间的协作和界限明确出来。

为了提升组织整体项目管理水平，确保组织以高效的方式推动项目，PMO 应该向这些经理提供合适的项目管理培训，如项目管理、项目集管理、项目领导力、项目组合管理等，并对这些经理的任职资格和工作绩效进行考核。

1.13　PMO 聘任的专家委员

项目中的关键决策都需要动用专家判断的技术。PMO 负责组建专家委员会，并根据专业领域，把这些专家分到不同的专家小组中。在项目各个关键评审点上，都需要专家参与并提供意见。对于出现问题的项目，也需要专家委员会对问题项目进行审查，并合力制定整改措施。专家委员会的成员可能来自组织内部的各个职能与运营部门，也可能来自组织外部。

建议 PMO 采用年度聘任制，在聘任之前要进行严格的资格审查；在聘任期间要对专家的参与度及有效性进行跟踪考评；在任期结束时，要综合考虑、双向协商，以确定是否续聘。建议更多地选用组织内部一线人员担任专家委员会成员。项目管理体系认为，所谓专家，就是具有丰富的一线实践经验，善于分析、总结、分享和帮助他人的人。入选委员会成员，也是对一线优秀员工的一种精神激励。由于他们在担任专家期间付出了额外的努力，也建议给予他们一定的物质激励。另外，建议专家委员会成员每年替换率至少达到30%，以保证可以吸纳新的思想进来。即使当年度所有专家都表现优秀，无法做出淘汰决策，也可以在一开始就建立专家轮值制度，如一位专家的连续任职期不能超过两年，两年表现都好，那么就建议休息一年，第三年再聘请进来。

1.14　PMO 的其他相关方

PMO 需要和多方面的相关方进行沟通和协作才能完成其职能，实现其目标。除以上专门讨论的几方面的相关方外，PMO 还要关注与以下关键相关方的关系。

- **PMO 的直接领导**。他们是组织的总裁（组织级 PMO）或部门总经理（部门级 PMO）。PMO 从他们那里获取组织战略、工作方向、职能要求等指导方针；向他们报告所管辖项目的整体情况，提供足够的预测信息，辅助他们做出正确的决策；当项目遇到重大困难时，PMO 从直接领导那儿获取支持。

- **项目发起人、项目经理和项目团队**。项目发起人向 PMO 提出立项申请，由 PMO 组织评审。项目立项后，项目经理上任，并组建项目团队。PMO 为项目经理及团队提供支持，也直接监控他们的工作绩效，提出建议或启动纠偏措施。项目结束后，PMO 对项目进行评估，也判断项目发起人是否选择了正确的项目，以及项目经理和团队是否正确地执行了项目。

- **其他运营部门和职能部门**。在项目生命周期的关键决策点上，PMO 会邀请相关运营部门或职能部门参与项目会审，以做出继续前行还是适时终止的决策，如在项目立项评审时、阶段控制关口、危机项目生存决策时。另外，在整个项目管理流程中，各个相关部门都是流程的重要参与者，PMO 在制定流程时需要与这些部门充分沟通，获取其承诺，并在流程执行过程中，根据参与者反馈，及时对流程进行优化。当项目出现非预期事件如订单高峰时，PMO 也需要召集相关部门，提出快速应对措施。

- **项目客户**。如果项目团队所负责的是内部项目，也就是说，项目的最终产品将会交付给公司内部的某个部门，那么 PMO 需要与内部客户之间保持适度沟通，以确保项目的良好交付。如果项目团队所负责的是外部项目，在项目实施期间，客户管理工作通常由项目团队负责，PMO 并不直接面对客户。在项目完成后，PMO 要执行客户满意度调查，在这种情况下，项目客户也就成了 PMO 的相关方，PMO 需要建立和客户沟通的流程及规范。有些出现重大问题的外部项目，PMO 需要直接参与项目的整改，此时 PMO 委派的整改小组需要和项目客户进行直接沟通，获取客户反馈，以便做出正确的整改方案。

1.15　PMO 职能综述

如图 1-10 所示，PMO 的 3 个关键职能包括战略职能、治理职能和卓越中心职能，这 3 个职能并非完全独立，而是相辅相成的。战略职能重在通过参与战略规划，制定项目准入标准、退出标准、成功标准等手段确保组织所有项目与组织战略的实时同步。治理职能重在对项目进行全程监督、控制、评审和决策，确保项目成功交付，以及成功交付之后可以为组织战略的实现做出贡献。治理过程中需要用到在战略职能中定义的各种标准，而治理过程获得的经验教训都将贡献给卓越中心职能。卓越中心根据组织运营经验，参照业界最佳实践，确定适合组织当前业务的项目管理流程、方法和工具，培养组织项目管理能力，并根据组织发展战略，前瞻性地优化流程，提升能力。

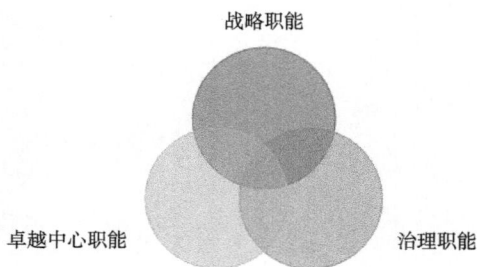

图 1-10　PMO 的 3 个关键职能

本书后续章节将展开介绍 PMO 的 3 个关键职能。第 2 章将详细介绍 PMO 的战略职能，第 3 章对 PMO 的治理职能进行综述，之后从第 4 章到第 8 章分别介绍在通用项目生命周期的多个控制点上的治理活动，包括对选择阶段项目的治理、对启动规划阶段项目的治理、对实施阶段项目的治理、对危机项目的治理、对收尾阶段项目的治理。第 9 章将介绍 PMO 卓越中心的职能，包括如何建立适合组织的项目管理体系，如何评价当前项目人员的绩效，如何评测和培养项目管理能力。

第 2 章

PMO 的战略职能

How to
Run PMO
Effectively

2.1 战略是什么

项目管理中的"战略"与通用管理中的"战略"有着相同的意思。组织战略是指组织为了在未来变化的环境中，保持持续稳定和发展而做出的针对全局性、长远性、纲领性目标的谋划和决策。在本书第 1 章的图 1-1 中也清楚地展示了战略与组织愿景和使命的关系，以及战略与项目组合、项目集和项目的关系。战略表明了组织对如何完成使命的整体谋划，是提出具体项目行动的依据和基础。

在组织中，通常有专门的战略团队，他们采用专业的战略规划方法，对组织状况进行评估，对未来变化进行预测，从而确定适合组织未来一定时间段的战略目标和规划。举例来说，组织战略可能是数量扩大战略、地区扩展战略、纵向一体化战略、联盟战略、成本领先战略、差异化战略、集中化战略等。

PMO 不是制定组织战略的领导者，只是参与者。PMO 参与制定战略的全过程，可以了解制定战略的背景信息、采用的工具和方法、制定决策的流程，从而对组织战略有更为充分透彻的理解，为之后管理战略的执行和落地奠定稳固的基础。同时，PMO 参与组织战略的制定，可以向战略制定者反馈组织当前的资源情况、实施能力、成熟度水平、潜在能力等因素，以确保战略的可执行性。

2.2 PMO 责任范围的圈定

图 2-1 所示的战略全局图摘自 PMI 发布的《项目组合管理标准》，该图清楚地描述了一个组织战略执行落地的过程。在确定了未来的方向和策略之后，就需要把战略方向细化成一个个的战略举措，并且确定每个战略举措执行的

合适时机，而每个战略举措最终将被演变为一个个具体的项目或项目集。刚开始的时候，虽然战略方向是清晰的，但是战略举措是模糊的，要通过项目构思、项目评估、项目选择决策等一系列过程，把模糊的战略举措转变为一个或多个清晰而具体的项目或项目集。PMO 对整个转变的过程负责，以确保项目与战略之间的持续符合。

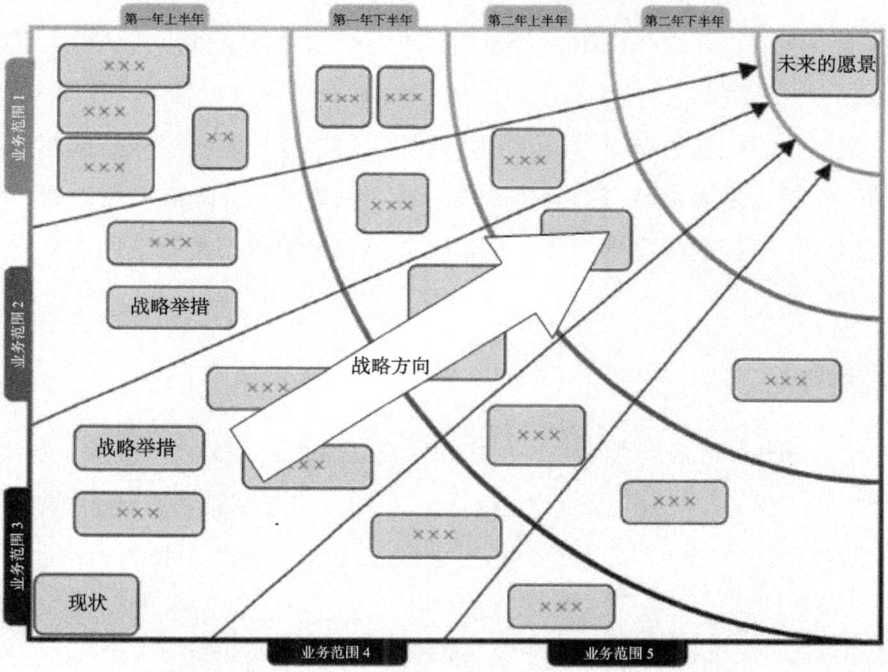

图 2-1　战略全局图

在图 2-1 中，我们假设这个组织制订的是一个历时 2 年的战略计划，每半年为一个战略考核时段。这个组织包含了 5 个业务领域。为了达成目标，在这 2 年中，每个业务领域都需要各种不同的战略举措。举例来说，业务范围 3 的战略方向是地区扩展策略，那么第一个半年的战略举措可能是扩展在南方各省的业务覆盖量。之后，可能转化为具体的项目，如浙江地区办事处组建项目、南方地区产品巡演项目等。

通常情况是，并不是由一个组织级别的PMO对图2-1中所有基于战略举措而发起的项目或项目集进行统一管控的。因为组织战略的实施需要公司全体部门和人员的参与，比如，人力资源部需要根据战略规划调整组织结构、储备人力资源等，财务部门可能根据战略规划调整财务管理规则和流程。而PMO很可能只对组织整体战略规划中的一部分举措负责。因此，针对一个具体组织中具体的PMO来说，PMO首先要在战略部的帮助下，获得这张战略全景图。然后，在这张图中，清晰地圈出自己的管辖范围，并获得上下级的同意。

在一个小规模的组织中，可能由组织级的PMO监管组织战略规划中的所有战略举措（之后会转变为具体的项目或项目集）的落地。但是达到一定规模的组织，可能由多个部门分头负责。在作者走访过的企业中，这样的例子不少。

🔄 **示例**

> 在某个大型国有企业中，所有并购类项目由法务部门负责全程监管；所有组织结构调整或人力资源储备的项目由人力资源部负责；所有对标类项目由标杆管理办公室负责；所有流程改进类项目由六西格玛办公室负责。而在另一个大型汽车制造业公司中，在组织级层面设置了PMO，但是所有新能源汽车项目不归该PMO管辖，而是由组织级专门设立的新能源办负责。

所以，在大型组织中，一个PMO需要明确自己负责的项目范围。举例来说，就是在这张战略全局图中，明确自己所管辖的范围。如图2-2所示，这个PMO负责的是业务范围1中第一年的战略举措的落地。

由此可见，在一个组织中，可能同时存在多个PMO，它们的管辖范围、授权、报告体系和职责都不相同。它们负责对自己辖区内的项目进行监管，以确保这些项目符合战略，能够被顺利交付，并且最终产生收益，实现战略。

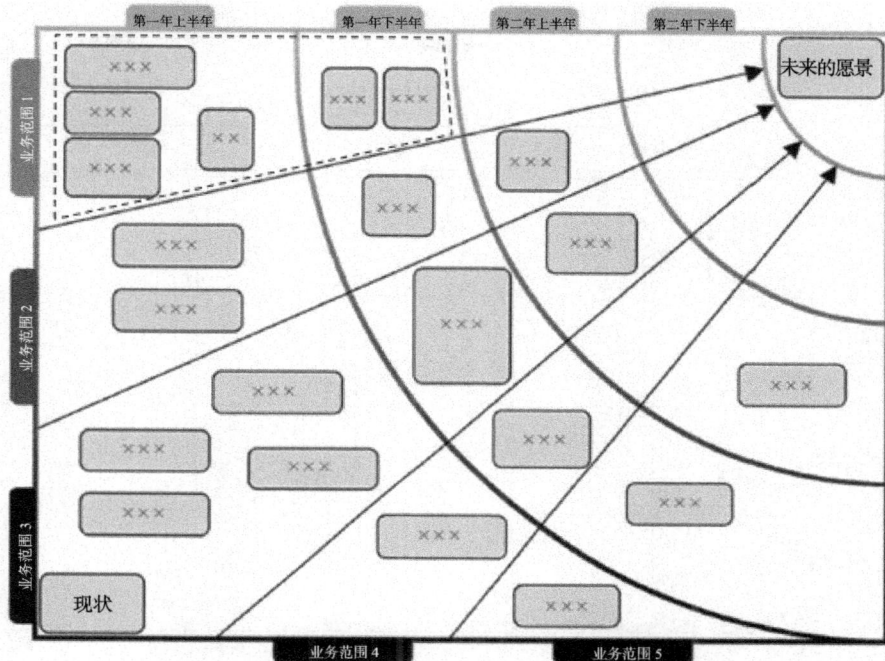

图 2-2　PMO 需明确自己的管辖范围

2.3 战略规划路线图与项目组合路线图

　　每个战略举措都是组织战略规划全景图中的一个棋子，它们之间可能存在逻辑关系。也就是说，在整体战略规划中，不仅要确定战略方向、战略举措，还要对这些战略举措的启动时机和前后顺序进行规定，也就是需要有一张明确的战略规划路线图，如图 2-3 所示。

　　这些战略举措之间的关系最后将演变为项目与项目之间的关系，对这些关系进行管理也是 PMO 的职责之一。PMO 需要以战略规划路线图为依据，制定所管辖领域内所有项目的执行路线图，如图 2-4 所示，以确保正确的项目在正确的时机被启动和执行。在项目治理过程中，PMO 需要定期更新该路线图，把项目进展的实际情况反映到图中，作为向组织战略层和决策层汇报的重要信息。

战略目标

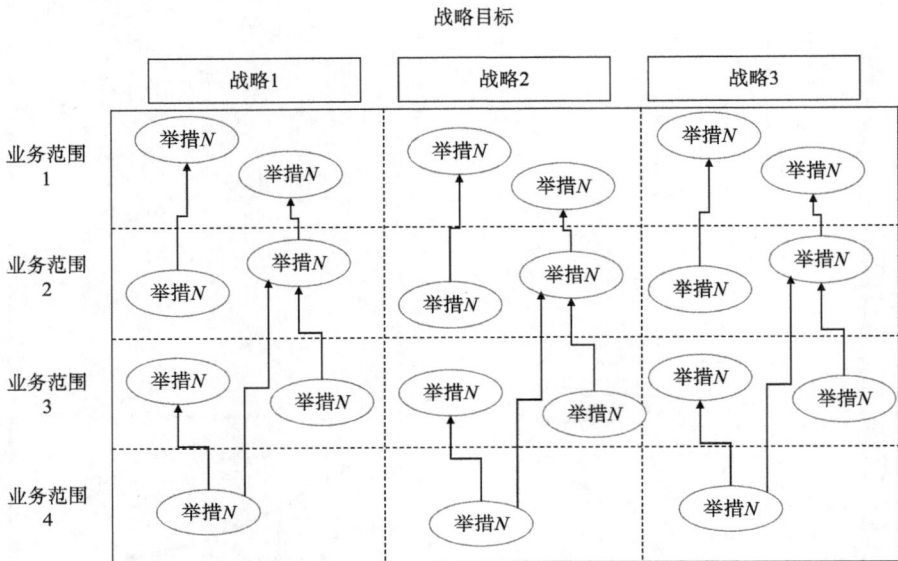

图 2-3　战略规划路线图

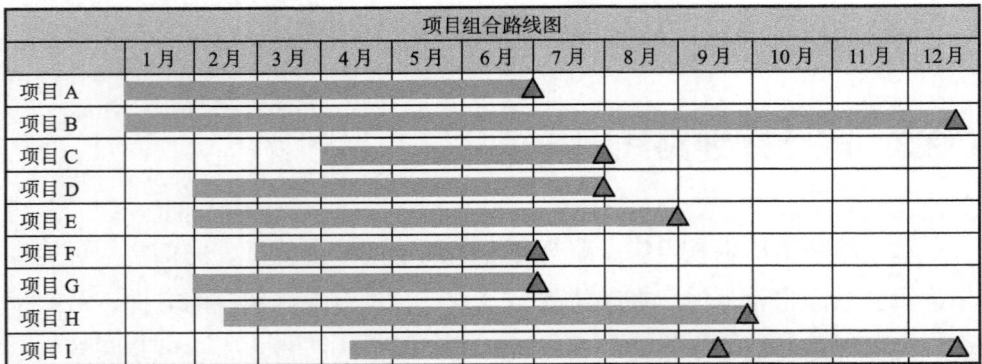

图 2-4　PMO 所辖全部项目的路线图

2.4　制订项目投资组合计划

保证每个项目都符合组织战略，最关键的管理手段就是对项目投资进行管理。PMO 需要与组织确定实现战略目标的总投资，并且把总投资分解到不同的战略举措上。在项目选择阶段，如果该项目或项目集符合组织战略，且其他标准也都达标，那么就可以在所属战略举措的投资总额中为该项目分配资金。其关系如图 2-5 所示。

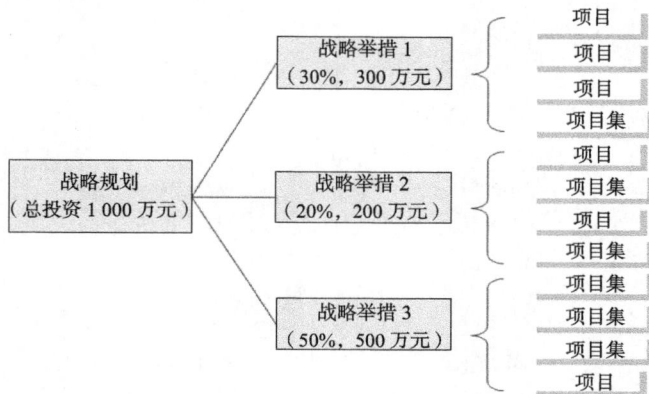

图 2-5　从战略规划到项目投资组合

🔄 示例　某 PMO 对申报项目的审批

图 2-6 是某个 PMO 所管辖项目在某个年度的投资组合计划，从此图中可以看出，为了实现战略，该年度有 4 项战略举措，分别对应 4 个类型的项目，包括新产品研发项目、员工培训项目、流程改进项目、维护项目，总计投资 5 000 万元，各类项目的占比在图中有明确表示。为了应对一些不可预测的情况，留出 500 万元作为机动资金，使用该机动资金仍然需要通过立项审批，以确保该投入符合战略，或者有助于战略的实现。

在该年度中，当有新项目的立项申请提报给 PMO 时，PMO 首先要做的就是拿出年初制订的项目投资组合计划进行比对。比如，在当年 10 月，PMO 收到了一个新项目的立项申请，那么 PMO 首先判断这个新项目的类型是否符合年度确定的 4 种项目类型之一，如果符合，接下来，PMO 要查对截至目前该类项目投资计划是否完成。图 2-7 是当前各类项目的实际投资与计划投资的对比图，图中左边的柱形表示某类项目的投资计划，右边的柱形是截至当前日期该类项目的实际投资情况。从图2-7中可以看出，除流程改进项目外，其余各类项目投资计划都还有未完额度。如果此时向PMO提出立项申请的项目属于流程改进项目，那么就不会得到批准；如果是其他计划范围内的项目类别，则属于可以批准的范畴，PMO将对其进行进一步的评审。

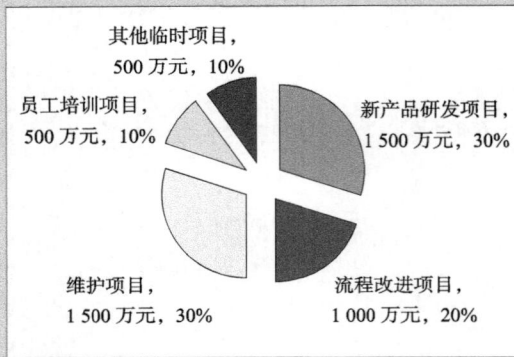

图2-6　某公司项目投资组合举例

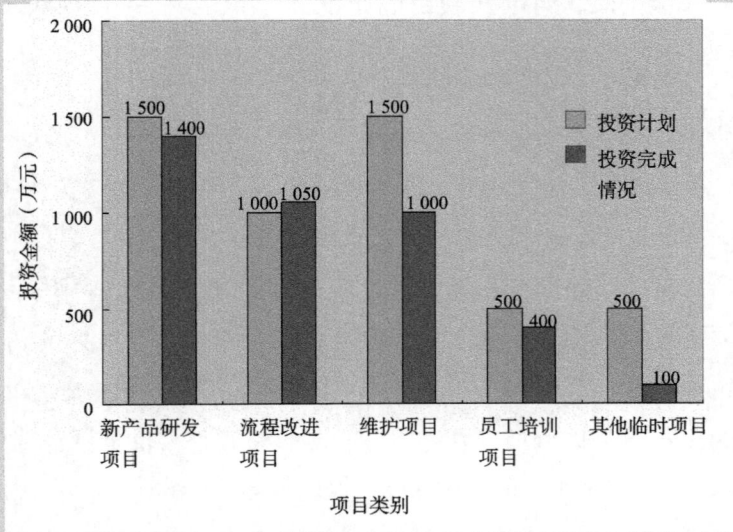

图2-7　某公司项目投资组合实时跟踪数据

综合来说，在管理战略一致性方面，PMO 需要根据战略，制定项目选择方向和投资规模，持续监控项目与战略的一致性，及时响应战略变更，并且根据项目绩效的反馈，提出战略调整的建议。

2.5　制定项目准入标准

总体来讲，项目准入标准必须与组织战略相一致，具体来讲，不同的战略举措需要建立不同的准入标准。比如，在上一小节的例子中，新产品研发项目的准入标准与流程改进项目的标准就不能共享，需要单独建立。

项目准入标准通常的考虑项有：

- 战略一致性。需要明确回答，项目支持哪条组织战略，属于哪个战略举措。

- 项目组合平衡。需要对项目投资进行估算，同时与项目投资组合计划中所属战略举措下的剩余可用资金进行比较。也就是说，即使一个项目符合组织战略，如果在这个战略举措中的投资都已经完成，则项目拿不到资金支持，不会被批准。可参考上一小节中的举例。

- 技术可行性。需要明确回答，项目交付成果的实现过程是否已知。根据实现过程的可探知程度，把项目分为实施类项目、开发类项目、研究类项目、探索类项目。在每种类别下，还可以进一步进行技术分级。如果在某个战略举措下，同时开展多个探索类项目，意味着实施的难度大，成功交付的概率低，战略举措落地的希望就比较渺茫。因此，PMO 在选择项目时，需要在技术的保守与创新之间进行平衡。

- 投资回报率（Return on Investment，ROI）。每个项目都需要资金和资源的投入，相应地每个项目都必须有预期的产出和回报。有的项目在项目结束后直接产生回报，比较容易预测和评估。而有的项目需要运营一段时间才能见到回报，如新产品开发完成后，需要投入生产和销售，才能见回报，因此，需要对将来的市场走势进行预测，这类项目的 ROI 分析包含了更多的不确定性，通常需要加上敏感性分析。还有一类项目，没有直接的收益，如为了开拓市场而采取的低价策略，另一些项目则产生的是无形收益，如改善办公环境项目。PMO 需要针对不同类型的项目建立不同的 ROI 评估方式和标准。

- 风险。不同类型的项目所面临的关键风险不同。新产品研发项目面临的主要是技术风险和市场风险，而流程改进项目面临的是员工对流程改变的接受度风险。PMO 需要根据项目类别，建立不同的风险评估方法和标准。

- 接受程度。有的项目，在项目交付后，会引起组织内部的变革。比如，某个家具公司，上了一套 ERP 系统。ERP 系统本身的建设虽有波折，但还是按期交付了。但是在系统上线后，说服员工改变工作习惯，使用这套 ERP 系统成了一个大难题。因此，在评估项目时，还需要对接受程度进行评估，比如，通过力场分析工具，确定变革的时机是否成熟。如果时机远未成熟，则上项目的时间要往后拖一拖。

- 实施能力。实施能力包括项目实施单位的技术水平和资源数量。有时候，组织可能采用工作外包的方式来扩大自己的实施能力，但必须同时考虑次生风险，并确保风险是可接受的。有一个生产计算机服务器的公司，为了扩大业务规模，在给客户的方案中包含了综合布线、强电、机房装修等工作，并且采取了外包的方式。但是在实施过程中，由于自身技术和经验薄弱，分包的管理成了问题，不能及时发现分包方案的错误，等实施完成客户试用时才发现问题，导致项目绩效不良，客户关系受损。

- 社会可行性。每个企业都负有社会责任，所以在选择项目时，就项目过程和结果对社会、环境各方面的影响要进行评估。

建立准入标准，使项目选择过程更趋于科学，能够全面关注不同相关方的利益，避免相关方对项目选择的随意人为干预，也避免决策过程对某些个人的过多依赖，杜绝选择项目靠"领导拍脑门"的做法。

2.6　制定项目优先级标准

PMO 是组织战略与项目之间的联系纽带。组织战略与优先级相关联，项目的优先级反映了项目对组织的战略意义，也反映了组织对项目的重视程度。一个简单的优先级模型通常包括对以下因素的考虑，如项目对组织战略的支持程度、项目为组织带来的预计价值、预期投资回报率、项目的实施风险、项目规模和工期、项目成果移交的风险等。PMO 负责在组织内部建立统一的项目优先级评估标准，表 2-1 是某公司采用的项目优先级评估表。组织在制定优先级评估标准时应根据自身实际情况选择合适的评估标准并确定合适的权重。

表 2-1　某公司项目优先级评估表

序　号	标　准	权　重	得　分
1	战略重要性	0.20	
2	预期投资回报率	0.15	
3	项目总金额	0.10	
4	项目总工期	0.10	
5	总包或分包	0.10	
6	分包数	0.10	
7	新技术应用	0.10	
8	项目团队规模	0.05	
9	相关方对失败的容忍程度	0.10	
	总得分	1.00	

在项目选择阶段需要使用以上优先级模型，目的在于对多个符合战略的

备选项目进行比较，从而选择出最具价值的项目。在项目启动和计划阶段，PMO 需要再次核实或评估项目的优先级，其作用体现在以下几个方面：

- 根据项目优先级，为项目委派级别合适的项目经理。通常，优先级高的项目需要委派能力级别高的项目经理，以提高项目成功的概率。

- 根据项目优先级，选择合适的项目团队组织方式和合适的项目团队成员。比如，在矩阵型组织中，大部分项目的团队成员并非全职投入项目工作，他们通常同时参与多个项目的工作，并且还负责一些日常职能工作。但是对于一个高优先级的项目，为了最大限度地保证项目的成功，组织可能采用项目型的团队组织结构，所有项目成员全职投入该项目的工作，而不同时兼职其他工作。甚至，组织有可能为项目团队提供专门的办公场所，建立紧密型的同地办公项目团队。

- 根据项目优先级的不同，PMO 对项目的监控方式也不同。比如，对于优先级高的项目，在启动和计划阶段，PMO 将委派专家为项目管理计划编制提供指导和建议，同时在项目管理计划正式发布之前，PMO 将组织专家会议对项目计划进行评审；而对于优先级较低的项目，项目管理计划由项目团队自行编制、自行召集评审、自行发布，PMO 不参与整个过程，只对部分项目进行抽查。同样，在项目执行阶段，对于高优先级项目，PMO 将进行定期的绩效审查或现场走查；而对于优先级较低的项目，只有在项目绩效出现偏差时，PMO 才会启动现场走查活动。

- 建立项目优先级规则，有助于解决多项目之间的资源冲突。PMO 负责对所辖全部项目的共享资源进行管理。在项目实施过程中，当多项目之间出现资源冲突时，组织倾向于把有限的资源投入优先级更高的项目中。

表 2-2 从 PMO 的视角总结了优先级模型在项目全生命周期各个关键环节中的应用。

表 2-2 不同优先级项目的治理方式

PMO 对项目的监管方式	优先级		
	高优先级	中优先级	低优先级
项目经理委派	高级项目经理	中级项目经理	初级项目经理
项目团队组成	高技能人员，全职参与	一般技能人员，全职或兼职参与	一般技能人员，兼职参与
紧缺资源	优先获得	洽商	洽商
项目计划评审	PMO 组织专家对项目计划进行评审	抽查	备案
阶段末审查	组织	参与	备案
月度报告审查	对完整性和有效性进行审查	对完整性进行审查，对红灯项目进行有效性审查	备案，对红灯项目进行审查
月度审查会议	由 PMO 组织月度审查会议	仅对红灯项目召开月度审查会议	仅对红灯项目召开月度审查会议
项目走查	由 PMO 制订具体的走查计划	仅对危机项目进行走查	仅对危机项目进行走查
项目变更	PMO 参与项目中重大变更的决策过程	PMO 不参与变更过程，除非收到项目团队邀请	PMO 不参与变更过程，除非收到项目团队邀请
项目完工评价	PMO 组织项目完工绩效评价	由项目团队自己完成完工绩效评价，报 PMO 审查	由项目团队自己完成完工绩效评价，报 PMO 备案
项目成果与日常运营的整合	PMO 把整合当作一个变革项目进行管理，PMO 担任领导角色	由项目团队自己完成交付成果与运营的整合，PMO 对过程给予指导和监管	由项目团队自己完成交付成果与运营的整合，必要时 PMO 对过程给予指导
项目收益评价	PMO 持续监测项目收益的实现情况	由运营部门监管项目收益情况，向 PMO 报告，PMO 进行审查	由运营部门监管项目收益情况，向 PMO 备案

2.7 制定多项目冲突处理规则

PMO 除对单个项目进行监控外，还需对多项目之间的冲突进行协调。任何组织的资源都是有限的，多个项目之间经常会因为资源稀缺而发生冲突，比如，两个项目同时需要同一位技术人员；公司只有一个实验室，但是多个项目需要同时使用该实验室完成产品测试；公司的生产能力有限，但是多个客户都要求马上生产、马上发货。PMO 有责任在组织内部建立处理项目间冲突的规则和制度，同时 PMO 还有责任直接参与项目冲突的处理过程。

示例 多项目资源冲突的解决过程

1．背景介绍

A 公司的组织结构为弱矩阵型，公司拥有组织级 PMO。张三和李四都是 A 公司的项目经理，但是分属于不同的业务部门。

2 月，张三被部门经理任命为 A 项目的项目经理。张三对组织可用资源进行考察之后，制订了 A 项目的实施计划，其中有一条为："7 月 10—25 日，使用公司实验室对开发完成的系统进行性能测试。"为了保证计划的万无一失，在计划确定之后，张三马上和实验室负责人进行了预订，并得到实验室负责人的正式确认。

同年 5 月，李四被公司领导任命为 B 项目的项目经理，由于战略重要性，B 项目的优先级为"5"，属公司最高优先级。李四制订了项目计划，其中有一条为："7 月 8—18 日，使用公司实验室对采购的系统平台进行性能测试。"

7 月 1 日，李四开始和实验室负责人进行沟通，希望能在规定的时间内，为其准备好测试环境。实验室负责人告知李四实验室已经预订出去，而目前的设备环境有限，不能同时供两个项目使用。李四认为自己负责的项目是公司的最高优先级项目，其他项目理应为他让路。实验室负责人建议李四和张三自行协商。

李四决定找张三谈一谈。李四提出因为自己所负责的项目优先级为"5"，而张三负责的项目优先级为"3"，所以希望张三能从公司大局出发，调整项目计划，推后测试时间，让出实验室，以保证李四所负责的项目能够按期完成，从而保证公司重要战略计划的实现。但是张三寸步不让，他的理由如下：第一，先订先得，这是规矩，规矩是用来遵守的，不是用来破坏的；第二，如果自己项目的测试时间推后，那么造成进度延误，自己的客户和其他相关方肯定会很不满意，尤其当客户知道是为了给另一个项目让路而导致延误时，不满意就可能转化为愤怒，后果不堪设想；第三，实验室的预订很紧张，如果让出了已经预订的时间，再重新订到实验室可能要在四五个月之后了。

李四和张三无法达成共识，因此都把问题升级到各自项目的发起人那里，而两位发起人都要求项目经理把冲突提交给 PMO 解决。同时，两位发起人还共同认为，由于 PMO 没有事先制定处理冲突的规则，所以 PMO 应该对此次冲突的发生及影响承担主要责任。

2．项目间冲突的解决过程

事实上，PMO 已经在组织内部建立了项目优先级制度，在项目启动之时，根据统一的规则确定项目的优先级。PMO 认为，确定项目优先级的其中一个重要作用就是解决资源冲突，优先级低的项目应该礼让优先级高的项目。而事实上，这一规则确实也在冲突处理中发挥了一定的作用。

在张三和李四的资源冲突中，李四的项目优先级为"5"，张三的项目优先级为"3"，但是在这种情况下简单地使用优先级规则并不合适，因为优先级规则破坏了实验室"先订先得"的预订规则，而且为低优先级项目增加了更多的不确定性，挫伤了项目团队（张三）的积极性。因此，PMO 决定对情况做进一步了解，希望通过调查研究，寻找更合适的解决方案，同时也为完善现有的冲突处理规则提供依据。

通过对相关项目团队和相关方的访谈和调查，PMO 得到了以下信息：

1）公司项目管理流程要求项目经理必须参与合同签订之前的工作，必须就项目的进度、成本及实施风险做出合理估计，投标团队递交给客户的方案建议书必须得到项目经理的确认。因此，李四在项目投标阶段，需要考察公司资源的可利用情况，不能想当然地答应客户的要求。如果李四调查了实验室的可用情况，就会发现 7 月 10—25 日实验室是不可用的，那么，在给客户做进度承诺时，就需要把这一条制约因素考虑进去，要么提议推迟项目交付日期，要么提议修改实施方案，如租用外部实验室。因此，PMO 认为李四在项目投标阶段的工作存在失误。

2）合同签订之后，项目团队制订项目实施计划时，李四仍然没有及时考察公司资源的可用情况，而是假设该资源是可用的。所以，PMO 认为李四制订的项目计划中所包含的假设条件不成立，项目计划存在缺陷。

3）基于当前的实际情况，PMO 考虑是否可以调整张三的项目计划。

第一，是否可以压缩测试活动的总历时。PMO 审查了张三的项目计划中对测试总历时的估算细节，发现该估算近似乐观估算，几乎不存在压缩的空间。

第二，是否可以提前开始测试活动并提前结束。由于张三的项目目前没有出现提前完成的迹象，因此，提前开始测试是不可能的。

第三，是否可以推迟测试活动的开始时间。PMO 发现推迟测试活动存在很多问题：

- 如何向张三的客户交代推迟的原因？客户对此的反应无法估测，风险很大。
- 张三和张三的团队会产生消极甚至对立情绪，由于其他团队的计划不周导致他们团队做出牺牲，也有失公平。
- 另一个项目团队已经在 5 个月前预订了实验室从 7 月 26 日起半个

月的使用时间，能否说服这个团队把时间让给张三，同样是一个难题。

基于收集到的这些信息，PMO 决定召开扩大会议，邀请张三、李四、实验室负责人，还有其他项目管理专家一起参与，以寻求更多的解决问题的途径。经过近 2 小时的商讨，会议提出的最终解决方案是由李四的项目团队从外部租赁实验室，由此引起的项目成本增加由李四的项目承担。在选择外部实验室的过程中，A 公司的实验室负责人可以提供必要的帮助，PMO 负责向两个项目的发起人解释冲突处理的过程和结果。

从上述案例中可以看出，项目间的资源冲突大部分是由于资源缺乏、计划不周或环境变化造成的，如果使用简单的、呆板的处理规则，不仅影响项目目标的实现，同时还会挫伤项目团队的积极性，甚至有可能伤害客户感情。因此，PMO 既要事先制定规则，降低冲突发生的可能性，同时面对具体的冲突时，还要仔细调研、谨慎处理，不能生搬硬套规章制度。下面是 PMO 在处理多项目间冲突时的一些常用措施。

1．为稀缺资源建立资源日历

比如，A 公司的 PMO 在遭遇上述冲突之后，识别了公司目前情况下的 4 类稀缺资源（1 个实验室、3 台测试设备、2 条流水线和 9 位高级项目经理），并分别为这些资源建立了资源日历，资源或资源的所有者负责随时更新资源被占用、被预订和可使用的日期信息，并在组织内部进行共享。同时，PMO 严格要求项目团队在制订计划时，必须先确认资源的可用情况，并及时预订、及时获取资源或得到资源所有者的正式确认。如果项目计划发生变更，项目团队必须及时通知受影响的资源，以便及时调整计划。

2．先到先得原则

对于每项稀缺资源，在分配资源时，必须遵守"先到先得"的原则，这条规则高于项目的优先级规则。

3. 建立项目优先级规则

在通常情况下，这条规则服从"先到先得"的资源分配原则。在特殊情况下，高优先级项目可以占用其他项目已经预订的资源，其他项目团队必须配合，而且所涉及的项目经理、项目发起人及 PMO 有责任处理由此造成的对其他项目的负面影响。但是，这种情况必须得到公司总经理的书面批复，而且 PMO 必须保证这种特殊情况是极少数的，如果大量出现上述"特殊情况"，那么项目管理秩序就会出现混乱，组织整体效率将急剧下降。

4. 制定风险应对措施

鼓励和帮助项目经理在制订进度计划时，针对稀缺资源寻找更多的解决方案（如租用或外包），并且制定风险应对措施。

5. 项目经理之间要充分沟通

鼓励项目经理之间就资源冲突进行直接协商。由于项目经理更了解所负责项目中各项工作的可调整空间（如自由冗余时间），因此更容易找到解决的途径。

6. 适时将问题提交给 PMO

当项目团队之间无法就资源冲突的解决达成一致时，需及时升级到 PMO，由 PMO 负责冲突的解决，但相关项目团队有责任提供支持和配合。

2.8 制定项目退出标准

项目启动之后，组织和所有的相关方都希望项目能够顺利执行下去，最终成功交付。但是项目过程中可能出现一些问题，导致项目进展受阻，此时，

PMO 不仅要致力于挽救问题项目，而且要建立一套项目退出机制，在发现项目挽救无望时，考虑终止项目。不论是从利益角度还是从情感角度，相关方都不希望终止项目。

- 项目团队不希望自己投入心血的工作半途而废，更担心人们把项目终止的原因与团队的能力和绩效挂钩。
- 市场和销售部门不希望终止项目，他们担心人们把项目终止的原因归咎于市场预测不准确。
- 项目实施组织不希望终止项目，因为可能面临项目客户提出违约索赔，同时声誉受影响。
- 组织的决策者包括 PMO 也不会主动去终止项目，因为如果任由项目失败，则项目团队通常是首要责任人，如果 PMO 终止了项目，则人们可能对 PMO 的决策产生怀疑。
- 项目发起人更不希望终止项目，终止项目很可能意味着当初的项目构思和选择存在错误。

正是由于这种情形的存在，导致很多组织中并没有项目的退出机制，不论这个项目的绩效多么糟糕、成功多么无望。

🔄 示例

有一个公司在启动一个项目后发现，当初技术可行性评估存在严重缺陷，期初所选的技术平台根本无法满足项目需求，而平台提供商最新的承诺是，可以在 6 个月后发布平台新版本。同时，还发现在确定项目预算时，对成本的估算也存在严重失误，导致总工时的估算比同类项目少估了 1/3，也就是在项目启动 1 个月后，项目经理和团队就发现技术不可行，进度会延误；合同中定义了明确的上线时间和违约罚款；成本超支，项目没有利润，就会产生巨大的亏损。即使面对这样一个项目，组织中也没有任何人提议终止，项目团队每天做一些力所能及的工作，时间一天一天地拖着。

直到快到项目交付时，客户提出演示汇报，项目团队如实相告，项目还没有演示版本，项目不可能按时上线。客户大怒，投诉给公司高层，公司采取的措施是更换项目经理，给客户做解释，重建客户信心。于是，项目继续往前走，6个月之后，平台提供商发布了新的版本，但是仍旧有一半的功能没有包含在其中，客户再次生气，再次更换项目经理，给客户解释……这种项目的存在没有给任何相关方带来好处，不论是客户、组织、项目团队、项目经理、项目发起人还是项目销售，都没有从项目中受益，反而饱受其害，但是没有人能够在第一时间站出来提议终止项目。

为了避免类似情形的出现，PMO需要在制度上建立项目退出机制，并设置退出标准。在项目治理过程中，一旦发现项目触碰了退出标准，就应该启动项目终止商议程序，召集相关方和项目治理主体进行集体商议和决策，不管是建议继续还是终止，参与决策的人员都需要书面记录详细理由并签字。

另一种项目退出的情形与项目本身无关，而与组织的战略有关。比如，某公司在一年前的战略是扩大业务，只要有业务就接。通过一年的时间，业务规模达到了预计要求。一年之后，组织调整战略，决定对业务进行调整，保留和扩大效益好的业务项目，关闭效益不好的项目。此时，PMO就需要根据新的战略要求，建立一个项目淘汰标准，对现有项目逐个进行评估，然后决定去留。对于新申请的项目，则需要根据新战略，调整原有的项目准入标准。

通常来说，项目退出标准可能包含以下因素，但是根据组织或项目的不同，PMO应该进一步补充或细化。

- 当项目不再符合组织战略时，要启动退出商议程序。这种不符合发生的理由可能是，组织战略发生了变化，使得本来符合战略的项目不再符合。也可能是项目实质在执行过程中主动实施了变更或被动发生了变形，导致项目与战略不再符合。

- 在项目启动时，项目团队发现项目章程中要求的工期或客户合同签订的工期根本不可能实现时，项目团队要把情况报告给 PMO，PMO 审查之后也要启动退出商议程序。比如，在某个公司，销售人员为了赢得订单，在未获得项目实施部门确认的情况下，擅自与客户签署了一份 3 周交货的合同，而公司实际的交货周期为 9 周。遇到这种情况，PMO 也需要启动退出商议程序。
- 在项目实施过程中，工期发生重大延误，导致产品不能按照预定时间推向市场，对手产品已经提前上市，市场需求发生了显著变化，使本项目遗失了关键的创收时机，此时，也要启动退出商议程序。
- 当项目团队发现实际成本超出预期，且幅度已经达到了公司设置的临界值，导致项目预期收益不可能实现，甚至公司为此要承担巨额亏损时，就需要启动退出商议程序。
- 当项目遇到重大技术问题，导致项目产品在很大程度上无法按照预期完成时，也应当启动退出商议程序。
- 当发现客户方存在重大问题，如资金问题、法律问题等时，PMO 需要启动退出商议程序。

以上列举了一些常见的项目退出机制中设置的相关标准。需要注意的是，达到这些标准，需启动退出商议程序，而不是 PMO 直接下令终止项目。在退出商议的过程中，需要各相关方代表参与，就当前情况、完工尚需成本和时间、项目结果预期、退出成本、退出风险等进行全面综合的评估，并一致达成退出决策之后，PMO 才能发布正式终止项目的通知，并且需要对退出过程进行严密监控，确保项目退出所需的各项工作得以妥善完成。

通过建立项目退出机制，PMO 可以及时终止那些不再具有价值的项目，把从这些项目撤出的资源，投入更有价值的项目中，从而确保组织战略的实现。

2.9 监控成果过渡，确保战略落地

如图 2-8 所示，PMO 对项目的监控范围比项目团队的责任范围要大，项目经理和团队负责生产出符合要求的项目交付成果，他们的任务就完成了。但是 PMO 需要对后续阶段继续进行监控，也就是要确保这个交付成果被正确地移交给正确的运营部门，而且这个部门能够按照计划正确使用交付成果，让其发挥预期价值。PMO 需要对项目成果所带来的效益进行持续检测，以确保战略成果能够固化在组织框架内。

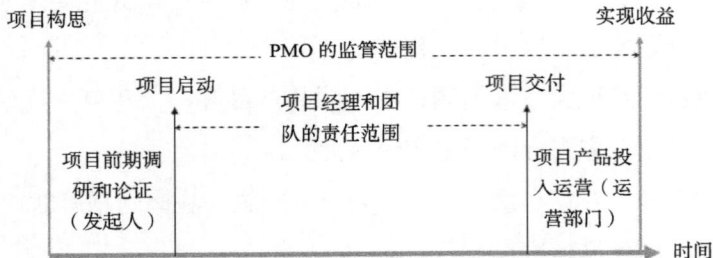

图 2-8 PMO 视角的项目生命周期

比如，根据组织战略，企业在本年度启动了一个管理信息系统建设项目，最终交付了一套符合需求、通过验收的信息系统。对于项目团队来说，他们的工作完成了，但是对于组织来说，这个战略举措并没有完成，只有把这套系统投入运行，并且真正发挥了作用，如缩短了项目周期、降低了项目成本、提高了过程资产的共享等，这个战略举措才算真正落地了。

把项目成果整合进组织已有的运营业务中，是 PMO 战略职能的最后一个环节，也是最重要的一个环节。根据项目成果特征的不同，PMO 在整合过程中投入的力度也不同。有些项目，比较容易被组织现有运营体系所接受，PMO 投入的力度相对小一些。还有一些项目，其所交付的成果在融入运营后，会

较大幅度地改变人们固有的工作方式，接受起来难度比较大，这时，PMO 必须把这个过渡过程当作一个单独的变革项目来进行管理。可以根据项目成果的特征，把项目分成 4 类，PMO 在管理项目成果向运营过渡的过程中，采用的方式各不相同。

1. 客户项目

客户项目指的是项目团队作为乙方，根据与甲方（客户）的合同来实施项目，项目最终的成果将交付给甲方，甲方通常在对成果进行验收、确认合格后，就会支付项目所有费用。甲方所支付的费用，就是乙方执行该项目的预期收入。在此类项目中，项目成果最终将被整合在甲方的运营框架中，整合的过程由甲方负责，乙方项目团队通常不负责，只是起支持和配合作用。对于此类项目，乙方的 PMO 不会参与和监管项目成果向运营的转移过程。而对于甲方 PMO 来说，责任就很重大，要对转移过程进行监控。只有成果被顺利融入运营框架并发挥预期作用，甲方当初启动该项目的战略意义才得以实现。

2. 第一层变革

项目最终交付成果符合组织现有流程和程序执行方式，项目成果在融入组织现有运营框架后，其影响只是对现有流程进行了局部修改，如工程师在制图时从手动制图改为计算机辅助制图、对原有的生产线进行局部改造等。这些改变通常是可逆的，不会对现有流程进行大幅度修改，不会挑战相关人员的基本能力构成，不会对人们形成威胁，因此，接受起来相对容易。PMO 对此类项目的后期运行，只保持正常的监控即可，不需要成立专门的变革团队。

3．第二层变革

这类项目的发起，通常是由于组织遇到了威胁其生存的危机，或者组织准备执行重大的战略变革。这类项目的交付成果将会重新定义组织开展工作的方法，或者引入新的工作概念。比如，一个公司的备品备件管理，原来采用的是人工管理方式，但是在竞争对手的影响下，该公司必须启用基于计算机的信息管理系统，否则其响应速度和可靠性都无法得到客户的认可，很可能被淘汰出局。另一个公司，原来是典型的实体店模式，但是在互联网浪潮的影响下，必须增加网店模式，并且更多地依赖网店模式。这类变更通常是不可逆的，会对人们的能力构成挑战，因此，这种项目的交付成果在转移到运营的过程中，接受度比较低，PMO 需要把成果转移过程作为一个单独的变革项目进行监管。通常不把过渡过程作为原项目的追加阶段进行管理，因为原项目的负责人和团队是流程改进方面的专家，而成果过渡阶段的负责人应该由流程运营的负责人担任。比如，网店系统的建设通常由 IT 专家担任项目经理，而成果过渡阶段应该由网店运营的经理来负责。

4．第三层变革

这类项目的交付成果所要修改的不是企业运营的流程，而是企业的价值观和文化，不仅挑战人们的能力构成，更会对人们的行为、思想和情感产生影响。比如，一家本土企业，根据并购战略执行了一个并购项目，收购了一家境外企业。那么，在收购完成后，PMO 必须启动正式的变革项目，整合两家企业不同的价值观和文化，才能使并购的预期收益得以实现。

在以上每类变革中，接受者所面临的改变是不一样的。随着改变深度的增加，变革的困难随之增加，所需的时间也更长。PMO 需要识别各个项目所引起的变革程度，并采用合适的方式进行监管，以确保已经完成的交付成果可以真正发挥预期价值，从而保证组织战略的最终实现。关于变革的管理，读者可参考 PMI 推出的《组织变革管理实践指南》。

2.10　制定项目成功标准

同时实现项目、项目集和项目组合管理方面的成功，意味着组织能够选择正确的项目，并且能够正确地执行项目，进而可以通过项目的成功实施来实现组织的战略目标。评价项目成败的根本标准，就是看这个项目有没有帮助组织实现某个战略举措，或者在战略实现的过程中，这个项目是否起到了预期的、正向的、显著的作用。如图 2-9 所示，可以把项目成功的标准进行分层解读。

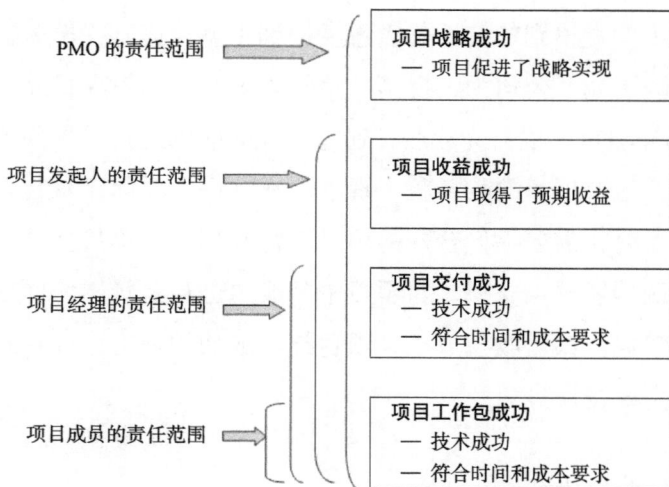

图 2-9　分层解读项目成功的标准

1．项目战略成功

项目战略成功意味着该项目是组织战略实现过程中的重要一环。举例来说，如果组织战略中有一个举措是扩大销售的地域范围，通过该项目的实施，确实扩大了范围，达到了预期要求，那么这个项目在战略上是成功的。为了实现战略上的成功，PMO 在项目选择阶段、项目实施阶段都需要通过治理环节持续地、有效地把握项目与战略的一致性。在项目成功交付之后，PMO 还需要促进项目与组织运营的有效融合，确保项目成果可以发挥预期作用。PMO 对项目的战略成功负主要责任。

2．项目收益成功

项目收益成功意味着组织为项目投入的资金收到了预期的回报，不论是有形收益，还是无形收益，项目投资都产生了预期的价值。比如，某个家具厂接了酒店的一个项目，项目完工之后，如约收到了客户的付款，而项目实施过程中，成本的控制也符合预期，那么这个项目预期的利润就实现了。又如，一个组织为了提升员工满意度，投入资金对办公环境进行了改善，项目完成后，员工调查得到的结论是满意度得到了显著提升，那么这个项目的收益也实现了。再如，公司为了提高项目管理效率、缩短项目周期，执行了一个 PMIS 建设项目，项目完成后，通过一段时间的运行，发现项目周期确实缩短了，那么这个项目的收益就实现了。在项目立项前，发起人在向组织高层游说该项目时，需要提供合理的项目收益预测；在项目立项后，发起人需要向项目团队持续提供支持，对项目中间成果进行监管，为项目团队成功交付项目创造条件。项目收益成功是项目战略成功的基础，项目发起人对项目收益成功负主要责任。

3．项目交付成功

项目经理按照项目章程的要求，通过协调项目团队的工作、协调关系人的参与，确保项目可以在批准的范围、时间、成本、质量等要求下成功交付。项目所交付的成果符合相关方的需求，项目进度和成本都控制在相关方容忍范围内。项目的成功交付是项目收益成功和战略成功的基础，项目经理对项目的交付成功负主要责任。

4．项目工作包成功

项目包含若干个具体的工作包，对于一个具体的工作包来说，如果能够按照预定的范围、时间、成本和质量得以完成，符合相关方需求，获得相关方确认，则说明该工作包交付成功。工作包的成功是项目交付成功的基础，项目团队成员对自己所负责的工作包的成功负主要责任。

5．技术成功

上述各个层面的成功都包含技术成功，但是在有些情况下，由于进度发生了延误、实施成本过高，或者市场发生了变化、战略进行了调整，导致项目最终未获得成功。在这样的项目中，几乎都包含一定程度的技术成功，有的是项目整体层面上的技术成功，有的是局部的模块级的或工作包级的技术成功。对于这些技术成功，项目团队需要明确识别出来，并纳入 PMO 专门的管理系统。有些技术成果可以在日后的项目中得以利用，有些技术成果本身可以衍生出新的项目机会。

2.11　对战略一致性进行持续监管

如图 2-10 所示，PMO 通过制订计划、建立标准、开展项目治理活动，实现对战略一致性的持续监控。在项目选择阶段，面对新提议的项目机会，PMO 首先需要判断项目是否符合战略。与战略的一致性是立项的必要条件，一个项目即使有非常好的 ROI 数据，如果不符合战略，PMO 也应该毅然舍弃，否则会造成项目资金和资源的错误投放，从而对预定战略的实现造成破坏作用。

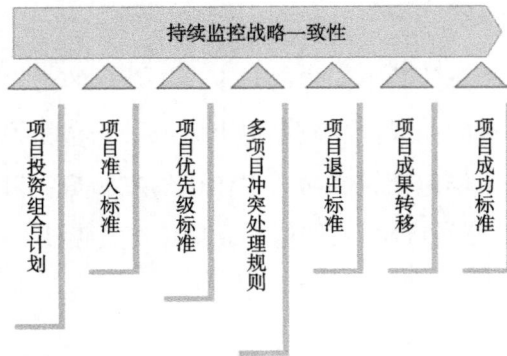

图 2-10　PMO 持续监控战略一致性

在项目执行过程中，PMO 需要对项目进行持续选择。如果项目执行出现偏差，预期结果已经无法满足当初战略的需要，就需要启动项目商议终止程序，最终的结果可能是终止现有项目，启动另一个新项目。另外，外界环境的变化速度很快，虽然目前的很多组织在制定战略时，通常只制订 2 年以内的战略计划，因为更长时间的情况变化很难预测，组织无法对不能预测的东西做出应对策略。即便如此，一个 2 年的短期战略计划也具有不确定性，因而也是动态的，需要根据实际情况实时做出调整。PMO 要及时了解战略调整，并及时把这种调整反映到项目中，对不再符合新战略的项目进行调整，或修改其目标，或直接终止，以腾出资源，留给那些能更好地支撑战略的项目。

因此，对战略一致性的管理，不是只发生在项目选择阶段，而应该是一个持续的过程。在多阶段的项目中，确定下一个阶段是否需要启动时，对战略一致性的考虑是关键的决策依据之一。如果战略方向发生变化，就应该相应地调整项目目标。在单个项目环境中，调整项目目标会影响项目效率甚至项目成功，但在组织整体运行的环境中，如果调整项目可以使项目与组织的战略方向持续保持一致，那么组织战略成功的概率就会显著提高。

案例分享

通过 PMO 打造"小而精"的企业模式

"我们的项目与日俱增，但是我们不能按照工作量的倍数增加人员，我们必须快速提高运作效率。原来 10 人做的事情，要变成 7 人、6 人来完成，这就必须激发人员潜力，优化工作流程，我们认为项目管理方法可以在一定程度上帮助我们达成这个目的。"这是某企业负责人当初引入项目管理方法的初衷。

就项目管理方法的引入，企业负责人与外部咨询顾问达成基本一致的思路：推行项目管理不可能一蹴而就，因为从本质上讲，推行项目管理就是要开展一个对传统工作方法的重大变革。虽然该企业在项目实践中的摸索积累了一定的经验，有一定的管理基础，一些骨干人员受过项目管理培训，但全面开展项目化管理仍是一个不小的系统工程。为了保证转变过程的可控性、转变结果的可接受性，决定采用稳扎稳打、循序渐进的方式。首先成立由其负责人带队、外部顾问担任组长、内部骨干力量担任成员的临时 PMO，负责企业向项目管理的转型。整个转型过程分为 4 个步骤。

1. 培育项目管理文化

要使项目管理的理念深入人心、落到实处并非易事。如果员工不能从内心接受项目管理，很容易将它搞得似是而非、搞成花架子，难以取得预期的效果。为了避免这种结局，组织的高管们必须充当最坚决的项目管理推进者，把引入项目管理作为"一把手工程"来抓。该企业首先针对全体员工开展项目管理理论结合实践的定制培训，整个培训过程历时 7 个月，每个月培训 1 天，从高管到一线员工所有人员都要参加。每次培训一个主题，每次培训结束之后都有作业，要求把项目管理方法应用到实际工作中。比如，在培训了看板管理之后留的作业就是每个项目团队建立自己的项目看板。只有实践了，项目团队才能真正深入地了解这种工具所带来的好处，也才能更加客观地评估工具的适用性，并可以根据项目特征对工具进行优化调整。

2．正式授权 PMO，构建网状组织结构

在全面研讨了职能型、矩阵型、项目型等组织结构的基础上，企业决定尝试建立一种集采众长的网状项目管理模式（见图 2-11）。这种模式模糊了上级和下级的界限，每名员工都是网络上的节点，项目决策权限、角色和领导关系可以根据需要随时改变。员工可以在该企业内部和外部可控范围内快速找到需要的项目团队成员，推动项目进展，甚至可以实现新项目的自发组织和推进。比如，在某个规模不大、周期较短的项目中，项目经理是一名毕业才两年的年轻员工，全面负责项目的组织实施，作为"导演"；部门领导则是该项目的成员，作为"演员"。该企业为每位员工创造成为项目经理的机会，可以在该企业自由选择伙伴结成项目团队，通过"内部创业"，大大激发了员工的工作热情，也促进了员工的快速成长。

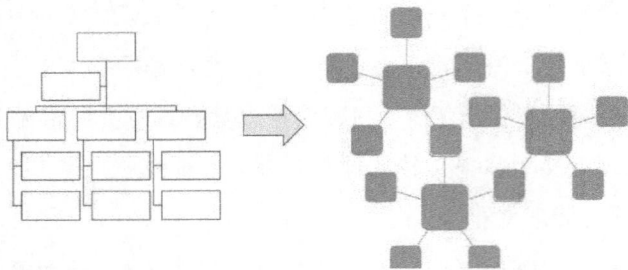

图 2-11　从传统的层级机构转变为灵活的网状结构

作为项目管理的推动者，该企业正式授权了项目管理办公室。PMO 对项目的全生命周期进行持续关注。通过建立和优化项目管理流程、分享经验教训、定期实施项目审查，PMO 为活跃在网状结构中的每个项目经理提供及时而有针对性的指导。

3．建立项目管理制度

该企业结合自身实际情况，制定了项目管理制度，让项目管理有章可循，包括创意收集制度、立项评审制度、项目信号灯制度、项目后评价制度等。

其中的"项目经理竞聘制度"颇受员工欢迎。在立项评审通过之后，PMO 发布项目经理招募通知，有兴趣的员工均可报名参加竞聘会。在会议上，潜在的项目经理需要讲述自己的技术方案和管理方案，并回答专家的提问。一位项目经理当时是这样说服 PMO 专家团的："我的工期可以更短，因为项目中要求的登录功能、收费功能、用户管理功能，甚至部分页面展示功能在我刚刚完成的项目中用过，这些可复用的技术可以节省大量的时间和人工成本。"

4．借力项目管理信息系统

在项目管理制度试运行了半年之后，该企业自主开发了一套简单易行的 PMO 办公系统。系统包含两条简单的管理线条，一条是从 PMO 到项目经理再到成员的自上而下的线条，包括从立项审批、项目经理委派、工作分解、工作包委派。另一条是从成员到项目经理再到 PMO 的自下而上的线条，包括工作包进展汇报、工作包核实确认、单项目报告、项目组合报告。信息系统除可以固化流程外，还极大地提高了 PMO 的办公效率。PMO 专员感慨地说："在没有系统之前，收集和汇总各个项目的月度报告需要 2~3 天的时间，有了系统之后，感觉就是 2 秒钟的事情，这样 PMO 就可以把更多的精力放在对项目状况的分析和对项目问题的辅导上。"

借助信息系统，该企业还把项目经理双向选择制度进一步延伸到项目成员的双向选择。项目经理在系统中拆分出工作包之后，公司所有人员均可以通过系统看到"待委派"的工作，且能看到这个工作包的具体描述、进度要求和对人员的技能要求。所有人员均可以在系统中申请与自己技能相匹配的工作。这种做法不仅改变了以往项目经理找资源难的局面，而且有力地推动了员工学习新技能的积极性。如果自己所拥有的技能无法满足工作的需要，就接不到工作包，有被淘汰的可能。接下来，公司还计划把 PMO 办公系统延伸到组织外部，某些工作包可以委托给外部人员完成，这正是全球正在兴起的"零工经济"（Gig Economy）的一种实践。所谓"零工经济"，就是指社会上的每个人都可以利用自己的专业特长和空余时间，帮别人解决问题而获取报酬；而对于企业来说，"零工经济"打破了组织资源和技术的瓶颈，可以在全社会范围内获取优质资源，从而提升工作质量，同时也使企业的人员成本更加精益。

以 PMO 为推手的企业项目管理转型带来了明显的好处，其中最大的好处是培养了人才，而优秀的人才是企业发展的不竭动力。具体的好处体现在以下几个方面。

1．提高了可视化程度

只有看得见，才能知道问题出在哪里，才能推动问题的解决。在采用项目管理方法后，可以通过一张图快速及时地看到该企业所有项目的状况，包括进度延误的程度、成本超支的程度，也可以看到人员负荷的饱满程度。PMO曾经发现有一个项目连续 2 周进展甚微，于是询问项目经理，项目经理说："正在等待财务的审批结果。"PMO 问："是财务不同意吗？"项目经理说："同意。"PMO 问："同意，为什么还要等待审批结果？"项目经理说："还需要一个正式的手续。"PMO 于是问财务，才发现是项目相关方沟通中出现了一些误解。另一个项目显示连续两周都在调试，PMO 询问项目经理，项目经理说："处理速度慢，客户不满意，正在调整。"PMO 迅速召集一个专题小组会议，邀请公司的几位技术"大拿"一起参加会议，半小时的会议就得出了初步解决方案。

2．提高了计划能力

项目进度估算和成本估算一直是困扰项目经理的一个难题，但是项目相关方有理由得到一个关于工期和成本的承诺。为此，一方面，项目经理需要学习和应用更加科学的估算方法。更重要的一方面是组织需要积累丰富的项目数据，作为估算的依据。采用项目管理方法后，从立项评审开始，项目经理就需要对进度和成本进行预估；在立项批准之后，项目经理需要制订正式的项目计划；在实施过程中，项目经理需要对实际数据进行收集。这种做法，锻炼了能力，收集了数据，使得项目估算和计划形成一个闭环，螺旋上升，提高了项目经理的估算能力和计划能力。

3．促进了人才的快速成长

一个好的管理体系可以克服对个人英雄主义的依赖，充分发挥团队的合力，同时可以促进员工能力的快速提升。建立体系的时候，该企业 PMO 与绩效优秀的项目经理进行了充分访谈，提取了他们的优良做法，固化到项目流程中，从而使更多的人员可以复制这种做法。以前，很多技术出身的项目经理一听到客户需求就立即动手开始实现。而在建立了流程之后，项目经理需要按照流程"先问为什么，再问谁受益"的步骤，逐步澄清需求，这种做法最大限度地降低了由于需求理解不透彻导致的返工。采用工作包的双向选择制度后，不少员工正在朝着"全栈工程师"的方向努力。采用网状项目管理模式和项目经理竞聘制度，则培养了一批技术和管理两面硬的综合人才。

在 VUCA 时代，组织面临的环境更加复杂，要在变革中抓住机遇，就必须苦练基本功，提升竞争力。项目管理作为一种广为认可的管理模式，在实践中发挥了显著的作用。通过营造项目文化，构建项目管理组织架构和 PMO，建立项目流程制度，推行 PMO 办公信息系统，使该企业项目运作模式得到优化，项目内外部资源得到有效利用，项目质量、进度和成本等多方面的绩效得到提升。

第 3 章

PMO 的治理职能

How to

Run PMO

Effectively

3.1　治理是什么

按照百度百科中的说法，"治理"一词的英文是"Governance"，其概念源自古典拉丁文或古希腊语"引领导航"（Steering）一词，原意是控制、引导和操纵，从而在众多不同利益者共同发挥作用的领域中建立一致性或取得认同，以便实施某项计划，达成某种目的。具体到一个组织中，治理就是建立一套得到共同认可的政策、规则和流程，然后由一个治理实体对政策和流程是否被正确执行进行持续监控，其中包含相应的决策机制，对参与方的权力、职责和获益进行平衡，其最终目的是使整个组织在日后变得更为繁荣和更具有活力。

项目治理是一种符合组织治理模式的项目监管职能，覆盖整个项目生命周期。在项目环境中，治理指的是一套框架、流程和职能，用来指导组织的项目管理工作，从而使这些工作与组织已经识别并定义的最佳实践相一致，而且确保通过实施项目，实现组织既定的战略目标。项目治理与项目管理不同，项目管理关注的是对项目工作的组织和执行，而项目治理关注的是对项目管理过程的监管、指引和决策；项目管理聚焦于实现项目需求和项目收益，而项目治理聚焦于实现组织战略目标。对于任何项目，项目治理都非常关键，尤其对于复杂和高风险的项目。

3.2　项目治理的主体

关于项目治理的观点很多，有些观点认为，在组织的项目管理领域，需要定义和运行 4 个层面的项目治理体系，分别为针对组织级项目管理的治理、针对项目组合的治理、针对项目集的治理和针对项目的治理。从理论上讲，这样的区分是合适的，但是在实际操作中，过于细分会造成管理成本上升，引发关于管理分界线的困扰，甚至给真正执行项目工作的成员（如设计者、生产者、开发人员、测试人员等）带来过多的干扰。因此，建议采用相对简单直接的治理结构，如图3-1所示。也就是说，PMO负责其所辖范围内所有项目或项目集的治理，项目集经理负责其项目集内所包含项目的治理。

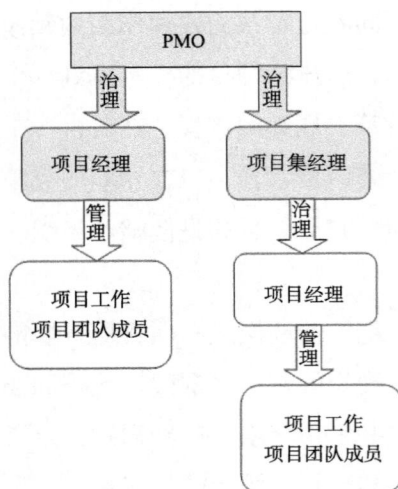

图 3-1　PMO 的治理结构

　　PMO负责创建项目治理框架，制定项目治理的规则和流程，并执行项目治理。PMO是项目治理的责任者和领导者，参与项目治理活动的人员却不只PMO的职员。所辖范围内的项目经理和项目集经理被PMO所治理，因此要对治理行动进行配合，比如，定期提交项目报告，接受项目审查，按照PMO要求执行整改措施，等等。对一个具体项目进行审查和决策时，往往需要包括该项目的高级别相关方，如项目发起者、项目出资者、项目产品接受者代表、项目产品使用者代表等，他们根据既定程序并从自身利益角度出发，参与项目的决策过程。同时，PMO还会邀请与项目没有直接利益关系的其他人员，如PMO专家委员会的成员，参与项目治理，为项目提供专家判断。另外，组织中除PMO外，还有负责其他方面的监管部门，如人力资源部、战略部、财务部、采购部、法务部等。所以，在有些情况下，PMO 可能邀请这些监管部门的人员参与项目治理。

为了保证决策过程顺利进行，同时提高决策效率，PMO 对于项目治理主体的人数要设定限制（如不超过 7 人），并要明确定义其在治理行动中的参与度。PMO 在确定治理主体时可以采用核心层和松散层的方法。核心层的人员需要参与全部的项目治理行动，而松散层的人员根据情况应邀参加。核心层人员通常包括 PMO 成员、项目的实施单位（包括项目经理及项目总监）、项目关键分包方、项目业主或项目出资人（发起人）。

PMO 领导参与项目的各个治理环节，但是根据项目内容不同、项目参与者不同，具体到每个项目，其治理主体并不相同，治理的程度也不同。项目或项目集经理根据 PMO 的既定原则和指导，制订针对自身项目的治理方案，提报 PMO，获批之后遵照执行。就一个具体的项目或项目集来说，治理方案可以存在于项目管理计划中；对于高风险项目，治理方案也可独立成为一份项目文件。

为了有效落实项目治理，PMO 和项目团队均需要采取主动，比如，不应该发生项目团队不交或晚交项目报告的情况。如果项目团队认为 PMO 要求提交的报告过多或过于频繁，则应该与 PMO 协商，对该项目的治理方案进行变更。

3.3　项目治理的目的

明确项目治理的目的非常重要。PMO 有时候会抱怨项目团队不支持治理活动，而项目团队有时也抱怨 PMO 需要提交过多的报告、执行过多的审查，干扰了项目的进程。组织高层对 PMO 也有抱怨，他们抱怨 PMO 提供的资料太多，没有重点，且都是过期的信息，不能起到预警的作用。

之所以出现这种情况，都与项目治理的目的不清有关。项目治理的目的不是收报告，也不是搞检查，而是通过在项目过程中的适当干预，指导项目成功，实现项目收益；辅助组织做出正确的决策，实现组织战略。简而言之，采用项目治理，组织能够规范地管理项目，最大化项目价值，保证项目符合业务战略，这样，才能对项目、对组织产生真正的意义。有些 PMO 为了能确保定期收到项目团队的报告，设立了一种专门的奖惩措施，对按时交报告的团队给予奖励，对拖延或不交报告的团队扣绩效。这样的做法，给项目团队增加了额外的工作负荷和压力，与项目治理的根本目的南辕北辙。项目中真正创造收益的是交付给客户的最终成果，而不是交付给 PMO 的绩效报告。

在对治理目标达成共识的基础上，PMO 才可以制定出合适的治理框架。

确定治理的时间频率时，需要考虑项目的生命周期所包含的阶段、项目总体风险程度、项目团队的成熟度、项目总工期长度、项目的战略重要性等因素。时间频率也反映了 PMO 对项目监控的颗粒度，风险越大，监控的颗粒度应该越细；反之，则可以把颗粒度放得大一些。PMO 也可以利用项目的优先级标准，对不同优先级的项目设定不同的治理时间频率。

确定治理的深度，主要包括治理中要收集的数据，也就是需要项目团队提交什么内容，或者 PMO 通过项目审查或走查需要掌握哪些内容。所有的信息要围绕项目决策，与决策直接相关的信息才需要获取，与决策相关度不大的信息不需要获取。曾经有一个研发机构的 PMO，要求项目团队提交的报告中包括上月完成的主要工作、下月计划完成的工作。每次收到报告，PMO 看着报告中冗长的描述、密密麻麻的专业术语，除感觉研究领域很深奥外，别的什么收获都没有。

治理的目的是促进项目成功和战略实现，因此收集的关键项目数据应该包括：

- 项目预期交付成果的需求是否发生了改变？项目完成后交付的产品是不是仍然是期初论证的产品？
- 项目能否按原计划完成并按原定日期投入生产？

- 项目开发成本是否出现了超支的迹象？
- 这个产品研发出来之后，预期市场仍然存在吗？项目预期收益会受到影响吗？

根据项目团队对以上问题的回答，PMO 需要与项目治理委员会成员一起做出初步决策。如果市场变化了，产品开发出来之后无法盈利，则可能停止该项目，启动新项目；如果市场还在，但是项目执行得不好，则 PMO 可能派专家对项目经理进行辅导，或者建议更换项目经理；如果遇到关键阻碍，PMO 可能调度资源，协助解决问题；有个别项目，由于自身绩效问题或组织战略调整、相关方利益转变等原因，PMO 可能提出终止商议。

建立有效的治理和决策框架，让正确的人在正确的时候做出正确的决策，促进项目成功交付并实现价值或收益，正是治理的目的所在。

3.4　什么是无效治理

无效治理就是不能产生预期效果的治理。无效治理有 3 种典型情形，分别是治理过度、治理不足和治理走偏，下面分别介绍。

1. 治理过度

PMO 在项目治理中投入的资源多于项目所需，也就是 PMO 在项目治理上使用了过多的流程，花费了过多的资源，浪费了组织的宝贵资源，却起不到应有的作用，甚至适得其反。比如，一个为期 8 个月的项目，没有什么技术风险，PMO 却设置了 8 个阶段门，这无疑给项目增添了额外的工作量。

发现这种情况后，PMO 应该着手消灭官僚主义行为，根据项目复杂度，简化治理框架，保持对项目的适度监控。

2．治理不足

PMO 在项目治理中投入的资源少于项目所需，也就是 PMO 在治理上使用了过少的流程，花费了过少的资源，导致项目风险不能得到控制，项目目标受到威胁。常见的例子就是，组织中没有 PMO，或者 PMO 部门的人数极少，所有的项目都由一位项目总监或 1～3 位 PMO 成员进行监管。发现这种情况，组织应该立即组建 PMO，为 PMO 配备合适的人员数量，以确保对项目的适度监控。

3．治理走偏

这种情况指的是，PMO 从根本上不了解或错误地了解了治理的目的，根据自己的错误猜测开展治理行动。比如，一个 PMO 要求项目团队每个月提交一份包含 10 页的 Word 文件，其中还内插 6 个 Excel 表。项目团队为此专门雇用了一位实习生来替他们填写月度报告。还有一个 PMO 为了控制预算，对每个团队的出差费用进行 100%审查，而这些本应是项目团队自己的职责。

除以上 3 种典型"症状"外，无效治理还可能呈现以下"症状"：

- 治理目的不正确。不以项目成功为目的，而以"长官意志"为目的，甚至 PMO 自己猜测的"长官意志"。
- 没有明确的决策标准，过分依赖领导和专家的主观判断。
- 相关方定位错误，没有找到正确的决策者。
- 治理主体经验不足，无法理解项目，无法提出有效的建议。
- 收集的信息不及时、不充分或过于冗余，导致无法根据这些信息做出决策。
- 收集到的信息过于表象，无法反映项目实质，而且 PMO 也没有去进一步探究实质，导致 PMO 提出的建议过于空洞，没有实际意义。
- 项目审查会形式主义严重，会议结束，审查就结束。会上提出的措施无人落实，也无人跟踪。

● 治理不全面，如忽视对供应商和分包商、成本、收益的监管等。

3.5　治理的关注面——治理环

　　项目治理是为了确保项目可以符合相关方的需要或目标，因此，可以从相关方角度去发掘项目治理的关注面。从相关方角度划分，可以分为投资者视角、组织视角、相关方视角、项目团队视角 4 个维度。投资者关注的是这个项目是否能产生预期的 ROI；组织关注的是这个项目是否有助于实现组织战略；相关方关注的是这个项目的过程或项目的结果给自己带来的是利益还是损失；而项目团队关注的是这个项目能够成功交付的概率，不希望自己投入心血的项目半途而废。

　　综合关键相关方的不同视角，项目中的治理行动需要关注以下方面：

● 项目战略一致性。

● 项目绩效。

● 项目重大问题。

● 项目重大变更。

● 项目重大风险。

● 项目环境变化及沟通。

● 项目收益实现。

● 项目流程及合规性。

　　为了形象起见，把项目治理所关注的各个方面表述为一个治理环，如图 3-2 所示。项目治理主体根据对各个方面的分析和判断，综合做出治理决策，决定项目是继续前行还是就此止步。项目的战略一致性在本书第 2 章做过详细介绍，此处不再赘述。本章后面的小节将对治理环中的其他 7 个方面进行介绍。

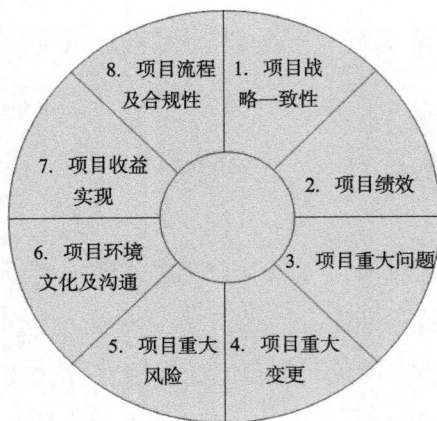

图 3-2　PMO 治理环

3.6　监管项目绩效

项目绩效包含对过去执行情况的总结和对未来执行情况的预测。项目经理在管理项目过程中，对项目的多个方面进行管理，包括范围、进度、成本、质量、沟通、人力资源、风险、采购、相关方等领域。PMO 在监控项目绩效时，既要全面，又要关注重点。通常来说，项目管理知识体系中对项目的范围、进度和成本分别设置了绩效基准，并要求项目经理对这些方面的绩效进行持续度量和汇报。因此，PMO 在治理过程中，关键的绩效要素也由以上 3 个方面组成。每个项目在向 PMO 报告绩效的时候，必须报告范围绩效、成本绩效和进度绩效。另外，比较权威的做法是把项目绩效分为六个方面，分别是收益、范围、进度、成本、质量和风险。PMO 还可以监控项目团队在其他领域的表现情况，但是对表现情况的描述和评估，PMO 要事先给出指导。比如，PMO 要求团队报告项目供应商管理情况，就要告诉团队通过哪些要素和现象来判断供应商管理情况的好坏，在表 3-1 的示例中，项目团队根据 PMO 预先提供的标准进行自评，然后把自评结果报给 PMO。

表 3-1　某供应商管理情况评估表（示例）

要　　素	打分（1～5分）
1. 卖方合同的执行被有效管理	5
2. 卖方绩效指标被有效收集	5
3. 卖方与买方文化有效融合	1
4. 卖方配合买方执行采购审计	3
平均得分	3.5

PMO 监控的方面越多，项目团队在写绩效报告的时候所花费的时间就越多。因此，PMO 需要发布一套灵活的绩效报告框架，允许并鼓励项目团队根据项目实际情况进行裁剪。

为了提高决策效率，便于横向比较，PMO 通常要设置项目 KPI，要求项目团队在提交的绩效报告中包含 KPI。项目管理中常用的 KPI 如表 3-2 所示。

表 3-2　项目绩效指标、预测指标、分析指标（示例）

指标分类	指标缩写	指标英文	指标中文	计算方法
绩效指标（事后指标）	SCPI	Scope Performance Index	范围绩效指标	综合考虑工作范围和产品范围发生的差异占范围总数的比
	SPI	Schedule Performance Index	进度绩效指标	计划工时与实际工时的比
	CPI	Cost Performance Index	成本绩效指标	计划成本与实际成本的比
预测指标（事前指标）	SCVAC	Scope Variance at Completion	范围完工偏差预测	对完工时工作范围偏差和产品范围偏差的预测
	SVAC	Schedule Variance at Completion	进度完工偏差预测	重新估算的总工期与计划总工期的差

续表

指标分类	指标缩写	指标英文	指标中文	计算方法
预测指标 （事前指标）	CVAC	Cost Variance at Completion	成本完工偏差预测	重新估算的总成本与计划总成本的差
分析指标	FCPI	Future Cost Performances Index	未来成本效率预测	剩余工作的计划预算除以实际剩余的预算
	FSPI	Future Schedule Performance Index	未来赶工率预测	剩余工作的计划工时除以实际剩余工时

　　需要注意的是，上述每个指标的计算方法仅为参考，企业需根据所采用的项目管理方法进行调整。根据绩效指标，项目治理主体可以迅速判断该项目当前绩效如何，是否需要 PMO 进一步关注；根据预测指标，可以对项目成败做出预判，并合理设置相关方的期望；根据分析指标，PMO 可以判断如果项目存在偏差，要纠正项目当前偏差的难度到底有多大。

　　KPI 反映项目的效率和效果，应该与组织战略相关联。KPI 的设置不是越多越好，也不是越少越好，而是既要保证能够反映治理主体的关键关注点，又能通过关联指标，确保工作不会因为过度强调某一方面而在其他方面的运作中出现做法变形、方向走偏。

🔄 示例

　　某智能产品公司的总裁在公司年会上提出"去 KPI，新年开心就好"的口号，因为该公司在头一年为了实现销售 KPI，出现了士气受损、动作变形等一系列负面结果。"去 KPI，开心就好"表明了管理层对员工情绪的体恤，但事实上，一个企业不能没有 KPI。没有 KPI，就没有结果导向，没有效率意识，没有组织意识，也没有管理意识，组织的愿景就只能停留在纸面上，战略的实现只能靠运气。所以该公司在新的一年的做法不应是去 KPI，而是既要抓住核心 KPI，还要关注关联指标，避免由于过度追求销售收入而影响了诸如相关方满意度等同样关键的 KPI。同时，还有咨询顾问建议该公司采用 OKR 来代替 KPI，在进行了长达 2 个月的学习、沟通和评估之后，管理团队决定继续坚持采用 KPI 的方法，因为他们得出的结论是：①不是 KPI 方法不好，而是我们没有把它用好；②出问题了就换新的管理手段，这会让员工无所适从，员工需要对管理方法建立熟悉感、亲近感，才能知道如何利用管理方法充分发挥自己的才能，而不是被其束缚。

另外，KPI 的度量方法要有明确而合理的定义，这是 PMO 的职责。即使设置了正确的 KPI，但如果采用了错误的度量方法，同样会出现非预期的结果。比如，某 PMO 为项目设置了一个 KPI——客户满意度。在确定客户满意度的时候，PMO 提出的方法是：如果项目收到一次客户投诉，就减去 20 分；如果收到一次客户表扬，就增加 20 分。在这种规则的指导下，项目经理要求所有成员提前打印好一封表扬信，每次见完客户，就拿出表扬信，请求客户签字。这种做法的始作俑者是设计不良的 KPI 度量方法。

PMO 负责制定项目绩效报告的格式和模板，并且制定项目绩效管理流程，定义从绩效信息的采集、绩效报告的编写、递交、评审、反馈、落实等各个流程环节的 What（什么）、When（何时）、How（如何）、Who（谁）等要素。在流程制定过程中，PMO 需要充分与项目团队互动，了解他们的诉求；同时充分与组织的战略职能互动，确保对绩效的监管有助于战略的实现。同时绩效管理流程需要根据情况进行持续改进。

(3.7) 监管项目重大问题

项目问题是阻碍项目团队实现目标的任何障碍，项目团队通过问题日志来记录和监督问题的解决情况。问题日志是项目相关方之间进行沟通的一个桥梁，是项目可视化管理的一个有效工具。相关方通过问题日志了解现存问题，对问题达成统一认识，调整对项目的预期，同时积极参与到问题的解决中，从而在相关方之间达成一种良好的、健康的、建设性的、开诚布公的工作关系。

↻ 示例

一个问题如果不能及时解决，很可能拖垮一个项目。在某个项目中，供应商的交付一直延误，项目团队按照合同，对供应商进行了相应的惩罚，但是供应商好像不以为然。连续 5 个月，这个供应商都在延误，导致项目工期拖延了 5 个月，而客户对 5 个月的延误已经忍无可忍。项目经理采取各种措施都没有效果，最后他决定用非正式的方式与供应商内部的人进行沟通。通过沟通，项目经理发现了一个很惊人的信息。因为该项目与供应商谈判过程中，给供应商留了很低的利润空间，而供应商当时由于没有充足的生产订单，就在低利润空间的情况下，接了这个业务。后来，当供应商有新的业务时，他们就把这个低利润合同的优先级往后推。直到目前，供应商并没有为这个项目分配资源和人员，只是由一个名义的项目经理负责与采购方项目经理沟通，敷衍他的各种需求。意识到问题的严重性之后，项目经理及时向 PMO 提交重大问题报告，PMO 及时组织项目治理主体开会研究对策。会议上有一半的代表建议终止该项目，但是销售代表坚决反对，他承诺在短期内迅速解决。最后在各方的配合下，销售代表动用了商务手段分别与客户和供应商进行斡旋，最终解决了问题，挽救了一个濒危的项目。

在上述例子中，项目经理虽然最终采取了措施，但是对于问题的应对和判断都显得迟缓，不够及时。因此，PMO 需要制定问题分类的标准和解决的流程，帮助项目团队解决问题。通常，根据对问题紧迫性和严重程度的评估，把问题分为轻微问题、一般问题和重大问题。PMO 需要对"重大问题"进行明确定义，使项目团队在出现重大问题时，能够主动报备 PMO 并请求支援。

在重大问题的处理上，PMO 监督并指导项目团队按照经过验证的流程来分析问题和解决问题，并在需要的时候给予支持，如协调资源、影响关键相关方等。虽然 PMO 负责对重大问题进行监管，但是解决问题的责任仍然由项目经理和团队承担。当发现项目经理的能力远远低于解决问题的要求时，PMO 可能派专家进行辅导，如果需要，可能提出关于更换项目经理的商议。PMO 对重大问题负有监管责任，对这种责任也应该有明确的定义。有个公司的项目管理制度中规定，如果一个项目 1 个月绩效亮红灯，则项目团队为此负主要责任；如果这个项目连续 3 个月亮红灯，则主要责任就转移给了 PMO。

当一个项目同时或连续爆发多个重大问题，对项目的成功交付产生了灾难性的影响，且项目团队凭借自身能力已经无力扭转颓势时，PMO 应该把这种项目列入"危机项目"的行列，并且启动正式程序来挽救危机项目。具体操作建议，请看本书第 7 章。

3.8　监管项目重大变更

任何对项目目标和项目计划的修改都属于项目变更，PMO 需要制定项目变更管理程序指南。项目团队根据指南，结合自己项目的实际情况，建立自己项目的变更管理流程，并根据变更所造成影响的大小，对变更进行分级管理，明确定义批准不同变更的授权级别。对于重大变更，项目团队需要报告给 PMO，PMO 需要参与变更审批，综合相关方意见，从组织整体层面做出批准或拒绝的决策。

示例

在某个单位，PMO 在一次项目走查过程中发现，两个团队在开发几乎一样的产品。于是，就这两个项目的治理环节进行了自查，发现在立项的时候，这两个项目团队申请的是完全不同的产品，但是其中一个团队在开发过程中收到了来自市场的需求变更，因此做了变更，结果导致这个产品与已经批准的另一个项目的产品非常接近。因为此次变更对开发成本和时间没有造成明显的影响，所以项目团队没有把此次变更定义为重大变更，没有邀请 PMO 参与变更审批环节。

从上述示例中可以看出，PMO 不仅需要参与项目重大变更的评审，而且更重要的是，要对什么是重大变更进行明确的定义和沟通，以确保项目团队在需要的情况下，主动邀请 PMO 启动和执行治理流程。

PMO 对重大变更的审批要持谨慎态度，在审批过程中，要启动项目立项审批时的几乎全部程序，包括技术可行性、经济可行性、风险和社会可行性再评估等。

3.9　监管项目重大风险

一位 PMO 的负责人曾经说，他们部门级别很高，直接汇报给公司总裁。但是总裁对他们的工作并不满意，认为他们总是报告一些过时的信息，项目出问题了，你才来报告，报告不报告，问题都已经出来了，为什么不能报告预警性的信息呢？PMO 为此非常苦恼，他们专门要求项目团队在提交的周期报告中，增加了一栏"项目风险"，但是团队填写的风险不痛不痒，有的写着"项目可能延期""人员数量可能不够""测试可能不充分"，PMO 汇总起来提交给领导，领导依然不满意。出现这种问题的主要原因在于 PMO 本身的管理能力。PMO 需要采用专业的风险分析工具，并结合组织内外历史同类项目的特征，制定简易、可行、科学的风险评估模型。

项目风险分为整体风险和单个风险。在项目选择阶段，当项目发起人提出立项申请时，PMO 对项目整体风险进行了评估，确认项目风险位于组织风险容忍临界度之内，项目才可能被批准（如本书第 4 章所阐述的）。在项目启动后的每个治理环节，项目团队都需要持续评估项目的整体风险，并把评估结果报告给 PMO。在项目执行过程中，项目整体风险仍然需要处于临界值范围内，同时要呈现不断缩减趋势。如果项目整体风险呈现突然增长或持续增长趋势，PMO 要启动项目审查或风险审计，指导项目团队调整风险管理的流程和应对风险的措施，把整体风险降低到临界值内。

对于单个风险的识别、评估和应对，PMO 也需要出台相应的流程、工具、模板、查对单和指南，项目团队在 PMO 的指导下管理项目风险。在本节开头介绍的例子中，团队缺乏的不是热情，而是专业的方法和工具。PMO 需要向项目团队提供专业培训，指导项目团队使用 PDPC 图、FMEA、故障树等工具，并结合专家判断、标杆对照、项目间共享等方法全面系统地识别风险。

在项目治理中，PMO 要求项目团队每个周期提交的项目报告中都应包括重大风险报告、对风险的评估和计划的应对措施。PMO 收到报告后，首先要判断该项目团队管理风险的能力，接着要为团队应对重大风险提出指导意见，并给予必要的支持。

对于项目管理成熟度达到一定水平的组织，PMO 可以启动定量风险管理的方法，比如，采用蒙特卡洛模拟技术预测项目未来的走势和成功的概率。

3.10　监管项目环境因素的变化及沟通

"唯一不变的是变化本身。"项目环境因素的变化包括项目实施组织的变化、市场情况的变化、合作单位的变化、政策法规的变化、自然环境的变化等多个方面。项目环境在不断地变化，这种变化可能对项目产生重大的影响，PMO 需要监控这种变化，并指导项目团队根据变化及时做出调整，有时候，PMO 可能需要采取直接干预措施。

为了及时应对环境因素的变化，PMO 需要建立一个关于项目环境因素变更的全局沟通方案，包括沟通内容、沟通渠道、沟通流程等。项目团队在全局沟通方案的指导下，根据项目实际情况，在相关方沟通管理计划中，建立环境因素监测和沟通计划。比如，由销售或市场部监测市场的变化，由法务部负责监测政策法规的变化，由 PMO 监测组织内部如组织结构、规则、文化等方面的变化，由项目团队的技术经理及时监测社会与技术的变化。这些相关方需要通过正式的沟通渠道及时地向项目团队报告变化的情况，项目团队针对变更，启动相关方评审会议。造成重大影响的变更，需要主动邀请 PMO 启动治理流程。

在项目启动和规划过程中，PMO 需要检查项目团队发布的项目管理计划中是否包含了对于环境因素变化的监测和沟通计划。在项目执行过程中，项目团队提交给 PMO 的报告中，需要有一栏专门描述环境因素的变化情况、影响分析及应对措施。PMO 需要据此判断项目团队在环境监测和沟通方面的有效性。在本书第 8 章介绍的"卡通型 PC 研发项目"案例中可以看出，项目失败有两个原因，一个是遇到技术问题，另一个是市场环境、竞争对手的情况发生了变化。项目团队没有及时对市场变化做出反应，组织对项目治理又不到位，最后，该项目在明知错失市场先机的情况下，依然坚持开发，最终没有实现项目的预期收益，走向失败。

3.11 监管项目收益的实现

一个项目必须产生收益，这是组织投资项目的理由，也是项目完成后评判项目的依据。项目收益包括有形收益和无形收益，其中，有形收益通常可以用货币值来度量，如项目盈利、成本节省等；而无形收益不容易用货币值来度量，如商誉、士气提升等。不论哪种收益，在项目环境中必须要用可度量的指标来表示，否则无法衡量、无法管理。比如，一个项目的预期收益是项目完成后为组织带来 2 000 万元的利润，这是一种可度量的有形收益。另一个项目采用低价策略，没有预计盈利，只是为了拓展新市场，提高市场认知度，这就需要建立一种合理的方法，对市场认知度进行度量，待项目完成后，分析项目前后市场认知度的变化，来判断项目是否达到预期目的。在有些公司，不仅需要对无形收益建立量化指标，而且要求把这种指标与货币值进行转化。比如，某个项目的收益是提高网页流量，那么，第一步，要确定关于提高流量的明确的量化指标，这样，在项目投产后，可以很容易地度量其预期收益是否达成。第二步，要建立流量指标与货币值之间的换算关系，通过换算，度量这个项目的绝对收益。比如，A 项目产生的流量数大于 B 项目，但是 B 项目产生的货币收益大于 A 项目。流量只是一个中间指标，项目最终的目的是通过流量增加收益。

关于收益监管的另一个问题是，对于客户项目来说，在项目交付成果得到验收后，就可以收到客户款项，计算项目收益了。但是对于内部项目来说，项目产品投产或项目系统上线后，需要跟踪一定的时间，才能判断项目成果是否产生了预期收益。在这种情况下，PMO 对项目的治理周期比项目团队所管理的项目生命周期要长。

PMO 对项目实际收益的监管集中在项目交付之后，但是在项目选择、启动、规划和执行的各个治理环节，PMO 都要对项目预期收益进行监管。在启动时，预期收益达到准入标准，项目才有可能被批准；在规划阶段，项目团队有时候需要制订项目收益实现计划；在执行阶段的每个阶段门，项目团队都需要分析并提交项目预期收益，因为 PMO 和项目治理主体在制定项目是否继续前行的决策时，预期收益是一个重要的考虑因素。

3.12　监管项目流程及合规性

项目治理的一个重要目的是，确保各个项目团队在工作中采用经过验证的最佳实践，从而以最低的成本、最快的速度、最高的质量交付产品。因此，PMO 既有责任把这些最佳实践固化到组织项目管理的流程中，更需要随时监控，确保项目团队正在遵循流程，并通过项目团队的反馈，及时发现问题点，进行流程改进。项目与运营工作有很大的区别，项目中充满不确定性，因此，项目流程需要有足够的灵活性，鼓励团队创新和团队自治。常见的做法是，PMO 根据项目类型制定不同的项目流程，同时在流程制度中明确指出，哪些流程环节必须执行，哪些环节可以由项目团队自己决定是否采用。除了项目管理流程，PMO 还需要制定项目从业人员的职业道德标准，并通过宣传、培训，确保项目团队都了解和认同这些标准。

PMO 通过抽查、走查、访谈、调查问卷等方式来确保项目团队遵循组织发布的项目管理流程和职业道德标准。发现异常情况时，PMO 可能开展项目审计，可能是全面的项目审计，也可能是针对某一个特定方面的审计，如采购审计、财务审计、质量审计、纪律审计、风险审计等。

3.13　治理框架——项目生命周期

项目治理以项目生命周期为基础，项目生命周期模型包含了一系列互相依赖、按顺序排列的项目阶段。根据项目风险程度的高低，项目阶段划分颗粒度也不同。高风险项目，阶段划分得多一些，阶段控制关口设置得多一些，便于及时发现问题，及时识别风险，及时采取措施，及时做出决策。低风险的项目，则阶段划分得少一些，有些风险低而工期短的项目，可以按单阶段项目来执行。

从理论上讲，不论是项目管理还是项目治理都应该是实时的，要实时发现问题和解决问题。但是过多的管理干预和治理干预都可能扰乱正常的项目生产活动。对于项目管理来说，由项目经理和项目团队根据项目的特征及团队的特征来确定合适的管理颗粒度；对于项目治理来说，通常的做法就是以项目生命周期为基础，在每个阶段控制关口上执行常规的项目治理行为，而特殊的治理行为根据项目出现的特殊问题，由项目团队或其他相关方临时发起。

如图 3-3 所示，在项目生命周期的每个阶段末都要执行项目治理。在多阶段项目中，每个阶段都需正式批准和启动，通常需要由项目治理主体来审查和决定能否开始下一阶段的活动。尤其在前一阶段尚未完成，而需要提前开启下一阶段的工作时，这种审查就更为必要。比如，在某些商业环境下，客户合同尚未签署，组织就要求项目团队投入资源，开始执行项目工作，这时候，必须由项目治理主体执行治理行动，对治理环中的 8 个方面进行全面审查，并做出书面治理决策。

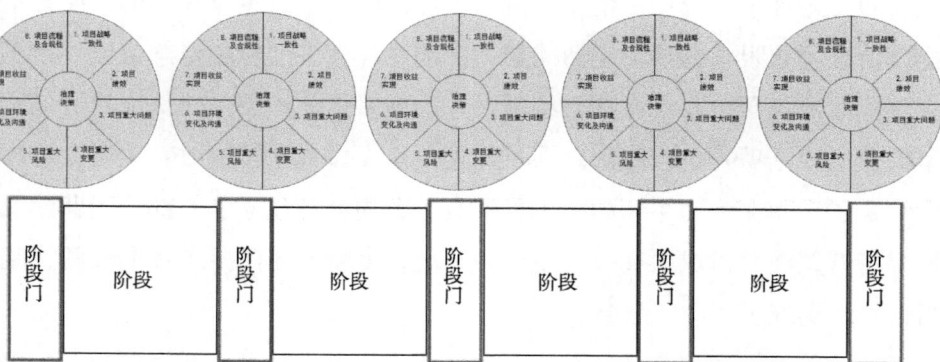

图 3-3　基于项目生命周期阶段门的治理框架

在每个阶段控制关口，项目经理和团队更关注的是对交付成果的确认和验收，以及对本阶段成本绩效和进度绩效的度量。项目治理主体站的角度更高，关注的面更广，至少应该关注治理环中定义的 8 个方面（见图 3-2）。阶段末控制关口的最终决策（Go 或 no-Go）由治理主体做出，而非项目经理或项目团队。

在阶段控制的每次治理行动中，PMO 应该要求治理主体执行 4 个步骤，即监督—控制—审查—决策（见图 3-4）。监督的目的是收集并理解信息；控制的目的是发现偏差，并对严重程度做出判断；审查的目的是整合来自各个关注面的信息，发掘问题原因，并整合不同相关方代表的利益，对项目情况做出判断，形成结论或解决方案；决策的目的是就结论或解决方案达成共识并正式发布。

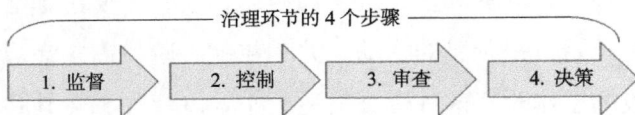

治理环节的 4 个步骤

1. 监督　　2. 控制　　3. 审查　　4. 决策

图 3-4　治理环节的 4 个步骤

虽然项目管理与项目治理都以项目生命周期模型为框架，但需要注意的是，项目经理眼中的项目生命周期与治理团队眼中的生命周期的长度并不一样。治理团队眼中的项目生命周期，往前，包含了项目的概念阶段、市场调查阶段甚至预研阶段，而项目经理眼中的项目生命周期可能从项目通过可研审批被正式立项开始；往后，项目经理认为交付成果被验收，项目生命周期就结束了，而在治理主体的眼中，项目生命周期还包含了一部分运营阶段，需要持续关注交付成果被投入使用的情况，度量是否产生了预期收益，是否帮助组织实现了相应的战略。

项目的规模和复杂性各不相同，但不论其大小繁简，所有项目都呈现图 3-5 所示的通用的生命周期结构，这个通用的生命周期结构常被用来与高级管理层或其他相关方进行沟通。通用的生命周期结构从宏观视角为项目间的比较提供了通用参照，即使项目的性质完全不同。在后续的章节中，我们将以此通用模型为依据，分别讨论 PMO 在项目选择阶段、项目启动和规划阶段、项目执行阶段，以及项目收尾及项目成果投入运营阶段的治理活动。

| 项目选择阶段 | 项目启动和规划阶段 | 项目执行阶段 | 项目收尾阶段 | 项目成果投入运营阶段 |

时间

图 3-5　通用的项目生命周期模型

　　对于具体的项目来说，仅仅按照上述通用模型来设置治理环节是不够的。项目团队需要把项目执行阶段进一步细化，如软件开发项目的执行阶段可能包括需求分析、概要设计、详细设计、开发、测试等阶段；采用了迭代和增量开发模式的团队，可能用其他方法来定义项目执行阶段的子阶段。对于项目治理来说，必须包含对执行阶段中子阶段末控制关口的治理，只按照通用模型执行的宏观治理不足以发现项目问题。同时，并非每个子阶段都需要启动治理，过多的治理活动影响项目的生产活动。所以，项目团队需要根据项目实际情况，确定生命周期中具体的治理点，如图 3-6 所示，一个采用迭代模型的团队，可能只把每次迭代结束作为一个治理点，而不会把一个迭代内部的里程碑作为治理点。

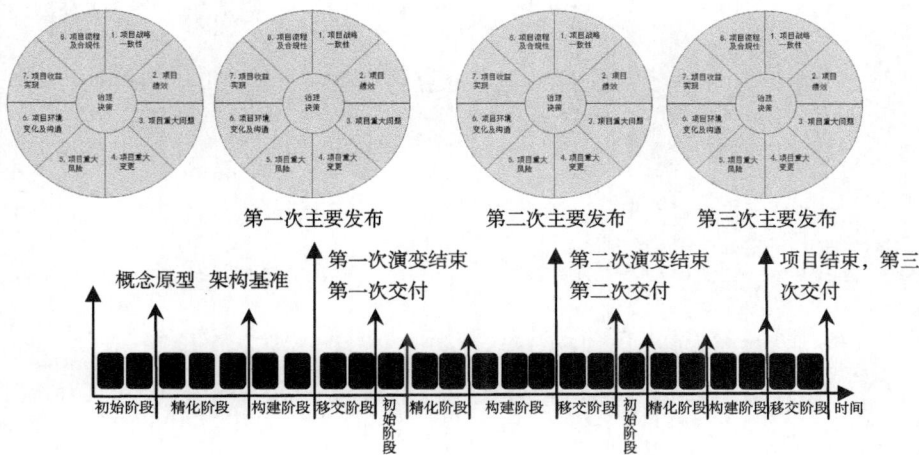

图 3-6　基于迭代式项目生命周期的治理框架（示例）

第 4 章

PMO 对选择阶段项目的治理

How to

Run PMO

Effectively

4.1　项目选择概述

PMI 推出的《项目管理知识体系指南》中没有包含项目选择的过程，而是从制定项目章程开始，侧重讲述如何管理一个已经得到批准的项目。PMI 在其后来推出的《项目组合管理标准》中详细介绍了项目选择的各个环节，选择时不仅要考虑被选择的项目本身是否满足组织的既定标准，还需与其他备选的和已被批准的项目进行比较和平衡之后才能做出合理的决策。

对于组织来说，项目选择无疑是一件重要的事情，如果没有科学的决策体系，组织可能在项目选择上出现失误。比如，选择了一些目标根本不可能实现的项目，或者选择了不能为组织带来实际价值的项目，从而导致组织中项目的失败率居高不下，而且造成大量资源的无谓浪费。虽然对于项目选择的重要性已经无可争议，但是在组织中，具体由谁来负责项目的选择和采用什么标准来进行项目选择，则一直处于争议之中。

有的组织中没有科学的项目选择流程，而由领导个人依靠自身经验和直觉判断来对项目选择进行决策，俗称"拍脑门"法。这种方法显然有悖于科学的决策方法，但也并非一无是处，它的优点是简单、省时、省力。同时，这种方法的缺点也很突出：

1）对决策者个人的依赖性太强，不仅要求决策者具有丰富的经验、敏锐的洞察力及良好的直觉判断，而且要求决策者在每次决策过程中都始终保持理智和清醒的状态。

2）通过这种方法做出的决策，需要花费较长的时间向具体的执行人员进行解释，而要得到他们发自内心的认可和承诺并不容易。

还有一些以执行客户合同为主营业务的公司，它们把项目选择的责任交给了项目经理，只有获得项目经理关于项目可行性的确认，销售经理才可以和客户签署商务合同。在这种公司中，当投标团队形成时，项目经理也会被正式委派并参与投标小组的工作，这位项目经理将在客户合同正式签署之后负责项目的具体实施。在投标阶段，投标团队向客户提交的项目方案建议书、销售经理向公司内部提交的合同定价方案（其中包含了项目成本估算）都需要得到项目经理的签字确认。如果项目经理认为项目实施风险过大，他可以拒绝在项目建议书审批单上签字，而得不到项目经理的签字，销售经理不可以把建议书递交给客户。如果项目经理认为销售经理的合同定价方案中引用的项目成本估算偏低，或者没有包含足够的风险预留，项目经理也可以拒绝签字，得不到项目经理的签字，合同定价方案就不能得到批准，销售经理就不可以向客户正式报价。但是项目经理一旦签字后，就意味着他要为项目的成本负责，为项目的 SOW 负责，为项目实施风险负责，为合同条款负责，一言以概之，就是要为项目的最终成功负责。采用这种做法的初衷，是阻止销售人员为了单纯追求实现销售定额而签订根本无法执行的合同，从而把失败的项目阻拦在启动之前。但是这样做也会出现以下问题：

1）项目经理个人承担了太大的责任。有的项目经理对前期成本估算出现了判断失误，比如，少估了 200 个工时，那么在实施过程中，项目经理需要向组织申请增加 200 个工时，这往往会招致管理层和其他团队的责难。

2）这种方法极易造成项目经理和销售经理之间的个人摩擦。比如，项目经理认为项目至少需要 5 个月，但是销售经理面临失去订单的压力，他必须向客户承诺项目在 3 个月内可以交付。于是，销售经理把压缩进度的压力转交给项目经理，如果项目经理没有办法压缩工期导致销售订单丢失，销售经理往往会迁怒于项目经理，甚至向高层投诉项目经理工作不力。

还有一些组织，在项目选择过程中采取了一种较为稳妥的做法，就是由 PMO 担当项目选择和决策的角色。采用这种方法，PMO 需要为组织中不同类别的项目制定不同的选择流程，并且设立不同的选择标准。通常，针对具体的项目立项申请，PMO 举行专家评审会议，进行小组决策。这种方法的缺点是过程相对较为复杂，费时费力；但是这种方法具有决策的科学性，同时也兼顾了员工在组织中的心理安全感，它不仅适用于外部的客户项目，也适合组织内部的自建项目或外包项目。图 4-1 是由 PMO 负责项目选择的过程。

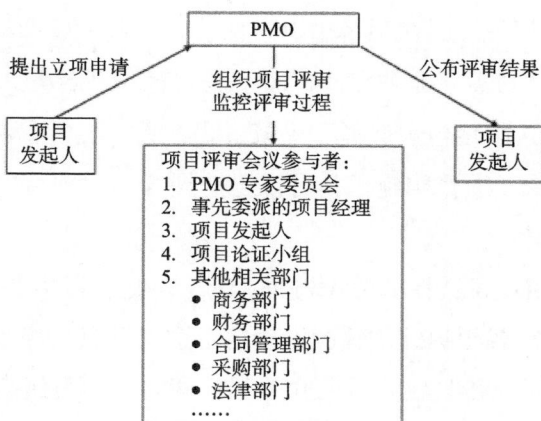

图 4-1　由 PMO 负责项目选择的过程

4.2　PMO 在项目选择阶段的职责综述

项目选择阶段的主要目的是选择正确的项目，阻止错误的项目。当项目发起人提出项目立项申请后，PMO 按照既定的流程召集项目评审会议，并且对评审过程进行监控。不同的项目，参与评审会议的人员不同，PMO 需要根据项目内容，邀请相关部门（受到项目影响的部门和将对项目实施过程产生影响的部门）参与评审会议。PMO 要确保这些部门所委派的代表能够充分代表部门的意见，并且有权在评审文档中签署意见。有的项目需要召开多次评审会议才能得出最终决策。PMO 负责宣布决策、解释决策，并且记录决策及决策依据。如果项目获得批准，PMO 则开始项目的启动程序。

PMO 召集的项目选择评审会议是一种专家决策和团队决策相结合的做法，除邀请项目专家进行专业评估外，PMO 还邀请与具体项目相关的部门参与项目选择，这样做的好处如下：

1）不同的部门所站的角度不一样，多个部门参与可以保证收集的信息更加全面、更加客观。

2）提早建立相关部门在项目中的责任感，大家一起参与了项目选择，也有责任一起为项目的实施提供支持，而不是"有人打老虎，有人袖手旁观"。

3）由于大家共同参与了选择和决策过程，所以不再需要花费时间向相关部门解释决策结果，项目实施工作可以迅速展开，对项目中问题的处理也可以较快地达成共识。

下面简要介绍项目选择的通用过程，以及在此过程中 PMO 的职责。在实际工作中，PMO 需要根据组织情况，确定合适的项目选择步骤，并且对每个步骤进行指导、管理和监控。下面介绍的步骤与《项目组合管理标准》的内容一致但不完全相同，其中结合了诸多组织中的实践总结。读者如果希望了解 PMI 推荐的项目选择过程，请阅读《项目组合管理标准》。

4.3　通用的项目选择过程

步骤 1：识别新项目

组织全部项目的清单由 PMO 负责维护，PMO 需随时把新出现的项目添加到组织已有的项目列表中。对于内部项目来说，新项目包括已经提交了立项报告或项目建议书的项目；对于客户项目来说，新项目包括有投标意向的项目、正在准备投标的项目、正在进行合同谈判的项目等。PMO 在完善项目列表的同时，还需要把新项目的相关信息记录下来，供后续选择决策之用。

步骤 2：把新项目分类

　　PMO 通常根据组织战略目标和战略举措把项目分为几类，不同类别的项目支持不同的战略举措，不同类别的项目其选择和批准的标准、流程也不相同。当一个新项目出现后，PMO 首先要判断这个项目属于哪个项目类别，从而确定采用哪套选择标准和评审流程。比如，在某个以实施客户合同为主营业务的公司，对于开拓新市场类别的项目，利润率并不作为选择和批准的依据；但对于盈利类别的项目，选择标准中就包含了项目利润率，要求预期利润率必须达到 12%以上。在一个财务年度中，项目分类标准和各类项目的选择标准一旦确定后就不会随意修改，除非组织对其战略计划或运作模式进行了大幅度的调整。

步骤 3：对新项目进行评审和初选

　　PMO 组织评审会议，对新项目的相关信息进行分析，并且对项目取舍做出初步判断。需要分析的信息包括与新项目相关的市场信息、技术信息、用户信息、供应商信息等，需要评审的内容包括新项目的项目建议书、可行性研究报告等。对于客户项目，通常还需要分析客户资信、客户发出的招标文件等信息，并且对项目投标文件、项目定价方案、商务合同文本等进行评审。

　　评审的具体方法有很多，通常采用多因素加权的评分模型为被评审的项目打出一个具体的分数。把项目得分及评审意见与组织既定的项目选择标准进行比对，即可对项目取舍做出初步决策。被舍掉的项目不再参与后续的选择步骤，但是要记录在案。被选择的项目还需要继续通过后续的步骤，而且并不一定会获得最终批准。比如，某公司的 IT 部门准备启动一个项目，这个项目预期盈利率达到了公司的标准，其他指标也符合公司选择项目的基本标准，那么这个项目就会被初选入围，并继续参与后续步骤。但是该项目是否能够获得最终选择，还取决于与组织其他项目的比较和平衡。

步骤4：按照优先级对新项目进行排序

由于每个组织都存在资源和预算的限制，因此当多个符合要求的项目同时出现时，组织只能选择其中的一部分项目，而放弃另一部分。对项目进行优先级排序，有助于组织在资源约束条件下对项目取舍做出快速合理的决策。为此，PMO需要制定项目选择阶段的优先级评估标准。建立该标准通常需考虑的因素有项目对组织战略的支持程度、项目实施期的长短、项目风险收益比等（请参考本书第2章关于优先级标准的描述）。优先级规则体现了项目对组织的价值，也反映了组织对项目的态度。优先级规则确定之后不得对其随意修改，除非组织战略计划或其他因素发生了显著的变化。

在本步骤中，PMO的主要工作是在每个项目分类中，把初选入围的新项目按照预定的优先级排序规则进行排序，以备后续决策时用。

《项目组合管理标准》建议在确定项目优先级排序时，不仅考虑新项目，还应该考虑已获批准的旧项目。这种做法虽然增加了操作的复杂性，但也提高了项目组合决策的合理性。采用这种方法意味着项目选择不再是一次性的工作，它不仅发生在项目批准之前，而且也存在于项目批准之后的整个项目实施过程中。对于那些正在实施的项目来说，如果市场环境或组织战略发生了变化，导致该项目优先级降低，那么组织有可能及时叫停该项目。如果任由项目继续，那么项目最终交付的可能是毫无价值的产品，本书第8章介绍的"卡通型PC研发项目"就是这样一个例子。

步骤5：对项目投资组合进行平衡

项目投资组合计划包括项目组合的投资总额，以及其中各类项目所占的比例。确定项目组合计划是组织在每个财务年度开始时要做的事情，在年度执行过程中，如果组织战略没有发生变化，那么项目投资组合计划也不应随意变动（参考本书第2章关于项目投资组合计划的描述）。当对新项目进行选择时，PMO需要根据组织期初确定的项目投资组合计划，考虑各种类别项目的计划投资和实际投资，对项目最终取舍做出判断。如果某类项目到目前为止已经完成了计划的投资额度，那么组织就不应该再批准该类项目，而应该把预算留给其他尚未完成投资额度的项目类别。在项目组合平衡过程中没有被否决的项目将在下一个步骤中得到组织的正式批准和授权。

步骤 6：批准新项目

在这个步骤中，PMO 正式宣布对新项目的批准，并且通知组织相关责任人（如项目发起人、财务部等）为新项目分配资源和预算。项目正式批准之后，将进入项目启动和计划阶段，开始项目实施的计划和筹备工作。

PMO 必须选择那些支持组织战略计划、满足项目选择标准的项目，因为项目选择不仅决定着单个项目的成败，也决定了组织战略目标是否能够通过项目实施如期实现。如果没有完善的项目选择过程，那些真正有价值的项目有可能被排斥在项目组合之外；那些没有价值的、风险过大的项目则会进入或留存在项目组合中，增加组织工作负荷，徒耗组织资源。

4.4　内部项目选择阶段 PMO 的职责和评审工作

1. 内部项目选择阶段 PMO 的职责

前面介绍了通用的项目选择过程中 PMO 的职责，下面将分别从内部项目和客户项目（外部项目）两个角度来介绍项目选择过程中 PMO 的职责。内部项目是指组织自己出资、自己实施或分包实施、项目最终产品归组织自己所使用或运营的项目。客户项目是指组织根据与客户签署的商务合同，为客户实施项目，项目最终产品需要交付给客户的项目。

组织有可能把内部项目的实施承包给一个或多个分包商来完成，也有可能完全由内部资源来完成。对于内部项目来说，在选择阶段，由项目发起人及其带领的项目前期团队负责项目的前期调研，并根据调研结果完成项目建议书和项目可行性研究报告的编写。该阶段 PMO 的主要工作是组织和监控项目建议书和项目可行性研究报告的评审和批复过程，PMO 在此阶段与项目团队的工作关系及 PMO 在此阶段的主要职责，如图 4-2 所示。

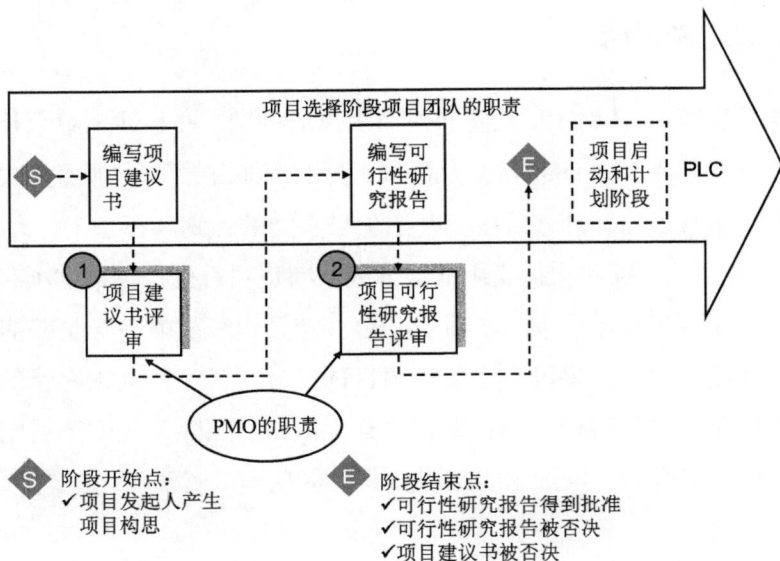

注：PLC——Project Life Cycle，项目生命周期。

图 4-2　内部项目选择阶段 PMO 的职责

2．评审

在内部项目的选择阶段，PMO 将代表组织对新提议的项目举行两次关键评审。第一次是针对"项目建议书"的评审，通过该评审对项目进行初选，对是否立项做出决策。第二次是针对"项目可行性研究报告"的评审，通过该评审对项目实施计划和成本效益等细节进行评审，对是否批准项目及是否对项目进行投资做出决策。根据实际情况，每次评审可能需要举行多轮评审会议。下面，分别对这两次评审进行介绍。

（1）对项目建议书进行评审

1）评审对象——项目建议书。项目建议书由项目发起人带领的项目前期团队完成并提交，内容包括选择项目的理由、项目初步实施方案、项目投资的量级估算和项目预期收益等方面的信息。

2）评审组织者——PMO。

3）评审参与者——PMO、公司相关决策层、项目发起人、财务部门、采购部门、法律部门，以及其他参与项目实施的部门或受项目影响的部门的代表。

4）评审关注的主要方面：

① 战略相关度。指项目是否支持组织的发展战略。

② 项目预期收益。就是项目实施之后可以给组织带来的价值，包括有形收益（如直接为组织创造了盈利）和无形收益（如提高了组织的市场美誉度）。

③ 项目必要性。指项目所解决的问题是不是组织最关心的问题。比如，某公司的项目管理成熟度较低，有人提议建设一套项目管理信息系统，但当时该公司尚未建立基本的项目管理流程，那么，此时的首要任务应该是建立流程，而不是实现流程电子化。另外，在分析项目的必要性时，还可以采取以下思路，即分析如果不执行该项目，将会给组织带来什么负面影响，组织是否能承受这些影响。比如，某些政策性项目的必要性很高，如果不执行，则意味着某个产品由于不符合新的政策要求而不得不退出市场。

④ 成本效益分析。初步估算的项目投资回报率是否满足组织的最低要求，是否与社会上同类项目的收益率具有可比性。

⑤ 实施能力分析。组织是否有能力执行该项目，包括资金能力、技术能力、资源能力、运行能力等多个方面。比如，某公司的综合部曾经提议对公司的办公环境进行改善，提升员工和客户满意度。但是分析之后，发现该公司的资金能力有限，所以只能暂时搁置此项目，等来日条件成熟时再议。

⑥ 项目风险分析。有的项目虽然具有很大的潜在收益，但是实施风险很大，项目成功的概率不高，而且一旦项目失败，可能对组织正常运行造成重

大的影响。因此，评审项目时还需要分析项目风险是否在组织可承受的范围之内。

⑦ 项目组合平衡。在财务年度开始时，PMO 和组织决策层将依据组织发展战略编制项目组合计划，确定该年度各类项目的投资规模和比例。

5）评审结果。根据评审会议的意见，PMO 对是否立项做出决策。在有的组织中，PMO 需要把评审会议的结果提交给公司决策层，得到决策层的签字确认后，PMO 才可以正式宣布决策结果。不论什么方式，如果决定对新项目进行立项，则意味着组织将投入资源对项目进行进一步的调研和论证，即完成项目可行性研究报告的编写；如果决定不立项，则项目就此止步，组织不再为项目投入任何资源。不管是否立项，PMO 都需要收集和记录所有的项目信息，如立项申请、项目建议书、评审报告、决策理由等。同时，PMO 还负责向项目发起人就决策结果进行解释。

（2）对项目可行性研究报告的评审

1）评审的对象。可行性研究报告提供了项目选择理由、项目目标、项目方案、项目实施计划及项目预期收益等方面的详细信息。在有些企业或组织中，把项目前期的论证文件称为"商业论证"（Business Case）。

2）评审组织者是 PMO。

3）评审参与者是 PMO、相关领域专家、公司相关决策层、项目发起人、财务部门、采购部门、法律部门，以及其他参与项目实施的部门或受项目影响的部门。与立项评审相比，项目可行性评审关注的范围更加广泛，评审过程更加细致，因此，PMO 通常把项目可行性研究报告的评审拆分为多个不同的评审专题，并为每个专题组建专门的评审小组。比如，技术可行性的评审小组和组织可行性的评审小组很可能由不同的成员构成，有时，PMO 需要从组织外部邀请专家参与评审。

4）评审关注的主要方面：

① 项目的预期收益。项目可行性报告中必须明确说明项目成功实施之后

可以为组织带来的价值或收益。PMO 将组织专家和项目相关方就项目预期收益进行深入详细的评审。描述项目收益时，要尽量使用定量的信息，这种做法既方便项目的选择，也便于日后对项目成败进行定量评判。项目给组织带来的收益因项目内容的不同而不同，比如，有的项目可以改进组织现有的运作流程，降低某个领域的运作成本；有的项目通过开发新产品或新方案，为组织创造新的利润增长点。只有真正为组织带来价值的项目才能得到批准。在项目得到批准进入实施阶段后，仍然要对项目预期收益进行持续跟踪和预测，如果发现项目偏差过大，导致项目预期收益缩小，那么 PMO 有可能提议终止项目。项目预期收益的实现程度也是将来评判项目成败的根本依据。

② 项目方案的技术可行性。技术评审需要邀请相关技术专家参与，必要时还需从组织外部邀请专家。不论是内部专家还是外部专家，他们都需要对项目方案提出有价值的意见和建议，同时，他们还需要对自己提供的意见和建议持续负责。技术可行性评审主要关注以下问题：

- 技术架构是否正确、稳定、先进，是否具有前瞻性等。
- 方案是否包含新技术，新技术是否可以获取。
- 组织中现有人员是否具有方案实施所需的技能和经验。
- 如果需要外包，市场上是否有合格的供应商。
- 是否能识别技术风险，是否有应对措施。

③ 项目的组织可行性评审。这个环节主要评估组织中所有的人员（包括从管理高层到个人贡献者）对项目所持有的态度。对于内部项目来说，评估项目的组织可行性非常重要，选择项目时必须考虑组织是否愿意接受该项目实施过程和实施结果所带来的影响和变革，必须客观评估可能来自组织的推力和阻力，从而对项目选择做出正确决策。

因此，对项目的组织可行性的评审非常关键，组织对项目的接受程度将决定项目的最终成败。在评审组织可行性时，PMO 需找出所有与项目过程和结果有关系的人员和部门，并且通过评审获取他们对项目的真实意见。为了推动项目获得批准，项目发起人需要主动向受项目影响的人员解释和推广项目的预期价值，从而争取他们对项目的理解和支持。如果来自组织的阻力过大，PMO 有可能否决这个项目。

↻ 示例 **B 公司和 C 公司的项目组织可行性评估**

B 公司准备对办公大楼进行装修，但是由于其他方面的局限性，项目实施期间，B 公司并不准备租赁临时的办公场所，而且正常业务还不能中断，因此项目不得不采用"边施工，边办公"的实施方案。可以预测，在实施期间一定会遇到来自员工的阻力，施工产生的噪声和气味将让他们难以忍受，而且他们还会担心施工期间的人身安全和财产安全等问题，这些因素可能引发员工对项目的抵制，甚至可能造成项目半途而废。因此，在对这个项目进行可行性评审时，必须充分考虑来自组织对项目实施过程的接受程度。

C 公司实施了办公自动化系统部署项目，该系统投入运行后，需要管理层在网上批阅文件，但是管理层不适应也不喜欢在网上工作，他们更喜欢原来直接签字的工作方式。由于来自组织管理层的抵制，最终导致该系统的使用陷入停顿，项目投资没有产生任何收益。

评审项目的组织可行性时要考虑的主要问题有：

- 项目实施过程是否会对员工的日常工作产生负面影响？
- 项目所交付的结果是否对员工目前的工作状态产生负面影响？
- 如果有影响，项目团队将采取何种措施降低负面影响？
- 员工是否愿意接受项目团队提出的方案？

组织可行性评审可以采取力场分析的方法。

④ 项目的经济可行性评审。项目可行性研究报告中需提供项目经济效益方面的信息，包括项目总投资、项目实施成本、项目投产之后的运行成本、项目资金来源、项目的近期收益和远期收益、项目的有形收益和无形收益等。

评估时采用的定量指标有总拥有成本、总拥有收益、现金流分析、净现值、投资回收期、内部收益率、盈亏平衡点、投资回报率等。PMO 将组织专家对以上信息的真实性进行评审，同时对照组织既定的标准，判断项目的经济效益是否符合组织要求。

确定采用哪些财务指标，以及确定各个指标的最低期望值是 PMO 的职责。通常，从每个财务年度开始，PMO 将组织相关的决策和管理人员根据组织战略目标确定项目分类，然后确定每个分类中使用哪些财务指标，并确定每个指标的合格线。除非发生了重大的战略变更，否则，在同一个财务年度内不应对这些指标进行调整。同时，PMO 还负责制定与财务指标相关的审批流程，通常，不同投资规模的项目需要不同的管理级别来批准。

⑤ 其他方面的可行性评审。除考虑技术、组织和经济等方面的可行性外，有的项目还要考虑其他方面的可行性，比如，项目是否符合当地政策法规，是否符合行业道德标准，等等。

在某些行业中，项目可行性研究报告中需要提供关于项目社会效益的分析信息，PMO 将组织专家对此进行评审。

⑥ 项目整体风险评估。有些项目虽然预期收益很高，但同时实施风险也很大，导致实现项目预期收益的可能性并不高，如果盲目选择该类项目，则可能导致组织资源的无谓浪费。因此，在对项目进行投资决策之前，要对项目整体的风险程度进行评估。组织通常倾向于选择那些收益高而风险低的项目。

PMO 有责任为组织中不同类型的项目建立合适的风险评估模型，项目团队在编制项目可行性研究报告时需要采用统一的方法和流程来对项目风险进行评估。在评审会议上，PMO 将邀请相关专家对项目风险数据进行核实和评审。

⑦ 项目组合平衡。同 "项目建议书评审"，此处略。

示例 D 公司的项目风险评估

图 4-3 是从 D 公司 PG01 项目整体风险评估报告中摘录的风险评估模型。

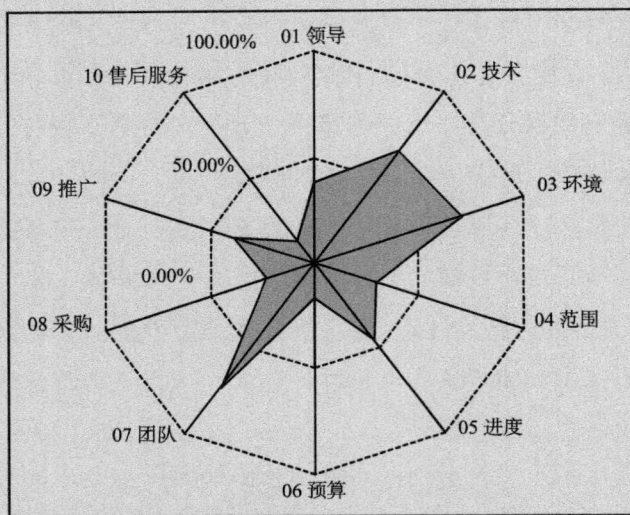

图 4-3　风险评估模型（示例）

PG01 项目套用了公司 PMO 发布的项目整体风险评估模型，该模型是 PMO 通过分析以往同类项目执行过程中出现的问题而归纳总结出来的。PMO 认为，该类项目的风险主要来源于 10 个方面，即领导、技术、环境、范围、进度、预算、团队、采购、推广和售后服务。通过对各个方面的情况进行分析，可以发现在 PG01 项目中，技术、团队和环境方面存在的风险很高，超过了 50%。而 D 公司 PMO 为该类项目设定的风险警戒线为 50%，那就意味着，PG01 项目由于风险过高将不被批准。为了得到批准，项目发起人必须带领项目前期团队制定和采取风险应对措施，如果需要，项目团队还将对项目计划方案、项目实施计划、项目成本估算等内容进行调整。所有内容调整完成之后，项目前期团队将套用公司 PMO 发布的模型重新对 PG01 项目进行项目整体风险评估，PMO 将为该项目举行第二轮风险评估会议。如果那时项目风险程度降低到可接受的范围内，PMO 则有可能批准项目。

5）常用的评审和决策方法。在对项目可行性研究报告进行评审时，常用的评审和决策方法有两种。第一种是"一票否决法"，PMO 组织专家对以上各个方面（技术、经济、组织等）的可行性及项目整体风险进行评估，只要有一个方面不符合组织要求，这个项目就将被否决。第二种是多标准决策法。PMO 需要事先为不同的项目分类建立相应的加权评分模型（见表 4-1），模型中包含了选择某类项目时必须考虑的相关标准及该标准在决策中所占的权重。当对某个具体项目进行评审时，PMO 首先带领评审团队为评分模型中的各个标准打分，然后把各标准的平均得分和权重相乘，累加起来就是该项目的总得分。

多标准决策法既可以用于多个项目的比较选择，也可以用于单个项目的选择决策。当用于多项目比较时，组织将优先选择得分较高的项目；当用于单个项目选择时，则把该项目的得分和组织事先设定的合格线进行比较，从而做出最终决策。

表 4-1　项目选择加权评分模型

方　面	因　素	权重	专家打分		专家打分		专家打分	
			原始分	加权分	原始分	加权分	原始分	加权分
财务	ROI							
	回收期							
	NPV							
组织	和组织战略目标的相关度							
	实现项目 MOV 的可能性							

续表

方　　面	因　　素	权重	专家打分		专家打分		专家打分	
			原始分	加权分	原始分	加权分	原始分	加权分
实施	所需技术人员的获得性							
	维护的便利性							
	开发时间							
	风险							
外部	客户满意度							
	市场份额增长性							
总分								

6）评审结果。根据评审会议的意见，PMO 就是否对项目进行投资做出决策。在有的组织中，PMO 需把评审会议的结果提交给公司决策层，在得到决策层的签字确认之后，PMO 才可以宣布最终的决策。不论采取哪种方式，如果项目得到批准，则意味着组织决定对该项目投入资金和资源，下一步要做的就是正式启动项目，成立项目团队，开始项目的实施。如果项目没有得到批准，则项目就此止步，组织不会再为该项目投入任何资源。不论是否得到批准，PMO 都需要收集和记录所有的项目信息，如前期的立项报告、项目建议书、评审报告，以及本次评审用的项目可行性研究报告、可行性评审结果、决策理由等。同时，PMO 还负责向项目发起人就决策结果进行解释。

3. PMO 的行政工作

在此阶段，如果项目最终未获批准，PMO 负责把该项目添加到组织项目数据库中"被否决项目列表"中，并负责项目所有文档和信息的收集和保存。被否决项目的信息也是组织过程资产的一部分，对组织日后的项目决策和项目运作都有一定的参考价值。如果在选择阶段，项目获得批准，则进入启动和计划阶段。

示例 E 公司的项目数据库

表 4-2 是 E 公司项目数据库中"被否决项目列表"中某个项目的信息表。

表 4-2 E 公司项目数据库（摘录）

项目名称：办公大楼内装修翻新项目		项目发起人：魏廉
位置：被否决项目列表		
项目前期团队组成：		
魏廉——项目发起人		
张峰——项目前期团队组长		
李涛——技术负责人		
刘静——商务负责人		
王平——协调员		
项目建议书	评审时间：****年 6 月 10 日　　评审结果：通过	
	文档	1. 项目建议书（附件） 2. 项目建议书评审申请（附件） 3. 项目建议书评审会议纪要（附件）
项目可行性研究报告评审	评审时间：****年 10 月 15 日　　评审结果：否决	
	文档	1. 项目可行性研究报告（附件） 2. 项目可行性研究报告评审申请（附件） 3. 项目整体风险评估报告（附件） 4. 项目可行性评审会议纪要（附件）

4.5 客户项目选择阶段 PMO 的职责和评审工作

1. 客户项目选择阶段 PMO 的职责

客户项目是指根据与客户签署的商务合同为客户实施的项目，项目的最终成果将交付给客户。在客户项目的实施过程中，客户通常处于合同甲方的位置，而项目实施方处于合同乙方的位置。在项目选择阶段，作为乙方，既存在被甲方（客户）选择的问题，也存在主动选择项目的问题。有的乙方没有意识到主动选择项目的重要性，盲目跟进项目机会，从而导致选择了错误的项目，最终无法按照甲方要求交付项目成果。在这种情况下，乙方不仅无法得到预期收益，有时还需支付相当数额的赔偿金，损失了其他商业机会，对自己的商誉造成负面影响。在软件开发项目中，把那些事先就知道目标根本无法实现的、先天不足的项目称为"死亡之旅"项目，这些项目从合同签署之日起就注定了失败的结局，当项目团队开始实施项目时，也就开始了漫长的"死亡之旅"。

为了避免这种情况的发生，在项目选择阶段，乙方不仅要努力争取被甲方选中，而且同样重要的是，乙方也要主动对项目进行选择，筛除那些成功概率低的、与组织发展战略不符合的项目，把组织有限的资源用到那些真正能带来价值的项目上。

客户项目的选择过程通常包括 3 个主要评审环节，即项目机会评审、项目建议书评审和客户合同条款评审。PMO 负责制定各个评审环节的流程和标准，针对具体项目，PMO 负责评审活动的组织和监管。根据项目实际情况的不同，各个评审环节可能需要反复多次。下面对这三个评审环节分别进行介绍。图 4-4 是 PMO 在此阶段与项目团队的工作关系及 PMO 在此阶段的主要职责。

2．评审

（1）对项目机会的评审

项目机会评审发生在销售经理在市场上发现了商业机会之后。销售经理向组织报告商机之后，PMO 要对该商机进行评审。如果通过评审，组织将指定投标负责人，组建投标小组，协助销售经理一起去赢取商机；如果不能通过评审，则表明组织决定放弃该商机，而准备把资源投入其他更具有价值的机会中。

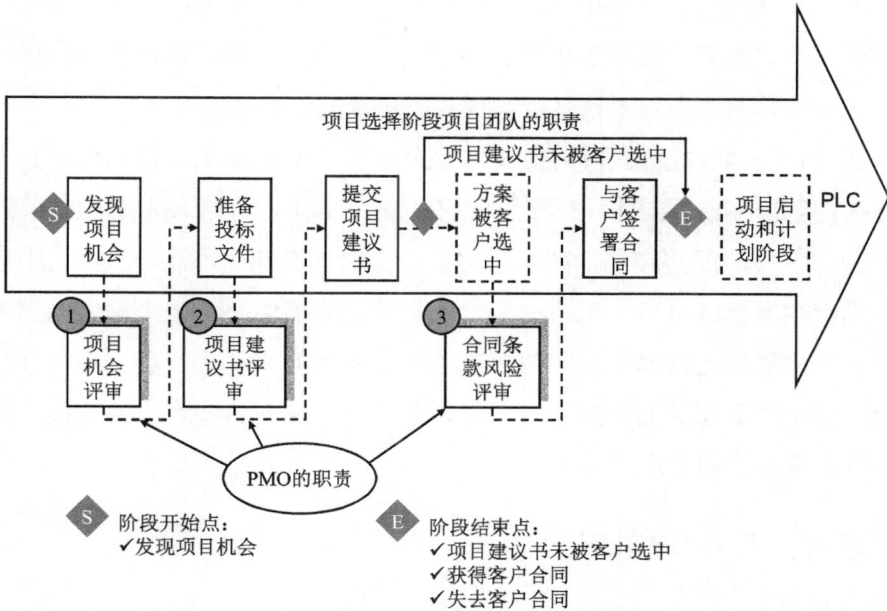

注：PLC——项目生命周期。

图 4-4 客户项目选择阶段 PMO 的职责

1）评审的对象——项目机会说明书。项目机会评审的发起人是销售经理，销售经理根据公司流程填写项目机会说明书，并向 PMO 提出项目机会评审申请，PMO 负责召集该项目的机会评审会议。项目机会说明书中要提供项目的概要描述和客户的背景资料，具体包括项目内容、预期收益、项目预计金额、预计工期、所需资源、主要风险、客户名称、客户主营业务、客户合作历史等信息。

2）评审组织者——PMO。PMO 负责确定评审的时间、地点及参与人员。PMO 在会前要预审销售经理提交的资料，如果发现信息不足，则要求销售经理在评审会议召开之前提供补充信息。

3）评审参与者——PMO、销售经理、商务经理、项目实施部门代表等。

4）评审关注的主要方面：

① 项目是否支持公司的发展战略。很多公司失败的原因是为了短期利益而对项目不加选择，导致公司失去核心竞争力。成功的公司则按照发展战略选择项目，并通过实施项目逐步实现其战略目标。

② 项目预期收益是否符合要求。虽然在机会评审阶段无法获取项目的详细信息，但是PMO要求销售经理提供有关项目成本、价格、利润的量级估算。

③ 客户资信是否存在问题。客户资信方面存在问题可能导致项目中途夭折，或者在项目结束后，无法拿到合同款项，从而给公司带来重大的损失。因此，客户资信是选择项目时需要考虑的重要因素之一。目前，有很多公司为应收账款严重超龄的客户建立了黑名单，对于来自这些客户的商机，公司需保持高度谨慎的态度。

示例 F公司的教训

F公司的一位销售经理曾经获得一个大型数据中心建设的项目机会，但是客户远在境外，无法获取客户资信的详细信息。由于该项目的预计利润丰厚，所以PMO在销售经理的劝说下，批准了该项目机会。为了编写项目投标文件，F公司委派了7名工程师赴境外和客户进行面对面沟通，7名工程师在境外工作2个月后顺利递交了详细的项目方案建议书，客户在拿到建议书之后却销声匿迹了。公司为此损失了14人·月的人工成本和差旅费用，也损失了一份颇具价值的设计方案。

④ 公司是否有能力成功实施该项目。这是对项目实施的初步风险评估，公司能力包括资金能力、资源能力、人员能力、技术能力等多个方面。比如，客户提出在1个月内交付项目成果，但是公司目前的交付周期为3个月，那么，销售经理需要和客户就项目进度目标进行协商，如果客户坚持1个月的交付周期，那么公司就应该考虑放弃该项目，因为项目目标不可实现，盲目

接手项目可能导致更大的损失。

⑤ 项目组合平衡。对于那些以实施客户项目为主、身份常为合同乙方的组织来说，同样需要对项目组合的平衡倍加关注。在每个财年的开始，组织根据发展战略制订项目组合计划，细化每种项目类别的投资计划。

项目投资组合计划反映的是公司的发展战略，对项目组合进行平衡管理，可以推动组织战略目标的实现。当公司或部门决定对其发展战略或业务重点进行调整时，会首先调整项目组合计划。组织在选择客户项目时，从商机评审、投标文件评审到合同条款评审等各个选择环节，都要以年度项目组合计划为依据，充分考虑项目组合的平衡。

示例　G 公司的项目组合计划

图 4-5 是 G 公司某年度的项目组合计划。

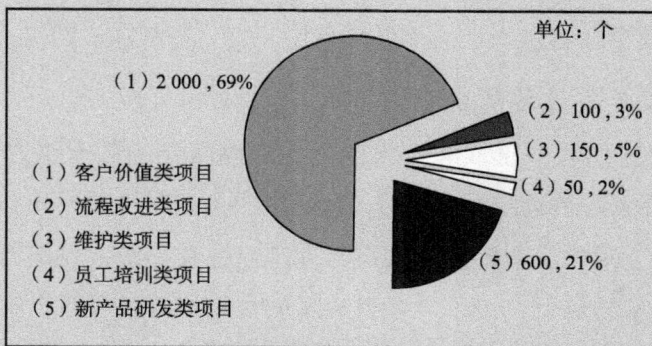

单位：个

（1）2 000，69%
（2）100，3%
（3）150，5%
（4）50，2%
（5）600，21%

（1）客户价值类项目
（2）流程改进类项目
（3）维护类项目
（4）员工培训类项目
（5）新产品研发类项目

图 4-5　G 公司某年度的项目组合计划

从图 4-5 可以看出，G 公司在该财年项目组合计划中，客户价值类项目占到了 69%，这些项目以客户合同为前提，通过为客户提供价值（产品、服务、成果等）而直接盈利。根据 G 公司内部的职能定义，这些客户项目均由服务集团负责。服务集团内部包含了多个解决方案小组，因此，服务集团又把客户价值类项目进一步细化，分配给不同的方案小组，如图 4-6 所示。

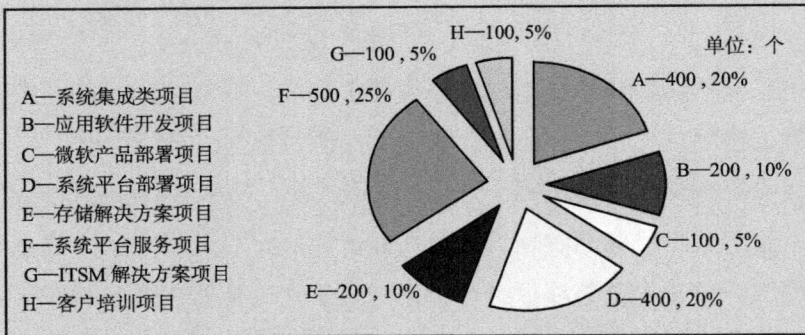

图4-6　G公司服务集团某年项目组合计划

5）评审结果。根据事先确定的评审标准及评审参与者给出的意见，评审结果通常有两种：

① 否决项目机会。

② 继续跟进项目机会，成立投标小组，进入投标准备阶段。

（2）对投标文件的评审

投标小组在向客户正式递交投标文件之前需要经过组织内部的评审，PMO负责该评审环节的组织和监控，评审主要关注项目预计盈利情况和项目实施的可行性。通常在投标阶段项目经理已经得到委派，并作为投标小组的成员负责项目实施计划的编制、项目成本的详细估算、项目实施风险的评估等工作。

1）评审的对象——"项目建议书""项目损益计划""项目整体风险评估报告"。投标小组向PMO提出投标文件评审申请，同时还需提供以上3个文件。"项目建议书"是投标文件的主要组成部分，其中包含了项目技术方案、项目实施计划及项目报价等内容；"项目损益计划"是组织内部文件，用来测算项目预计盈利情况，其中包含了项目成本详细估算、客户报价、项目预期利润和利润率、项目现金流量分析等内容；"项目整体风险评估报告"也是组织内部文件，用来评估项目的整体风险程度。有的PMO要求投标小组提交项目整体风险评估报告，也有的 PMO 在评审会议上直接邀请专家按照既定的框架对项目风险进行评估。

2）评审组织者——PMO。PMO 负责确定评审的时间、地点及参与人员。PMO 在会前要预审投标小组提交的资料，并且确定是否需要提供补充信息。

3）评审参与者——PMO、投标小组、项目经理、相关技术领域的专家、销售经理、商务经理、项目实施部门、法律部门、采购部门（如果项目方案中包含采购部分，则需要采购部门参与评审采购风险并制定采购策略）代表等。

4）评审关注的主要方面：

① 项目技术方案是否可行，是否满足客户需求。这方面的事项通常由投标小组的技术负责人进行阐述，相关领域的技术专家进行评审。

② 项目实施计划（包括进度、人员、资源等方面的安排）是否合理。这方面通常由项目经理进行阐述，PMO 和相关专家进行评审。如果此时尚未指定项目经理，那么需要项目实施部门的负责人或代表来完成该任务。项目经理或项目实施部门需要为项目实施计划负责，客户合同签订后，他们需要按照预先承诺的实施计划布置项目工作，交付客户期望的结果。

③ 项目成本估算是否合理。这方面通常由项目经理进行阐述，PMO 和相关专家进行评审。与对项目实施计划负责一样，项目经理也需要为项目成本估算负责，项目合同签订后，项目经理需要在此成本估算范围内完成建议书中包含的所有工作。在很多情况下，销售经理迫于客户的压力，希望降低项目报价，对于这种情况，项目经理必须坚持原则，在项目范围不改变的情况下，销售经理只能通过压缩利润空间来调低报价，而不能随意压低项目成本估算。同时，成本估算中必须包含合理的风险预留。风险预留和项目整体风险程度相关，在项目整体风险没有降低的情况下，风险预留资金也不能随意调低。

④ 项目的预期收益是否符合公司对该类项目的最低要求。如果不能满足

最低要求，则 PMO 建议投标团队调整项目方案、修改客户报价或者放弃项目。

⑤ 项目的现金流计划是否满足公司对于该类项目的最低要求。对于客户项目来说，现金流入指的是客户付款，而现金流出指的是给分包商的付款和内部成本结算。投标文件中通常包括客户付款计划，这就确定了项目现金流入的情况。根据项目实施计划，项目经理可以预测项目的现金流出情况。根据现金的流入、流出情况，项目经理可以完成项目的现金流计划。对于客户项目来说，很多公司对项目现金流计划的底线要求是项目实施过程不出现负现金流。如果由于各种原因项目现金流计划中出现了负数，则投标小组需要向财务部门提出特批申请，财务部门根据客户资信情况等信息做出最终批复。

⑥ 项目整体风险评估结果是否在公司容忍范围内。有的组织由项目经理事先召集相关人员按照 PMO 提供的统一框架完成项目的风险评估；有的组织则由 PMO 组织专门的风险评估会议对项目风险进行评估。不论哪种方式，PMO 要对风险评估的结果进行评审和决策，确认评估过程和结果的可靠性，同时判断项目整体风险是否在组织容忍范围之内。对于超出组织容忍度的项目，投标小组必须重新修订项目计划和风险应对计划，然后提交 PMO 进行再次评审。

⑦ 项目组合平衡。同"项目机会评审"，此处略。

由于项目投标文件评审所包含的内容较多，而且每次评审的关注点不一样，所以对于大型复杂项目来说，PMO 通常需要分次召开专题评审会议。

5）评审结果。该环节的评审结果通常有以下几种情况：

① 通过。投标小组提交的 3 份文件都符合公司的相关要求，投标小组可以把投标文件正式递交给客户。

② 修改后再评审。评审过程中发现投标文件不符合要求，但是投标小组认为通过调整项目策略、修改相关文件可以达到公司要求。评审会议之后投标小组根据评审意见采取相应行动，如修改技术方案、调整实施进度计划、重新核算报价、采取风险应对措施等。完成相关调整之后，投标小组再次向

PMO 提出评审申请，PMO 举行第二轮评审。大部分情况下都很难保证一次评审就顺利通过，因此投标小组需要根据客户对投标日期的要求，尽早向 PMO 提出投标文件评审申请，为方案调整留出足够的冗余时间。

③ 放弃项目，不再继续。当评审过程中发现项目不符合公司要求，比如，预计收益不符合公司要求，项目实施风险过大，或者客户资信方面有问题时，评审会议将做出放弃项目的决定。

（3）对合同条款的评审

项目合同条款评审发生在项目建议书被客户选中，甲乙双方准备正式签署商务合同之前。

1）评审的对象：

① 合同文本草稿，包括通用条款和专用条款、技术条款和商务条款等。如果采用的是客户方提供的合同文本，则更需要逐条审查。

② 如果合同内容和投标文件中的工作范围、价格等存在差异，则投标小组需要提供新的成本估算和项目损益计划。

2）评审组织者——PMO。在收到投标小组的合同条款评审申请之后，PMO 负责确定评审的时间、地点及参与评审的人员。另外，PMO 还需事先审查投标小组提出的申请及相关文件，确定是否需要投标小组提供额外的补充资料。

3）评审参与者——PMO、投标小组、项目经理、相关技术领域的专家、项目实施部门、销售经理、商务经理、采购部门（如果项目方案中包含采购部分，则需要采购部门参与评审采购方风险并制定采购策略）、法律部门、合同管理部门代表等。

4）评审关注的主要方面：

① 比较合同中的技术部分（如 SOW、验收标准、质量标准等）与投标文件中的技术部分，检查是否发生了变更；如果有变更，则对变更及其造成的影响进行评审。

② 比较合同中的商务部分（如价格、付款条件、交付条件等）与投标文件中的商务部分，检查是否发生了变更；如果有变更，则对变更及其造成的影响进行评审。

③ 评审合同条款中的潜在风险。在项目合同条款评审过程中，通常发现的问题有：

- 合同定价方式的问题。比如，客户要求签署总价合同，但是潜在分包商要求签署按工时付费的工料合同，这种情况必然存在成本超支的风险。

- 项目范围方面的问题。比如，合同中对项目范围没有清晰、量化的描述，也没有明确的验收标准，这是日后范围蔓延、进度延误、成本超支等诸多问题的导火索。

- 合同中存在乙方过度承诺的问题，超出了乙方自身的能力范围，导致实施过程中无法履约。比如，某公司（乙方）和客户签署的合同条款中要求乙方在接到客户报修电话后 24 小时之内到达客户现场，而事实上，客户所在地与乙方公司所在地相距千里，而且两地之间并非天天都有航班，所以乙方根本无法保证 24 小时内到达客户现场，签署这样的合同条款后患无穷。

- 合同条款存在违反职业道德标准或行为规范的问题，比如，包含了歧视性条款、非正当竞争条款等，这可能导致乙方在履约过程中遭遇法律方面的风险。

④ 评估是否可以通过合同条款来转移或降低乙方风险，比如，增加对不可抗力的免责声明，增加对客户应承担责任的描述等。通常，乙方希望在合同中增加类似于以下形式的条款，比如，由于客户方原因导致货物不能按时运送到客户现场，乙方将不承担责任；由于客户对设备的使用不当，乙方将不提供免费维修等。

⑤ 项目整体风险评审报告。在对项目建议书的评审过程中，已经对项目

整体风险做了评估，但是在对合同条款评估之时，仍然要再次对项目整体风险进行评估。在这两次评审之间，项目技术方案和商务方案通常会发生变化，同时，在合同签订之时，项目相关信息较之前变得更加详细、更加全面。在这个环节对项目整体风险评审的过程和方法与上一环节相似，如果此时发现项目整体风险超出了组织规定的容忍范围，PMO 仍然会建议投标小组修改方案或放弃项目。

⑥ 项目组合平衡。同"项目机会评审"，此处略。

5）评审结果。本环节的评审结果通常有以下两种情况：

① 通过，可以按照合同草稿和客户签署合同。

② 需要修改合同中的相关部分，修改之后再次评审。

3．PMO 的行政工作

对于客户项目来说，即使全部通过了 PMO 组织的 3 个内部评审环节，也并不意味着项目最终获得批准，因为项目的最终批准权掌握在客户手中。如果项目最终获得了客户批准，双方签署了正式的商务合同，那么项目就进入了启动和计划阶段；如果由于各种原因，项目最终无法获得客户合同，则表示项目被否决，PMO 负责把该项目添加到组织项目数据库的"被否决项目列表"中，并负责项目所有文档和信息的收集和保存，表 4-3 是 G 公司项目数据库中的"被否决项目列表"（摘录）。

表 4-3　G 公司项目数据库（摘录）

项目名称	项目发起时间	机会评审	投标文件评审	客户选择	合同条款评审	客户选择	特殊原因说明
某展览大厅 IT 基础建设项目	2019.05	通过	通过	否决			堵车，错过客户要求的投标时间
某客户智能楼宇项目	2019.06	通过	① 修改后再评审 ② 通过	否决			没有在投标文件中盖章，被客户废标

续表

项目名称	项目发起时间	机会评审	投标文件评审	客户选择	合同条款评审	客户选择	特殊原因说明
某大厦内装修项目	2019.08	否决					不符合公司战略
某公司物流管理系统开发项目	2019.08	通过	通过	通过	通过	否决	客户选择了另一商家

第 5 章

PMO 对启动和计划
阶段项目的治理

How to

Run PMO

Effectively

5.1　PMO 在项目启动和计划阶段的职责综述

项目在选择阶段获得批准后将进入启动和计划阶段。对于内部项目来说，项目启动和计划阶段的开始点为项目可行性研究报告得到正式批复之时；对于客户项目来说，此阶段的开始点为甲乙双方正式签署商务合同之时。在此阶段，项目发起人通过发布项目章程明确项目目标，委派项目经理；项目前期团队向项目实施团队移交项目选择阶段产生的所有文档和信息；项目经理和项目团队制订项目管理计划并召开项目开工会议。

PMO 参与并监控项目的启动和计划过程，图 5-1 是 PMO 在此阶段与项目团队的工作关系及 PMO 在此阶段的主要职责。本章将从 3 个方面分别介绍 PMO 在此阶段的详细职责，这 3 个方面分别是 PMO 在此阶段的行政支持性工作、PMO 在此阶段的监控环节和 PMO 在此阶段的评审活动。

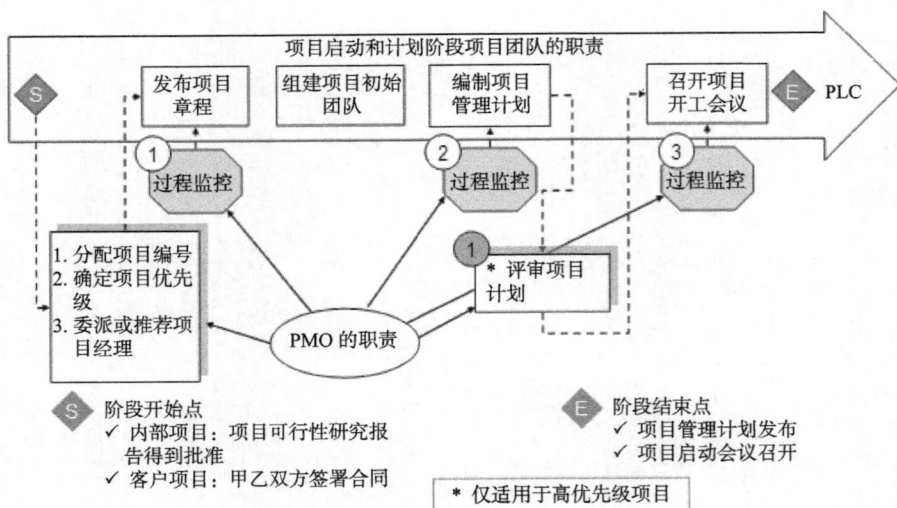

图 5-1　项目启动和计划阶段 PMO 职责示意

5.2　PMO 在项目启动和计划阶段的行政支持工作

在项目启动和计划阶段，PMO 需要完成较多的行政支持性工作，包括分配项目编号、建立项目账户、确定项目优先级、为项目经理的委派提供建议等。通常，这些工作在项目章程发布之前完成，并在项目章程中包括相关的信息。下面对 PMO 在此阶段的行政支持性工作进行详细介绍。

1. 分配项目编号，建立项目账户

项目正式启动时，PMO 为新项目分配项目编号。通常，项目发起人在发布项目章程时将同时宣布项目编号。项目编号的分配应当根据事先确立的规则来进行，项目编号中通常包含项目类型、项目启动年份、项目客户等方面的信息。比如，L 公司中某项目的编号为 SI2008—JT，其中，SI 表示该项目的类型为系统集成，20 表示该项目启动的年份为 2020 年，08 表示该项目为本年度启动的第 8 个 SI 类型的项目，JT 是项目客户名称的缩写。使用项目编号便于财务部门对项目成本进行跟踪和汇总，也便于项目团队与项目相关方之间就项目问题、项目绩效等信息进行沟通。当一个组织同时为同一个客户实施多个项目时，项目编号比项目名称更为准确，可以有效地避免沟通中的混淆或模糊的现象。另外，项目编号还有保密的作用，具体的带有描述性文字的项目名称可能造成项目信息的泄露。因此，和冗长的项目名称相比，项目编号显得更加简单、准确，而且增加了安全性。

分配项目编号之后，PMO 将在组织内部为新项目建立项目账户，包括在财务部门建立项目费用跟踪账户、在 PMO 建立项目绩效跟踪账户、在项目数据库中建立项目资料存放账户。财务部门在接到 PMO 的通知后，将在财务系统中为新项目建立账户，负责管理该项目的预算划拨、成本收集、应收应付账款、收益结转等方面的进展。PMO 同时在项目管理系统中为新项目建立账

户，负责项目进展跟踪、绩效信息、评审结果等信息的收集和管理。另外，PMO 还在组织项目数据库中为该项目开辟存储空间，用来存放项目团队所拥有的全部文档和数据。项目前期团队负责把项目选择阶段所产生的全部文档和信息提交到项目数据库中，项目团队在实施过程中将根据 PMO 的要求定期向组织项目数据库中同步更新项目文档。

2．确定项目优先级，委派项目经理

在项目选择阶段有一个步骤是确定项目的优先级，目的在于对多个备选项目进行比较，从而选择最具价值的项目。在项目启动和计划阶段，PMO 需要再次核实或评估项目的优先级。PMO 负责为每个类型的项目制定统一的优先级评估标准。

对某个具体项目而言，PMO 负责召集优先级评估会议，通常参与评估的人员包括组织决策层、项目发起人、项目实施部门等。项目优先级确定之后，PMO 负责正式通知相关的项目相关方。如果组织采用了项目管理系统，则 PMO 需要在该系统中注明项目优先级的信息。如果在项目章程发布之前，PMO 已经确定了项目的优先级，则项目发起人需要在项目章程中包含有关项目优先级的信息。

根据项目优先级，PMO 或其他适当的级别为项目委派级别合适的项目经理。根据组织对 PMO 职能定义的不同，PMO 在项目经理委派过程的做法也有所不同。在有些组织中，项目经理的调度由 PMO 负责，那么在项目启动时 PMO 就需要根据项目的优先级和当前项目经理资源的可用情况，为项目指定合适的项目经理。通常的规则是项目优先级越高，所需项目经理的能力也越高。

有些组织中由项目发起人负责项目经理的选择和委派，有些组织则由项目实施部门负责项目经理的选择和委派。在这些情况下，PMO 将根据项目优先级等信息，对项目经理的选择和委派提供建议。

在一些以实施客户项目为主的组织（通常处于合同乙方的位置）中，通常按照预定的规则委派项目经理，比如，按照项目所在的地理区域、项目的技术类型、客户群等委派项目经理。F 公司业务范围遍及全国，为了便于管理，公司规定凡在华南区域实施的项目都由项目经理张三负责，凡在华北区域实施的项目都由李四负责。而 I 公司采用了项目经理和销售经理绑定的做法，把负责同一客户群的销售经理、项目经理、售后服务经理合称为一个客户团队，这个团队长期合作，彼此之间建立了紧密的互信关系，同时这种做法也有利于建立与客户之间的长期稳定的合作关系。如果组织采取了这种按照预设规则委派项目经理的机制，则 PMO 只需对高优先级项目的项目经理委派提供建议。

不论是 PMO 直接委派项目经理，还是只对委派提供建议，PMO 都将对整个委派过程进行监控，以确保项目经理委派的合理性，同时，PMO 还负责在项目实施过程中对项目经理的绩效进行评价。

5.3　PMO 在项目启动和计划阶段的主要监控环节

PMO 为不同类型的项目制定不同的项目管理流程，同时，PMO 还将对每个项目团队的工作进行监控，以确保每个项目都在按照既定的流程有条不紊地进行。通常，在项目的每个阶段，PMO 都会设置若干个监控环节，对该阶段的重要工作进行监控，从而及时发现问题，并辅导项目团队解决问题。在项目启动和计划阶段，PMO 主要对以下 3 个重要工作环节进行监控。

监控环节 1：项目章程发布

PMO 主要从 3 个方面对项目章程发布这一环节进行监控：
- 是否按时发布。
- 内容是否完整。

- 项目经理委派是否合理（仅针对高优先级项目）。

PMO 发布了批准和启动项目的正式通知后，项目发起人应在规定时间内发布项目章程。如果超出时限没有发布，PMO 将向项目发起人提出警示或展开调查，并根据需要采取整改措施。

通常，项目发起人应当使用 PMO 要求的项目章程模板。项目章程的关键内容包括发起人角色定义、项目经理委派和授权、关键项目相关方、项目目标，以及其他与项目定义有关的文件。有的 PMO 要求项目章程中包含项目编号、项目优先级等方面的信息，这些信息由 PMO 提供。

对于高优先级的项目，PMO 还要对项目经理的委派进行审查，检查项目经理的能力级别是否与项目优先级相匹配。通常，PMO 采用的方式是：对项目经理进行能力评测，对项目经理进行访谈，审查项目经理以往绩效评价，对项目经理以往项目的相关方进行访谈，等等。

监控环节 2：项目管理计划发布

PMO 主要监控项目团队是否按时发布项目管理计划，而对于项目管理计划的内容，PMO 通常采取抽查的方式，如果发现问题，PMO 直接和项目团队进行沟通并督促其进行整改。PMO 仅针对高优先级的项目召开项目管理计划评审会议，对计划的合理性进行全面评审。通常，组织的项目管理流程中对项目管理计划的发布有明确的时间要求，比如，要求项目经理在得到正式委派之后的一定时限内正式发布项目管理计划。

N 公司拥有项目管理信息系统（PMIS），项目管理制度中要求项目经理在得到正式任命的 5 个工作日内，把项目管理计划发布在 PMIS 上。如果有特殊原因导致项目不能立即开工，项目发起人必须在 PMIS 中予以说明并提供相关支持证据。如果没有按时发布项目管理计划，同时又没有项目发起人的特别声明，PMO 将认为该项目处于"管理失控状态"，对项目团队提出警示或展开调查，并根据需要采取整改措施。

监控环节 3：项目开工会议

在项目管理计划编制完成并且获得批准，即将要开始项目的执行前，应该召开一个项目开工会议（Project Kick-off Meeting）。大部分组织的项目管理流程都把项目开工会议定义为一项强制的管理活动，项目涉及的关键方，如项目发起人、已经确定的项目团队成员、项目参与部门、供应商和分包商、协作单位、运营部门、用户、客户等都需要参与这个会议。对于外部客户项目来说，有可能分两次召开内部和外部开工会议。项目开工会议是宣布项目目标、建设项目团队、设置相关方期望、获取相关方承诺的绝佳机会，可以确保每个人都了解项目信息，熟悉参与项目的其他人或单位。会议上还可能审查项目里程碑、项目风险、沟通管理计划和会议日程安排等事项。开工会议的议程通常包括：

- 项目目标。
- 项目收益。
- 项目假设和制约条件。
- 项目范围。
- 项目团队。
- 受影响的群体。
- 关键日期和里程碑。
- 实施计划。
- 风险和应对。
- 沟通计划。
- 下一步行动项。

开工会议为项目实施过程的多方合作奠定了基础，这些都是项目成功不可或缺的因素。PMO 通常只监控项目团队是否按计划召开了项目开工会议并发布了会议纪要，而对开工会议的内容只采取抽查会议纪要的方式，如果 PMO 发现项目团队在开工会议上有遗漏事项，则会和项目团队直接联系并建议其采取补救措施。对于高优先级的项目，PMO 将对开工会议的准备工作提出建议，并直接出席会议。

5.4 PMO 在项目启动和计划阶段的主要评审活动

在项目启动和计划阶段，项目团队的主要交付成果是项目管理计划。通常，PMO 为不同类型的项目提供计划模板，项目团队按照模板并结合项目的自身特征来完成项目管理计划的编制。此阶段编制的项目管理计划通常只停留在框架级别，随着项目工作的展开、项目信息的不断获取，项目团队将对项目管理计划做进一步的细化。PMO 在此阶段的主要评审活动是针对项目管理计划的评审，但是 PMO 并不对所有项目的管理计划进行评审，而是只针对高优先级的项目举行计划评审会议。

1. 项目管理计划评审（仅针对高优先级项目）

虽然大部分高优先级项目在编制项目管理计划的过程中都会征询 PMO 的建议，甚至邀请 PMO 专家参与，但是为了进一步保证项目管理计划的合理性，避免由于计划不周造成的项目问题或项目失败，在项目管理计划正式发布之前，PMO 将举行评审会议，邀请具有同类项目管理经验的专家和关键项目相关方参与评审。评审会议的内容如下所述。

1）评审会议审查的是计划的完整性。项目管理计划不是一张简单的时间表或甘特图，而要包含对项目实施过程各个方面的规划，包括沟通计划、人力资源计划、风险管理计划等；同时，项目管理计划中还要包含项目各个方面的绩效基线，基线是项目实施过程中识别偏差和评估绩效的重要依据。

2）评审会议对项目管理计划的合理性进行评审。在项目范围计划方面，通常需要从技术的角度来判断工作分解结构是否合理，逻辑是否清晰，是否忽略了重要的工作；在进度计划方面，则需关注进度估算是否合理，活动划分是否太粗或太细。在项目早期，项目进度计划只能是框架性的里程碑计划，主要体现项目生命周期的阶段和关键里程碑，过细的进度计划包含了太多的假设条件，因此并不具有较高的可操作性。在项目管理计划评审会议上，专家通常会提出以下方面的问题：

- WBS 在逻辑上是否正确、清晰？
- WBS 各个分解层级上是否有漏项？
- 进度计划是否切实可行？其中的历时估算是否合理？
- 编制进度计划时是否为了满足强制的交付日期而采取了倒推法？如果是，是否有相应的风险应对计划？
- 沟通计划是否建立在相关方分析的基础上？
- 人力资源计划是否考虑了组织人力资源的可获取性？是否得到了相关责任人的确认？在关键人员的获取上是否存在不确定性？
- 项目整体风险评估的过程和结果是否可靠？
- 计划是否考虑了合理的时间和成本预留？预留是否和项目风险程度相匹配？
- 项目重大风险是否都有应对计划？残余风险是否在可接受范围之内？
- 给客户的承诺是否得到了潜在供应商的支持？
- 项目管理计划是否得到了潜在供应商的承诺？
- 项目管理计划中是否有需要客户配合的事项？如果有，是否取得了客户的确认？

2. 项目管理计划评审会议的结果

通常有以下 3 种结果：

1）通过。项目团队可以马上发布项目管理计划。

2）带着意见通过。项目管理计划基本可行，但评审会议对项目管理计划提出了修改意见，项目团队需要根据意见对计划进行整改，在得到 PMO 的确认后才可以正式发布。

3）不通过。项目管理计划不可行，项目团队需要根据评审会意见重新制订项目管理计划，制订新计划后重新向 PMO 提出评审申请。

通常，项目团队在正式开工会议之前，完成项目管理计划的编制，并得到 PMO 的正式批准。如果是客户项目，项目团队需要在正式开工会议之前，就项目计划和客户进行多次沟通，项目管理计划不仅需要得到 PMO 的批准，也需要得到客户的批准。在项目开工会议上，项目团队将正式向相关方发布项目管理计划。

第 6 章

PMO 对实施阶段项目的治理

How to

Run PMO

Effectively

6.1　项目实施阶段 PMO 的职责综述

有一种说法颇有道理：在设有 PMO 职能的组织中，如果一个项目在某个月出现问题，那么可能是项目团队的问题；如果连续 3 个月都出现问题，那么一定是 PMO 的问题。因为 PMO 的主要职能，就是对组织内部所有的项目进行持续治理，及时发现偏差，启动纠正措施，终止失去价值的项目，在所有项目之间进行经验教训分享，使项目团队少走弯路，提高组织整体效率。

项目实施阶段，是项目耗费资源最多的一个阶段，也是真正形成项目交付成果的阶段。在这个阶段，项目治理分两条线索，并行开展。把项目分为选择阶段、启动阶段、规划阶段、实施阶段、收尾阶段仅是对项目生命周期的一种通用表达形式。事实上，不同类型的项目，在实施阶段又分为不同的子阶段，如概要设计阶段、详细设计阶段、硬件开发阶段、软件开发阶段等。项目治理的第一条线索就是以更细化的生命周期模型为依据，在每个子阶段的末尾，开展治理环节，得出治理决策。具体可参考本书第 3 章中的相关内容。项目治理的第二条线索就是按照自然周期，如半年、季度、月度的颗粒度开展治理行动。

如图 6-1 所示，假设 PMO 对项目实施阶段的治理间隔为 1 个月。事实上，在有些组织中，PMO 可能采取更加紧密的治理方式，治理间隔可能缩短为双周或周。在另一些组织中，PMO 按照项目优先级的不同对项目采用不同的治理间隔，对优先级高的项目实行较为紧密的治理。PMO 的治理行为主要包括监督、控制、评审和决策。假设治理间隔为 1 个月，那么在项目实施过程的每个月度，PMO 的主要监控环节包括：

- 监控项目团队是否能够向 PMO 负责的项目数据库中及时提交同步项目文档。
- 监控项目团队是否能按时提交符合要求的项目绩效报告。

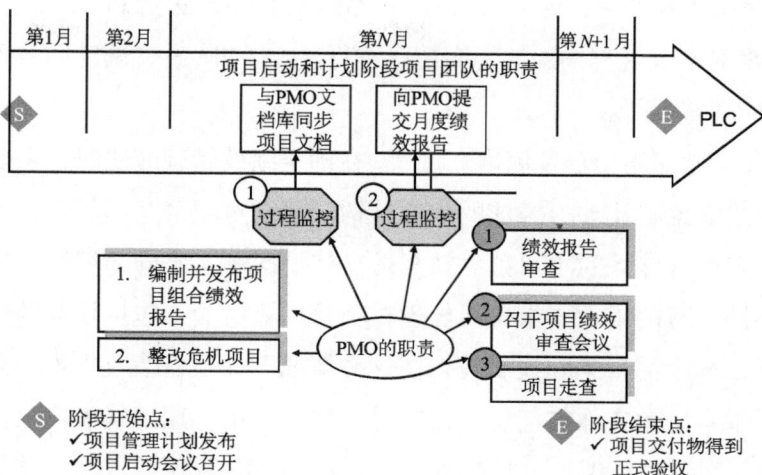

图 6-1　项目实施阶段 PMO 的职责示意图

PMO 的主要审查活动包括：

- 对所有项目团队提交的绩效报告进行审查，从而发现问题项目。
- 针对问题项目和高优先级项目举行项目审查会议。
- 根据审查结果，PMO 委派专家对部分项目进行现场走查，进一步调查问题，提出整改措施。根据项目绩效报告和项目审查的结果，PMO 圈定危机项目并启动危机项目的救援行动。在每个月度，PMO 还负责向组织管理层和决策层提供包含所有项目的绩效信息的项目组合状况报告。

下面首先讨论管理项目绩效的基本方法，然后讨论 PMO 在此阶段的各项工作。

6.2　PMO 确定项目绩效管理方法

关于项目绩效的作用在本书第 3 章中已经阐述过。管理绩效的方法有很多，但是在一个组织中，至少在同类项目中，绩效管理的方法应该统一，这样，项目之间才具有可比性和参考性。项目绩效管理方法由 PMO 制定和发布，PMO 还需对绩效管理办法的落实情况进行监控。PMO 在确定绩效管理方法时，有以下两个原则。

1）充分考虑组织环境因素。PMO 在确定绩效管理方法时，需要充分考虑组织环境因素，比如，当前的组织结构、组织对项目经理的授权和职责的定义、当前财务体系对项目独立核算的支持情况等。不同的组织对项目经理的授权不同，有的组织要求项目经理对项目预算负责，包括预算的分配、分包的选择、成本的收集和控制等，在这种情况下，项目绩效报告中需要包括关于项目成本绩效方面的信息；而在另一些组织中，项目经理只负责协调项目的进度，对项目成本不负直接责任，那么，PMO 就不要求项目团队提供成本绩效方面的信息。

2）考虑各方面对项目绩效的期望。PMO 在确定项目绩效管理方法时，还要考虑组织决策层和管理层及其他相关方对项目绩效的期望。PMO 对项目绩效进行监控的目的，就是帮助项目团队逐步实现相关方对项目的期望。因此，项目绩效指标必须反映相关方对项目的期望，而每个月度项目团队提交的绩效报告必须反映相关方期望的实现程度。如果相关方对项目的进度、成本、质量等方面都有期望，那么项目绩效管理就应该涵盖上述全部指标。

下面分别介绍 PMO 常用的几种项目绩效管理方法，在实际工作中，PMO 可以根据组织自身实际情况进行选择和调整。

1. 信号灯方法

信号灯方法使用人们熟悉的红、黄、绿三色交通信号灯来表示项目的绩效状况。采用信号灯方法可以管理项目某一方面的绩效，比如，成本或进度，也可以综合管理项目多个方面的整体绩效情况。信号灯的颜色表明项目实际绩效与计划之间的偏差，通常的用法有 3 种。

1）绿灯。绿灯表示项目实际进展与计划相比没有出现偏差，比如，进度没有发生延误，成本没有发生超支，没有出现质量不合格的情况，没有出现技术问题，没有发生范围蔓延，没有客户投诉，等等。如果项目团队在发给 PMO 的绩效报告中，项目绩效亮绿灯，则表示项目正在按照计划进行，项目团队暂时不需要 PMO 的指导和建议。

2）黄灯。黄灯表示项目实际进展与项目计划相比出现了一定的偏差，但是偏差程度在相关方容忍范围内，而且根据预测，该偏差不会影响项目成果的最终验收。常见的情况有：

- 非关键路径上的工作出现了进度偏差，但对项目总工期没有影响。
- 项目出现了技术问题，但是找到了合适的解决方案。
- 项目中间交付物验收不顺利，但是通过整改可以迅速得到验收等。

如果项目团队在发给 PMO 的绩效报告中，项目绩效亮黄灯，则表示项目虽然出现了偏差，但是项目团队有能力、有信心对偏差进行纠正，暂时不需要来自 PMO 的指导和建议。

3）红灯。红灯表示项目实际进展与项目计划相比出现了明显的偏差，而且偏差程度超出了相关方的容忍范围，比如，项目进度出现了重大偏差，项目成本出现了严重超支，中间交付物出现严重质量问题，等等。除此以外，红灯还表示下列几种情况：

- 项目相关方投诉，明确表达了他们对项目过程的不满情绪。
- 项目出现了严重技术问题，项目团队无法找到解决方案。
- 项目偏差目前虽然在相关方容忍范围内，但是依照目前趋势发展下去，项目结束时项目成果很难通过客户验收等。

如果项目团队在发给 PMO 的绩效报告中，项目绩效亮红灯，则表示项目团队希望引起 PMO 的密切关注，而且需要 PMO 给予指导和建议。

示例 H 公司单绩效指标信号灯法

图 6-2 所示的是 H 公司的 **PMO** 采用信号灯方法管理项目绩效的案例。在这个案例中，根据组织对项目经理的授权和职责定义，项目经理仅对项目进度负责，所以只需要用一盏信号灯来表示项目的进度绩效情况。项目进度亮了黄灯，表明项目出现了延误，但是预计不会对项目验收及相关方的满意度产生影响。当 **PMO** 看到这个项目的绩效报告后，通常不会采取进一步行动，而只是把该项目放入观察清单。有些组织规定，如果一个项目的绩效连续 3 个月都亮黄灯，那么 **PMO** 就需要主动采取进一步的行动，比如，召开项目审查会议，对项目进行走查；如果判断项目属于危机项目，则启动危机项目整改行动。

项目绩效报告（第 1 页）

报告日期：

当前进展：
— 母局安装测试完成，但是有 1 个技术问题没有解决。31 个远端局中，22 个完成安装和测试；6 个正在安装和测试中；3 个局的机房不具备安装条件

● **本周主要任务：**
— 督促安装进度（张静催促机房就绪，王刚催促安装进度）
— 加快母局技术问题的解决速度（张静和美国二线技术支持召开电话会议）
— 开始准备初验资料（各地安装工程师负责）

备用灯：　绿　黄　红

整体进度情况

信号灯：黄

● 下一个里程碑（调整后）
— 05/14：母局和全部远端局完成安装调试（完成标志：收到各局签署的系统安装调试验收表）

● 当前状况：延误 3 周

● 预计项目初验：06/14，比原计划延误 2 周

里程碑	计划	实际	偏差
完成全部安装	04/23	05/14（预计）	3 周（预计）
项目初验	06/01	06/14（预计）	2 周（预计）
项目初验	09/01	09/14（预计）	2 周（预计）

（第 1 页，共 8 页）

图 6-2　H 公司 PN01 项目绩效报告摘录

信号灯方法不仅可以用来管理单个绩效指标（如上例中的进度绩效），还可以用来管理项目的多个绩效指标。

示例　J 公司多绩效指标信号灯法

图 6-3 所示的是 J 公司用信号灯方法管理项目绩效的案例。在该案例中，项目经理需要对项目的范围、质量、财务等多个指标负责，因此为每个指标分别设置了一盏信号灯来表明该方面的绩效情况。通常，在项目启动时，项目发起人在项目章程中明确了项目经理对哪些绩效指标负责，同时也明确了各个指标的目标值；在编制项目管理计划的过程中，项目团队根据预期目标确定各个方面的进展计划；在项目执行过程中，项目团队用实际进展情况与各个指标的计划进行比较，确定是否存在偏差及偏差的严重程度。从图 6-3 中可以看出，各个指标的偏差程度不相同，成本方面的偏差最严重，进度方面次之，而其他方面暂时没有出现偏差。

项目绩效报告（第1页）

报告日期：

项目整体绩效	红	成本方面严重超支
客户满意度	绿	• 暂无客户投诉，但目前与客户进行的需求谈判陷入僵局，有可能引发客户不满
质量	绿	• 暂无问题
范围	绿	• 暂无问题，但如果需求谈判控制不好，可能造成范围失控
进度	黄	• 需求谈判所用的时间超出了计划天数
成本	红	• 国外顾问按时付费，他们参与需求谈判的时间超出了计划天数，造成了成本超支

图 6-3　J 公司 PO01 项目绩效报告摘录

用信号灯方法管理项目多个绩效指标时会遇到一个问题，比如，在上个案例中质量、范围和客户满意度方面亮绿灯，进度方面亮黄灯，而成本方面亮了红灯。在这种情况下，项目的整体绩效应该亮什么颜色的灯呢？对于这个问题，不同的组织有不同的做法，而组织所选择的不同做法反映了组织对待项目风险的态度。在同一组织中，PMO 应当根据组织对风险的态度，确定统一的项目整体绩效评价标准。

有的组织采用保守的做法——取最差值。只要有一个绩效指标亮红灯，项目整体绩效即亮红灯，如图 6-3 所示；如果没有红灯，只要有一个绩效指标亮黄灯，项目整体绩效即亮黄灯。只有各个方面都亮绿灯，项目整体绩效才亮绿灯。采用这种保守的方法，可以使项目团队、PMO 和项目相关方对项目问题保持警觉，从而敦促他们及早采取相应的纠偏措施。采用这种方法的组织对项目风险采取了相对谨慎的态度。

有的组织采取更加细致的做法，要求项目经理在项目启动和计划阶段对关键项目相关方进行访谈，确认相关方对各个绩效指标的态度，从而确定项目绩效指标的优先级。比如，P 公司有两个项目，一个是秋季新产品巡回展示项目，在这个项目中，关键相关方——公司管理层最关心的指标是当地目标客户的满意度；而另一个是某客户信息系统开发项目，在这个项目中，关键相关方——公司管理层最关心的指标是项目的盈利情况。明确了各个指标的优先级之后，在确定项目整体绩效时，即可按照优先级最高的指标（相关方最关注的指标）的绩效情况来确定整体绩效。

🔄 **示例**　K 公司确定项目绩效指标的优先级法

图 6-4 和图 6-5 所示的是 K 公司 PQ01 项目在 8 月和 9 月的月度绩效报告摘要。PQ01 项目的战略目标是开发新的客户市场，所以项目相关方认为该项目的客户满意度最重要，只有客户满意了，才能创造产品美誉度，才有助于打开新市场。同时，相关方对项目的成本和进度也有一定的要求，因此相对而言，一定程度的成本超支和进度延误都是可以接受的。基于以上信息，项目团队决定在报告项目整体绩效时以客户满意度方面的绩效来评定项目的整体绩效，如果客户满意度方面亮红灯，即使其他方面都亮绿灯，项目整体绩效也应该亮红灯；相反，如果其他优先级较低的指标亮红灯，而客户满意度方面亮绿灯，项目整体绩效也将亮绿灯。采用这种方法

的组织对项目风险采取了相对乐观的态度。

项目绩效报告（第1页，共8页）|		报告日期：08/31	
项目整体绩效	**优先级**	红	·　当前处于现场勘查和设计阶段 ·　客户对合同价格不满，已向公司总裁投诉两次
客户满意度	高	红	·　客户投诉，认为合同价格太高。客户私下和其他省份的客户进行过价格比较。我们解释其中原因是其他省客户的购买量大，但是客户依然不满，并威胁要退合同
质量	高	绿	
范围	中	绿	
进度	中	黄	·　由于客户对合同价格有意见，因此不配合项目团队的工作，延误一周
成本	低	绿	

图 6-4　K 公司 PQ01 项目绩效报告（8 月）摘录

项目绩效报告（第1页，共8页）|		报告日期：09/30	
项目整体绩效	**优先级**	绿	·　当前处于现场勘查和设计阶段
客户满意度	高	绿	·　签署补充合同，赠送客户试用设备，并且签署了长期合作框架。客户对处理结果表示满意
质量	高	绿	
范围	中	绿	
进度	中	绿	·　上个月的延误已经赶回
成本	低	红	·　由于赠送设备及为了处理客户投诉而采取的其他措施，导致项目完工成本将超出预算30%

图 6-5　K 公司 PQ01 项目绩效报告（9 月）摘录

　　使用信号灯方法管理项目绩效的好处是简单、直观，而且可以全面监控项目多个方面的绩效指标。但这种方法在管理项目成本绩效时也有一定的局限性，因为在这种方法中，判断成本偏差的方法是用本月实际花费和计划花费进行比较，如果考虑不周则很容易推导出错误的结论。比如，当项目出现提前开工的情况时，很容易出现实际成本超过计划成本的假象；相反，如果项目进度延误，则可能出现实际成本低于计划成本的假象。

2．挣值分析方法

为了对项目成本进行更加准确的监控，《项目管理知识体系指南》中提出了挣值（Earned Value）分析的概念

挣值分析方法的主要特点在于引入了 PV、EV、AC 等概念，提出了多个定量的项目绩效度量指标，如 SV、CV、CPI、SPI 等。采用这种方法可以对项目进度和成本绩效进行综合的、精确的量化管理，对项目完成时的总花费进行定量的预测。

（1）计划值（Planned Value，PV）

PV 表示项目中某项工作的预算，也就是在项目预算计划中，为这项工作所分配的预算。比如，项目中有一项工作是编写测试方案，这项工作计划请一位专业的工程师来完成，根据估算，完成这项工作共需 10 天，采取按天付酬的方式，工程师的费率是 100 元/天，所以完成这项工作计划共需付给工程师 1 000 元，因此，预算计划中为该项工作分配了 1 000 元的预算，这项工作的 PV 也就是 1 000 元。

（2）挣值（Earned Value，EV）

EV 表示某项工作中已经完成的那部分的预算。比如，编写测试方案这项工作如果目前已经全部完成，那么这项工作目前的 EV 就是 1 000 元；如果这项工作到目前只完成了一半，那么这项工作的 EV 就是 1 000 元× 50%=500 元；如果这项工作到目前只完成了 10%，那么这项工作的 EV 就是 1 000 元×10%=100 元。EV 体现了工作的进度。

（3）实际成本（Actual Cost，AC）

AC 表示某项工作中已经完成的那部分所花费的实际成本。比如，编写测试报告这项工作目前全部完成，而且正好用了 10 天时间，那么需要支付给这位工程师共计 1 000 元，这项工作的实际成本就是 1 000 元。假如到目前为止

这项工作只完成了一半，但是工程师已经工作了 8 天，按照项目预定的成本结算方式，需要实际支付给这位工程师 800 元，那么，此时这项工作的实际成本就是 800 元。

以上这 3 个数值是完成挣值分析所需要的输入数据。PV 来源于项目预算计划，EV 来源于项目成员的进度报告，AC 来源于项目中负责成本管理的人员对成本实际发生情况的跟踪报告。项目经理需要收集项目中各项工作的 PV、EV 和 AC，然后进行汇总，形成项目整体的 PV、EV 和 AC。

根据以上的输入数据，项目经理可以对项目进行挣值分析。挣值分析中主要生成以下指标，这些指标从各个侧面反映了项目绩效情况。

（4）进度偏差（Schedule Variance，SV）

SV 的计算公式为 SV=EV–PV。如果结果是正数，说明项目进度提前了；如果是负数，则说明项目进度延误了。在上例中，如果根据项目进度计划目前编制测试方案这项工作应该全部完成，而实际只完成了一半，那么就可以表示为：PV= 1 000 元；EV=500 元；SV=EV–PV=500–1 000=–500（元）。项目团队在报告项目进度情况时，收集项目中各个工作的 SV，然后把它们累加起来，就形成了项目的 SV。如果 PMO 或项目相关方从绩效报告中看到项目的 SV 为负数，就可以知道该项目出现了进度延误，而从 SV 的具体数值上，可以知道延误的程度。

（5）成本偏差（Cost Variance，CV）

CV 的计算公式为 CV=EV–AC。如果结果是正数，说明项目成本节省了；如果是负数，则说明项目成本超支了。在上例中，到目前为止，工作完成了一半（EV=500 元），共用了 8 天，实际成本为 800 元，那么 CV=EV–AC=500–800=–300（元），说明该项工作目前成本超支，成本偏差为–300 元。同样，项目团队在报告项目成本情况时，需要收集项目中各个工作的 CV，然后把它们累加起来，形成项目的 CV。如果 PMO 或项目相关方从绩效报告中看到项目的 CV 为负数，就可以知道该项目出现了成本超支，而从 CV 的具体数值上，可以知道超支的程度。

（6）成本绩效指数（Cost Performance Index，CPI）

CPI 的计算公式为：CPI=EV/AC。在上例中，CPI=EV/AC=500÷800=0.625（元）。如果对该项工作以往的成本绩效及成本偏差原因进行分析之后，认为该 CPI 指数具有典型性，那么，可以根据 CPI 来预测这项工作尚未完成部分所需的成本，计算公式为(1 000–500)÷0.625=800（元），表示剩余的工作（还有一半没有完成）还需要 800 元的成本，这项工作全部完成后的总花费将为800+800=1 600（元），大大超出了 1 000 元的期初预算。同理，可以用此方法预测整个项目全部完工时所需的成本。

采用挣值分析方法管理项目绩效，其好处主要体现为可以对项目成本绩效进行比较精确的监控，并且可以对项目完工总成本进行定量的预测。但是这种方法在使用过程中也会遇到一些问题，比如，这种方法增加了项目管理的复杂度，项目团队需要记录、收集、核实项目中各项工作的实际成本发生情况，需要估算各个正在实施的工作的完成百分比，这些工作不仅烦琐，而且有时候很难找到精确的估算方法。另外，挣值分析中虽然可以得出项目进度绩效方面的指标（如 SV 和 SPI），但是要预测项目完成所需的实际时间，最可靠的方法还是对项目进度网络图中未完工部分进行关键路径和关键链分析。另外，挣值分析方法仅能反映项目的成本绩效和进度绩效，而不能涵盖诸如质量、客户满意度等其他方面的绩效，因此，大部分组织在挣值分析方法的使用上都持谨慎态度。如果组织决定选择采用挣值分析方法，通常都需要有项目管理信息系统的支持，同时还需与其他绩效管理方法配合使用。

3. 里程碑图法

里程碑图是一种简单而直观的方法，但是这种方法只能反映项目进度方面的绩效。如果组织中对项目经理的职责定义只限于对项目进度的协调和管理，那么里程碑图就是最合适的绩效管理方法。

里程碑图可以清楚地告诉 PMO 和其他相关方以下信息：

- 项目目前应该处于什么阶段。
- 项目目前实际处于什么阶段。
- 项目进度偏差目前有多严重。

示例　**M 公司使用里程碑法管理项目绩效**

　　图 6-6 所示的是 M 公司使用里程碑法管理项目绩效的案例。从图 6-6 中可以看出，M 公司的 PR01 项目中包含了 5 个大的里程碑（用菱形表示）和一个小的里程碑（用圆形表示，也叫中间里程碑）。

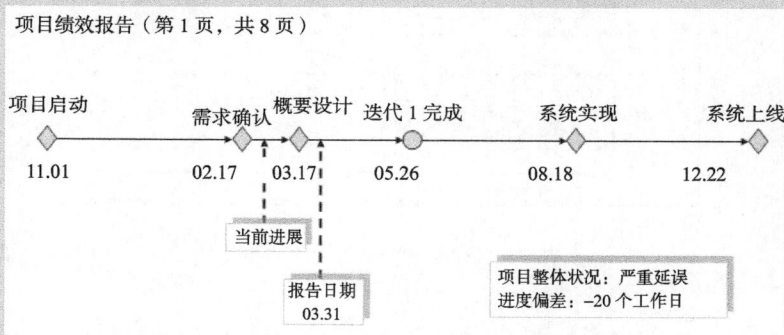

图 6-6　M 公司 PR01 项目绩效报告摘录

4. 工作包完成累计曲线图

　　工作包是项目 WBS 最底层的元素。项目经理把各个工作包分配给具体的执行小组的组长，或者具体的成员。工作包文件中定义该工作包所包含的交付成果、验收标准、规定时间、预计成本、技术参考等信息。在每个报告期，执行小组组长向项目经理报告工作包的完成情况，通过跟踪和统计这些关于工作包的数据，可以有效地监控和评估项目的绩效。当然，为了确认一个工作包是否真正完成，项目经理和工作包责任人需要事先定义完成的标准、测试或验收的手段等。

示例 N 公司使用工作包完成累计曲线图监控绩效

从图 6-7 中可以看出，截至报告日期，该项目应该实现 201 个工作包，但是实际只实现了 195 个，其中，180 个是计划内的，另 15 个是计划外的（可能是提前完成了下一个计划期的任务，也可能是出现了范围变更，增加了新的工作包）。

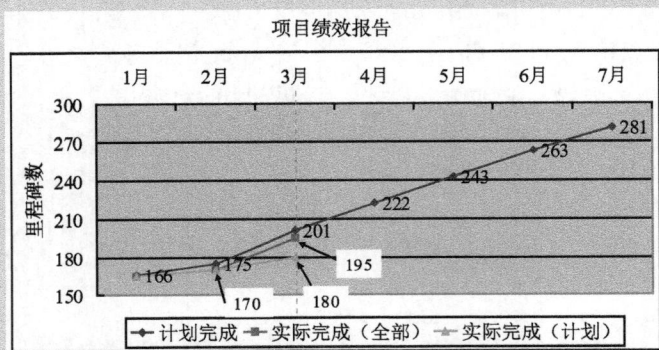

图 6-7　N 公司 PS01 项目绩效报告摘录

在提交项目里程碑图或工作包完成累计曲线图的同时，项目团队需要同时提交偏差分析报告，对未按计划完成的里程碑或工作包进行原因分析，并提出整改计划；对计划外的工作包需要严格审查其是否经过了正规的变更流程，并根据情况提出整改计划。

5. 燃尽图

在采用了敏捷方法的项目中，项目过程被分拆为一个一个的短迭代（一般为 2~4 周），通常项目团队通过迭代燃尽图来表示项目的进展情况。燃尽图的纵坐标表示团队承诺在本次迭代中完成的工作量，关于工作量的度量方式有不同的见解，诸如故事点、任务数、理想时日等，需根据项目特征和团队文化达成一致。燃尽图的横坐标为日期，表示本次迭代所经过的所有日历天数，所以其颗粒度是天。图中的每个点，表示某个日期团队尚未完成的工作量。在下列的例图中有三条线，其中笔直的斜向下的线条表示的是团队的工作计划，团队准备按照以均匀的速度，每天完成（燃烧掉）一些工作，在第10天的时候完成全部工作。图中由黑色原点连接成的实心折线，表示项目工作的实际完成情况。可以看出目前已经到迭代的第 4 天，每天剩余的工作都比计划的要多，这有可能是由于没有按时完成预期的工作，也有可能是新增了额外的工作。图中的第三条虚线表示的是根据目前实际情况制作的趋势线，是对未来工作的预测，可以看出照此下去，本次迭代的工作不能在计划日期内完成。

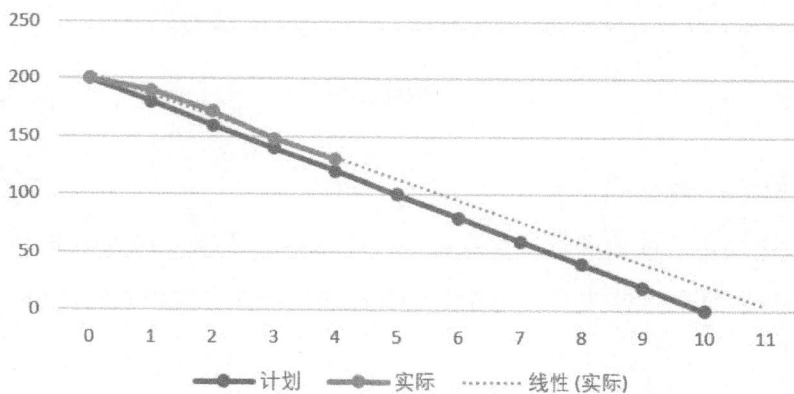

图 6-8　迭代燃尽图

燃尽图是一个多用途的工具，除监控项目工作的完成情况外，还可以用来监督项目风险储备的使用情况。图 6-9 是一个风险储备燃尽图的例子，这对于评估项目风险储备的使用情况并及时做出补充或删减的调整决策很有帮助。在图中，细实线表示计划的储备消耗情况，而粗实线表示实际的储备消耗情况，目前进展到第四个阶段，储备的消耗远远超出了计划。从图中的趋势线（虚线）可以看出在阶段六开始的时候风险储备就会被全部消耗掉，而等不到项目竣工。如果能把当前的情况以如此可视化的形式展示出来，则可以向关键相关方和 PMO 提供预警信息，促使项目及时采取纠正措施，避免失败的产生。

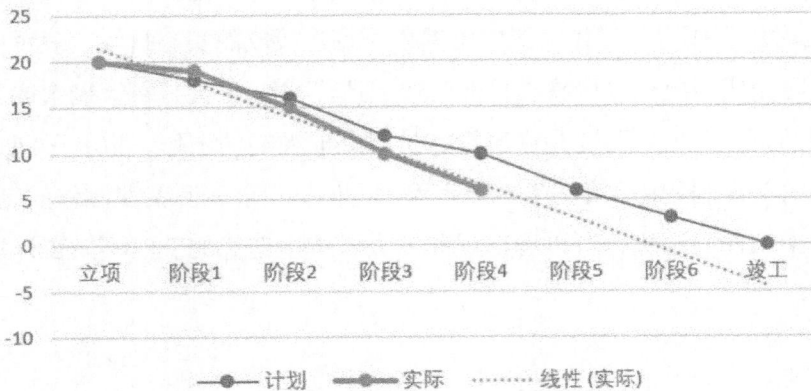

图 6-9　风险储备燃尽图

6．电子表格方法

该方法把所有项目的绩效信息放在一张电子表格中进行集中管理，项目团队实时或定期对表格中与自己相关的数据进行维护。这种方法简单、直接，而且实用。

采用电子表格方法管理项目绩效适用于以下情况：

1）项目经理仅对项目的进度绩效负责，因为表格中只能展示项目各里程碑的进度信息。

2）放在同一张表格中的所有项目的生命周期模型相同。比如，在 S 公司上述类型的项目中，所有的项目都是为电信运营商提供程控交换机整体解决方案，这些项目的生命周期都是由现场勘察、方案设计、制造、交货、安装调试、初验、终验 7 个阶段组成的。

3）项目数量比较多。例如，在 S 公司每份客户合同为一个项目集，每个项目集又根据实施地点不同拆分为若干个项目。通常，一个项目经理需要同时管理约 20 个项目的进展情况，而 PMO 需要同时监控约 300 个项目的进展情况。

⟳ **示例**　**S 公司表格方法的使用**

S 公司把所有的项目分为若干类别，图 6-10 是通信设备类所有项目的绩效信息汇总。

报告日期:	2019-4-30							
项目编号	里程碑	0 合同签订	1 现场勘察	2 方案设计	3 制造	4 交货	5 安装调试	6 初验	7 终验
SI0821	计划完成	2019-3-12	2019-3-27	2019-4-3	2019-4-23	2019-4-30	2019-5-20	2019-5-27	2019-8-25
SI0821	预计完成					2019-5-10	2019-5-30	2019-6-6	2019-9-4
SI0821	实际完成	2019-3-12	2019-3-27	2019-4-3	2019-4-30				
SI0836	计划完成	2019-3-25	2019-4-9	2019-4-16	2019-5-6	2019-5-13	2019-6-2	2019-6-9	2019-9-7
SI0836	预计完成								
SI0836	实际完成	2019-3-25	2019-4-10	2019-4-16					
SI0837	计划完成	2019-3-28	2019-4-12	2019-4-19	2019-5-9	2019-5-16	2019-6-5	2019-6-12	2019-9-10
SI0837	预计完成								
SI0836	实际完成	2019-3-28	2019-4-12	2019-4-19					
SI0838	计划完成	2019-4-1	2019-4-16	2019-4-23	2019-5-13	2019-5-20	2019-6-9	2019-6-16	2019-9-14
SI0838	预计完成								
SI0838	实际完成	2019-4-1	2019-4-16	2019-4-23					

图 6-10　S 公司通信设备类项目绩效报告摘录

采用电子表格方法，可以把数百个项目集中放置在同一张表格中进行管理，而且可以通过电子表格的自带功能或编写专用程序生成 PMO 所需要的各种数据，比如，计算每个里程碑的进度偏差，根据当前延误自动推算项目完工日期，根据偏差程度对项目排序，生成问题项目清单等。但是采用电子表格方法需要相应的技术支持，比如，为访问数据库的不同人员设置不同的权限；同时，还需要建立相关的管理制度，比如，要求项目经理和项目参与者实时输入项目进展信息。

6.3　PMO 在项目实施阶段的主要监控环节

PMO 对处于实施阶段的项目进行全程跟踪和监控。假设 PMO 对项目的监控间隔为 1 个月，那么在每个月度，PMO 的两个重要监控环节为：

- 项目团队是否按时向 PMO 管理的项目数据库同步项目文档。
- 项目团队是否按时向 PMO 提供绩效报告。

对于项目数据库中的项目文档，PMO 通常采取抽查的方式，一方面确认文档质量是否符合要求；另一方面通过检查文档判断项目团队是否在按照组织建议或要求的方法管理项目。对于项目绩效报告，PMO 不仅要求项目团队按时、按要求提交报告，而且还采取逐份审查的方式，定期评估各个项目的绩效，以便及时发现问题，及时督促或帮助项目团队采取纠偏措施。下面介绍两个关键的监控环节。

1．对文档的同步监控

项目启动阶段，PMO 在项目数据库中为新项目开设文档目录，项目前期团队负责把项目批准之前的所有文档存放在文档目录中，项目实施团队按照 PMO 的要求按时同步实施过程中的所有文档。采取这种做法的优点很多。

1）为项目团队的文档保存了备份。一旦项目团队的文档遭到破坏，则可利用组织数据库中的备份文档进行复制。

2）保证项目资料的完整性。PMO 按照项目类型建立了统一的文档目录，对项目团队的文件编写起到了指导和规范作用，避免项目团队遗漏某些重要文档的编写，也避免某些文档被存放在个人计算机中而不能在团队中分享。

3）提高了项目过程的透明程度。PMO 和项目相关方可以随时通过对项目文档的审查来了解项目状况，从而及时提供支持和指导。

4）促进了项目团队之间的信息共享。项目团队可以通过查阅其他项目团队的文档资料来借鉴其他项目的经验教训，取长补短，少走弯路，从而最大限度地提升组织整体效率。

对于不能按时提供同步文档的项目团队，PMO 将要求其项目经理做出解释并迅速采取整改行动。PMO 对项目文档的内容进行抽查，如果发现问题，将向项目经理发出限期整改的通知。

2. 对绩效报告的监控

PMO 发布项目绩效报告管理制度，制度中对绩效报告的内容、格式、提交频率和日期等都做出了规定。通常，在一个组织中，同一类型的项目采用相同的绩效度量方法和绩效报告格式，报告中除描述项目的整体绩效状态外，还需包括偏差原因分析、趋势分析、纠偏措施、风险分析、项目绩效预测，以及需领导关注的事项等多个方面的内容。提交项目绩效报告的频率和 PMO 对项目团队的监控间隔有关系，如果 PMO 对项目的监控间隔为 1 个月，那么项目团队就需要按月向 PMO 提交绩效报告。有些处于整改阶段的危机项目，PMO 通常要求项目团队按周提供报告，目的是对整改进展进行更加严密的监控。

在使用了项目管理信息系统的组织中，PMO 要求项目团队实时向系统中输入项目状况信息，PMO 可以随时抓取单个或全部项目的状况信息，并通过电子工具生成项目绩效报告。在有的组织中，即使使用了项目管理信息系统，PMO 仍然要求项目团队按月提交项目绩效报告。PMO 认为，编写绩效报告可以促使项目经理和项目团队更加主动地分析问题和解决问题，同时，手工编写的项目绩效报告可以灵活机动地增加任何项目团队认为有必要知会 PMO 和相关方的内容。

对于不能按时提交绩效报告，或者绩效报告不合要求的项目团队，PMO 将向项目经理发出限期整改通知，或者根据组织项目管理制度采取相应的行动。PMO 认为，如果项目团队不能及时提供绩效报告，那么从 PMO 和相关方的角度来看，项目处于"黑盒"状态，PMO 无法判断项目是否存在问题，无法及时采取应对措施，因此，PMO 在编制项目组合报告时，把那些没有按时提供绩效报告的项目纳入"失控项目区域"。

6.4 PMO 在项目实施阶段的主要审查活动

PMO 主要通过项目团队提交的项目绩效报告了解项目进展状况，从而决定是否需要对项目采取进一步措施。对于出现严重问题的项目，PMO 通常召开项目审查会议或采取项目走查的方式，以求进一步了解信息，帮助项目团队制定有针对性的整改措施。对于高优先级的项目，PMO 不仅要严格审查项目绩效报告，而且不管其绩效是否出现偏差，PMO 都把这些项目列入项目审查会议的清单，目的是及早发现问题，及时采取措施，最大限度地保证高优先级项目的成功。

1．审查项目绩效报告

PMO 希望直接从项目绩效报告获取所需的信息，同时 PMO 不希望由于编写项目绩效报告而给项目团队增加过多的工作量。比较完整的项目绩效报告通常包含的内容如表 6-1 所示。

表 6-1　项目绩效报告框架

序　号	提　　　纲
1	项目整体绩效 　范围绩效： 　时间绩效： 　成本绩效： 　质量绩效： 　客户满意度：

序　号	提　纲
2	项目其他方面状况 　人力资源： 　沟通： 　收付款：
3	项目重大偏差分析 　偏差说明： 　偏差原因： 　纠正措施： 　效果预测：
4	项目十大变更列表 附项目变更登记册
5	项目十大问题列表 附项目问题登记册
6	项目十大风险列表 附项目风险登记册
7	项目完工情况预测
8	项目收益预测

在绩效报告中，PMO 通过阅读第一个栏目"项目整体绩效"了解项目的整体状况。如果整体绩效亮绿灯，PMO 或许就不继续阅读后面的内容了；如果整体绩效亮黄灯或红灯，PMO 将继续阅读后面的内容，了解项目偏差的具体原因。项目团队提供的 3 本登记册（变更登记册、问题登记册和风险登记册）可以帮助 PMO 详细了解项目实施过程的细节。

但是并非所有的项目团队都需要提交表 6-1 所列的完整的项目绩效报告。如果项目经理只对项目进度负责，或者组织已经建有完善的项目管理信息系统，项目绩效报告的内容可以有一定程度的简化，下面介绍一些常用的方式。

（1）项目绩效信息+十大问题清单

这种形式的报告由两部分组成。第一部分，按照 PMO 要求的绩效管理方法来表示项目绩效信息，比如，PMO 要求使用里程碑法，则项目团队可以按照图 6-6 的方式来表示项目绩效。第二部分，是项目十大问题清单，要求项目团队把项目中出现的最严重的十大问题列举出来（见表 6-2），同时说明各个问题的原因分析、解决方案和预计解决日期等。如果项目团队绩效不存在偏差，十大问题清单可能是一张空表；如果项目绩效存在偏差，则十大问题清单可以向 PMO 提供关于项目偏差的诸多信息。PMO 对十大问题清单的内容进行分析，从而判断项目团队是否有能力自己解决问题、纠正偏差，以及是否需要来自 PMO 的指导和建议。

表 6-2　某公司 PU01 项目绩效报告（3 月）摘录

项目绩效报告——十大问题清单				（第 2 页，共 3 页）	
问题编号	问题描述	解决方案	预计解决日期	上榜时间（周）	责任人
1	3 层办公室的玻璃隔断下层不符合客户要求，客户提出更换，导致该项工作未按时验收	按照客户要求尽快更换	4/15	1 周	刘静
2	UPS 机房的空调上方有废铸铁管，找不到主人，无法擅自拆除，导致 UPS 空调安装延误	提交给项目发起人协调	3/25 4/15	2 周	王平
3	物业不许使用货梯，只能人工搬运货物，影响了现场供料及施工进度	提交给项目发起人协调	3/15 4/15	3 周	王平
4	（略）				

（2）项目绩效信息+TOP 10 清单

这种方法和上面的方法很相似，只是 PMO 把"十大问题清单"扩展为更为详细的"TOP 10 清单"。TOP 表示 Threats（风险）、Opportunities（机会）和 Problems（问题），在这种情况下，项目团队不仅要提交十大问题清单，还要提交十大风险清单和十大机会清单，目的在于促使项目团队前瞻性地看待项目，未雨绸缪，提前识别风险并采取风险应对措施，而不要等风险变成问题之后再采取行动；同时，也提醒项目团队仔细甄别项目中潜藏的机会，并抓住每个机会，扩大项目的预期价值。

（3）项目绩效信息+存在偏差的任务清单（按偏差严重程度排序）

这种方式和第一种方式相似。第一部分也是项目绩效信息，但在第二部分中项目团队不是笼统地把项目中的十大问题列出来，而是把存在偏差的任务全部列举出来，而且按照偏差的严重程度进行排序，偏差最大的任务排在第一位（见表 6-3）。任务清单中包括任务的 WBS 编号、任务责任人、偏差程度、偏差影响、偏差原因及纠正措施等信息。采用这种方法能更加具体地向 PMO 和相关方展示是哪些任务的偏差造成了项目的偏差，因而对任务责任人形成一种压力。如果某个任务的责任人屡次在任务列表中名列榜首，则项目经理有责任帮助任务责任人从各个方面全面分析造成偏差的原因，并且帮助责任人制订个人绩效提升计划。

表 6-3　某公司 PV01 项目绩效报告摘录

项目绩效报告——存在偏差的任务清单							（第 2 页，共 3 页）
偏差排序	WBS/任务名称	任务状态	进度偏差	偏差影响	偏差原因	责任人	纠正措施
1	3.2.1 现场勘察	完成	15 天	关键路径上，项目总工期延误 15 天	客户配合有问题	王平	在销售支持下，该任务已完成，将采取措施压缩后续任务工期，缩小项目延误
2	3.3.2 设计初稿	50%完成	5 天	非关键路径上，项目总工期不受影响	由于 3.2.1 延误，刘静被调往别的任务	刘静	9/5 之前完成该项任务，以后调整任务工期必须征得项目经理书面同意
3	4.2.1 客户数据收集	80%完成	3 天	非关键路径上，项目总工期不受影响	客户配合有问题	王平	9/5 之前完成该任务，以后出现客户配合问题，第一时间通知项目经理

续表

偏差排序	WBS/任务名称	任务状态	进度偏差	偏差影响	偏差原因	责任人	纠正措施
4	（略）						

对项目绩效报告进行审查后，PMO 通常会得出下面几种结论：

1）PMO 认为绩效报告没有提供充分的、准确的项目信息，因此要求项目团队限期重新提交绩效报告。如果项目团队仍然不能按照要求提交报告，PMO 将在项目组合报告中把该项目纳入"失控区域"，希望引起组织高层及项目相关方的重视，同时，PMO 根据组织项目管理制度采取相应的措施。

2）PMO 认为项目没有偏差，暂时不需要采取进一步措施，项目处于"绿色区域"。

3）PMO 认为项目存在偏差，但偏差程度不大，而且项目团队提出的纠偏措施切实有效，暂时不需要采取进一步措施，项目处于"黄色区域"。

4）PMO 认为项目存在偏差，偏差程度不大，但项目团队在绩效报告中对偏差原因的分析及提出的纠正措施尚需进一步评审，PMO 把这类项目纳入"项目审查会议"名单中。PMO 暂时把此类项目纳入"黄色区域"，根据审查会议的结果重新确定其所属区域。

5）PMO 认为项目偏差程度很大，对项目成功交付构成了威胁，PMO 把这类项目纳入"项目审查会议"名单中。PMO 暂时把此类项目纳入"红色区域"，再根据审查会议的结果确定是否需要采取进一步的措施，如项目走查、危机项目整改等。

6）还有一些项目，PMO 认为当初批准项目的理由现在已不再成立，所以暂时将其纳入"退出商议区域"，然后 PMO 通过会议审查、现场走查、专家评估会议等方式进一步确定是否终止项目。通常这类项目具有如下特点：

• 组织调整了战略目标，项目不再支持组织新的战略计划。

• 市场条件发生了变化，项目产品完成后在市场上的表现和预期将有很大的出入。

- 技术发生了变革，项目采用的技术已经或即将被市场所淘汰。
- 项目发生的偏差太大，无法纠正，或者纠正成本过高等。

2．项目审查会议

（1）确定审查项目的名单

PMO 对各项目团队提交的项目绩效报告进行审查后，根据审查结果确定参与项目审查会议的项目名单。

如果 PMO 设定的监控周期为 1 个月，那么项目审查会议将每月举行 1 次。通常，列入审查名单的项目包括处于红色区域的项目、处于黄色区域但 PMO 认为项目团队制定的整改措施不力的项目、在黄色区域停留 3 个月及以上的项目、高优先级的项目，以及 PMO 提议终止的项目。

除月度例行的项目审查会议之外，PMO 还根据需要举行临时的项目审查会议，比如，项目中出现以下情况时：收到客户投诉、项目经理突然辞职、项目关键交付物失败等，在这种情况下，PMO 只针对出现问题的具体项目举行单独的审查会议。

（2）召集审查会议

项目审查会议由 PMO 召集，PMO 事先公布参与审查的项目名单及审查顺序，确定和公布会议时间和地点，通知需要参加项目审查的人员，和项目经理进行沟通，明确需要会前准备的资料和信息。项目审查通常按照顺序逐个单独进行，也就是说，在审查某项目时，只有与该项目相关的人员在场，而其他已审或待审项目的成员不需要到场。这样做的目的是为项目审查设置开诚布公、畅所欲言的沟通气氛，以便获取更加翔实、客观的项目信息，从而提高解决问题的效率。

（3）确定参会人名单

对某个具体项目来说，其治理主体需要参与项目审查会议。治理主体通常包括项目经理、关键成员、项目发起人、其他关键相关方、PMO的专家小组成员等。其中，专家小组成员并非都是PMO的全职成员，大部分专家成员来自组织中的各个部门，由于他们在项目管理方面的经验和贡献，被PMO聘为专家。PMO在邀请专家参加项目评审会议时，需充分考虑专家的项目经验和擅长领域。为了提高会议效率，PMO通常会为参与评审的各个项目委派责任专家，责任专家负责事先调查项目信息，在评审会议上主持该项目的评审流程，并在会后对项目团队的整改行动进行跟踪和指导。

（4）项目经理应做的会前准备

在审查会议召开之前，项目经理需要按照PMO的要求为会议准备专门的资料，包括展示用幻灯片和各种分发资料。会议议程的第一项内容通常是由项目经理介绍项目概况，包括项目绩效、偏差、偏差原因分析及整改措施。对于项目经理来说，在参加项目审查会议时，不能只带着项目问题来，然后把问题统统抛给PMO和专家，希望他们能马上给你提供解决方案，而是应该会前充分调查问题原因，和项目团队一起寻求合适的解决方案。在评审会上，PMO和专家将对项目团队解决问题的过程及得出的解决方案进行评审，并且根据需要提出改进意见。

（5）审查会议上审查的主要事项

在项目审查会议上，PMO专家团队主要审查的事项：

- 项目当前绩效、项目完工预测。
- 项目偏差是否在相关方容忍范围内。
- 项目管理过程是否符合规范。
- 项目经理和团队成员行为是否符合规范。
- 项目中的主要问题区域。
- 项目团队提出的整改计划。

对于那些被PMO暂时纳入"退出商议区域"的项目，在审查会议上，PMO着重从项目关键成员和项目关键相关方那里获取更多有关项目的信息，同时听取相关方、评审专家等对于终止项目的建议，从而对是否把项目纳入"退出商议区域"做出进一步判断。

（6）审查结果的种类及应做的工作

项目审查会议结束后，PMO 将公布各个项目的审查结果及下一步的行动方案。项目审查的结果通常有以下几种：

1）项目处于"绿色区域"，不需要启动整改行动。这些项目通常是高优先级项目，项目本身并不存在偏差，PMO 只是从稳健的角度出发对这些项目进行审查。

2）项目处于"黄色区域"。项目存在偏差，偏差处在相关方的容忍范围内，项目团队有能力通过实施整改方案来纠正绩效偏差。

3）项目处于"红色区域"，项目团队提出的整改计划得到了确认和批准，项目团队负责整改计划的执行，PMO 将委派责任专家对整改过程进行严密监控，项目绩效报告由原来的月报改为周报，在特殊情况下，PMO 还可以要求项目团队提供日报。

4）项目处于"红色区域"，项目团队提出的整改计划没有得到批准，PMO 将委派专家对项目进行现场走查，获取更详细的项目信息，从而协助项目团队制订新的整改计划。

5）项目处于"退出商议区域"，PMO 将根据实际情况，决定是需要对项目进行走查，还是直接召开专门的项目退出评审会议。

（7）独立审查与内部审查的比较

由 PMO 举行的项目审查会议属于独立审查，就是由项目团队以外的专家小组对项目状况进行审查。独立审查与内部审查相比有明显的优点：

1）独立审查过程中不涉及情感上的牵连，而项目团队内审查可能牵涉项目成员与项目的情感，以及项目成员相互之间的情感。

2）外部专家可以从多个方面分析问题，而项目成员在项目中待的时间过长很容易形成角色定式和思维定式，很难全面客观地分析问题、清晰地判断问题的所在。

3）独立审查过程可以借鉴多方的经验教训和智慧，而不仅局限于项目团队的智慧。因为专家长期奔波于多个项目之间，所以他们可以把一个团队的经验传递给另一个团队，从而促进团队间的优势互补。

3．项目走查

如果 PMO 确定的项目监控间隔为 1 个月，则 PMO 每个月要确定列入走查计划的项目名单，并完成对这些项目的走查。走查时，PMO 的专家走入项目现场，走进项目团队，对项目中间交付物进行检查，对项目资料进行审查，与项目成员、项目经理和其他项目相关方进行访谈，从而发现项目问题，并与项目团队一起制订解决问题的方案。通过走查，PMO 还可以收集项目团队的经验教训，从而对组织的项目管理流程、方法和制度进行逐步完善。

通常，列入 PMO 走查计划的项目包括：

1）处于"黄色区域"和"红色区域"的部分项目。PMO 认为，通过项目绩效报告和项目审查会议得到的信息不足以对项目状况做出判断，或者项目团队制定的纠偏措施不具有说服力，因此决定委派专家走进项目团队去获取更加详细真实的信息，从而制订更具针对性的纠偏方案。

2）优先级高的项目。组织对这类项目的重视程度非常高，对项目失败的容忍程度非常低，所以 PMO 采取谨慎的监控方法，不仅严格审查项目团队发送的项目绩效报告，举行项目审查会议，同时根据实际情况对部分项目进行现场走查。

3）有些处于"退出商议区域"的项目。PMO 希望通过走查获取更多信息，为退出决策提供依据。

除例行的项目走查外，PMO 还会根据情况临时决定需要走查的项目，比如，PMO 收到来自客户或者员工的投诉时。

PMO 确定了各个项目的初步走查计划后，需要和项目团队进行协商，听取他们的意见，获取他们的确认，因为走查过程需要项目团队和相关方的积极配合。PMO 应最大限度地降低走查过程对项目团队正常工作的影响。

项目走查过程通常包括文档审查和相关方访谈两部分。走查结束后，PMO 将总结走查结果，发布走查报告。下面分别对文档审查和相关方访谈进行介绍。

（1）文档审查

PMO 根据项目问题的情况，确定需要审查的具体文档目录，通常有 3 本登记册是 PMO 走查过程中需要特别关注的文档，即项目风险登记册、项目变更登记册和项目问题登记册。这 3 本登记册记录了项目实施的细节，通过审查，PMO 可以快速发现项目实施过程中存在的问题。

PMO 首先检查项目团队有没有建立这 3 本登记册、有没有对这些登记册进行及时更新，然后详细审查登记册中所记载的内容，从而判断项目团队所采用的项目管理方法是否存在问题，是否符合组织要求。如果 PMO 在走查中发现项目团队没有建立这几本登记册，或者发现这些登记册的更新日期与走查日期已相距甚远，则可以初步判断这个团队所负责的项目基本处于管理失控状态。比如，8 月 6 日 PMO 去某项目团队进行走查，结果发现该项目团队的登记册最后更新日期是 6 月 5 日，说明从 6 月 5 日到 8 月 6 日这两个月的时间中，项目团队没有继续对项目问题、风险和变更进行管理。

1）项目风险登记册审查。如果项目团队没有建立项目风险登记册，或者登记册没有及时更新，或者登记册中记录的项目风险条数很少，则说明这个项目团队倾向于事后管理的方法，即要等风险变成问题之后才去着手解决问题。项目管理提倡的是事前管理方式，管理风险的成本要远低于管理问题的成本，项目团队应主动识别潜在的项目风险，并且有计划、有步骤地去规避和应对这些风险。

2）项目变更登记册审查。项目实施过程中的变更不可避免，项目团队需主动管理变更，并尽最大可能降低变更所带来的负面影响，如返工、延误、成本超支、士气低落等。PMO 在审查项目文档时，如果发现项目团队没有建立项目变更登记册，则说明项目团队没有主动去管理变更；如果发现登记册所记载的变更过多，PMO 同样要保持警觉，也许这个项目在范围控制方面存在问题，比如，项目范围没有定义清楚，项目前期交付物（如需求文档和设计文档）评审不规范而把错误引入了后续阶段，项目范围发生蔓延等。变更过多的另一个原因，是项目团队在客户需求管理方面存在问题，团队成员的沟通技能和谈判技能可能需要进一步提高。

3）项目问题登记册审查。PMO 审查的第三份重要文件是项目问题登记册。在该登记册中，通常按照严重程度对问题进行排序。PMO 在走查时需重点关注那些严重程度高的问题，并且根据需要，协助项目团队解决这些问题。另外，PMO 对项目团队解决问题的时效性必须进行评估，如果登记册中记录的大部分问题都不能在承诺的日期内解决，则说明项目经理的管控能力需要进一步提高。

除以上 3 本登记册外，PMO 还可根据需要审查其他项目文件。PMO 通常要求项目团队按照既定的文档目录保存文件，这样不仅便于 PMO 审查，也便于团队成员存取，同时还便于其他项目相关方及其他项目团队查阅和分享。

（2）相关方访谈

相关方访谈并不意味着需要对所有的项目相关方进行逐个访谈。通常，PMO 根据对项目问题的事前分析评估，有针对性地选择受访人员，确定访谈名单。同时，在走查过程中，PMO 可以根据实际情况，临时决定增加或减少受访人员。对于一个 IT 类型的项目来说，参与访谈的人员通常包括项目发起人、项目经理、技术经理、业务经理、项目客户、开发人员、测试人员、各小组组长、其他支持和配合部门的代表等。PMO 需要事先确定合适的访谈顺序，采用从上到下（从管理层到独立贡献者）、从内到外（先项目团队成员，后外部相关方）的访谈方式，也可以采用相反的从下到上、从外到内的方式。

一般来说，后一种访谈方式可以避免权威偏见和先入为主，有利于 PMO 对项目状况做出客观中立的判断。

确定受访人员名单和访谈顺序之后，PMO 要制定具体的访谈时间表（细化到小时），并提前和被访谈人沟通，获取其认可。通常，PMO 把受访人员分为几个小组，每个小组由一位 PMO 专家负责，这样，PMO 可以同时对多个相关方进行访谈，提高访谈工作的效率。主持访谈的 PMO 专家需要事先准备访谈提纲，主动引导访谈过程，力求在有限的时间内获得所需的信息。

示例　T 公司的访谈框架

T 公司的 PMO 专家在对 PW01 项目进行走查时，为访谈项目团队中某位开发人员编制了如下访谈框架。

- PMO 专家自我介绍，介绍访谈原因和目的，消除对方戒备心理。
- 请对方介绍其在项目中的角色和职责。
- 请对方描述项目的总体目标和计划，以及自己所负责区域的工作计划。
- 请对方介绍自己所负责区域的执行情况。
- 请对方列举当前影响其工作绩效的主要因素。
- 询问对方需要哪些方面的支持。
- 请对方描述对项目未来的展望和忧虑。
- 询问对方对于提升项目整体绩效的建议。

通过项目走查，PMO 可以进一步了解项目状况，在此基础上，PMO 与项目团队一起重新制订项目整改计划。走查结束之后，PMO 的责任专家需向项目团队公布走查结论及下一步的行动方案。走查之后的结论通常有以下 5 种：

1）项目处于"绿色区域"，不需要启动整改行动。这些项目通常是参与项目走查的高优先级项目，项目本身并不存在偏差，PMO 只是从稳健的角度出发对这些项目进行现场走查。

2）项目处于"黄色区域"。项目存在偏差，但是偏差处在相关方的可容忍范围内。通过走查，PMO专家和项目团队重新制订或确认了项目整改计划，PMO相信项目团队有能力通过实施整改方案来纠正绩效偏差。

3）项目处于"红色区域"。通过走查，PMO和项目团队重新制订或确认了项目整改计划，项目团队负责整改计划的实施，同时PMO将委派责任专家对项目进行持续的、严密的监控。

4）项目处于"危机区域"。PMO认为仅靠项目团队的力量已经无法挽救项目绩效，PMO必须迅速成立整改小组，启动危机项目整改行动。

5）项目处于"退出商议区域"。PMO将举行项目退出评审会议，如果评审会最后决定终止项目，则PMO通知项目发起人启动项目退出程序。

图6-11所示的是对项目绩效报告审查、项目审查会议和项目走查过程的总结。

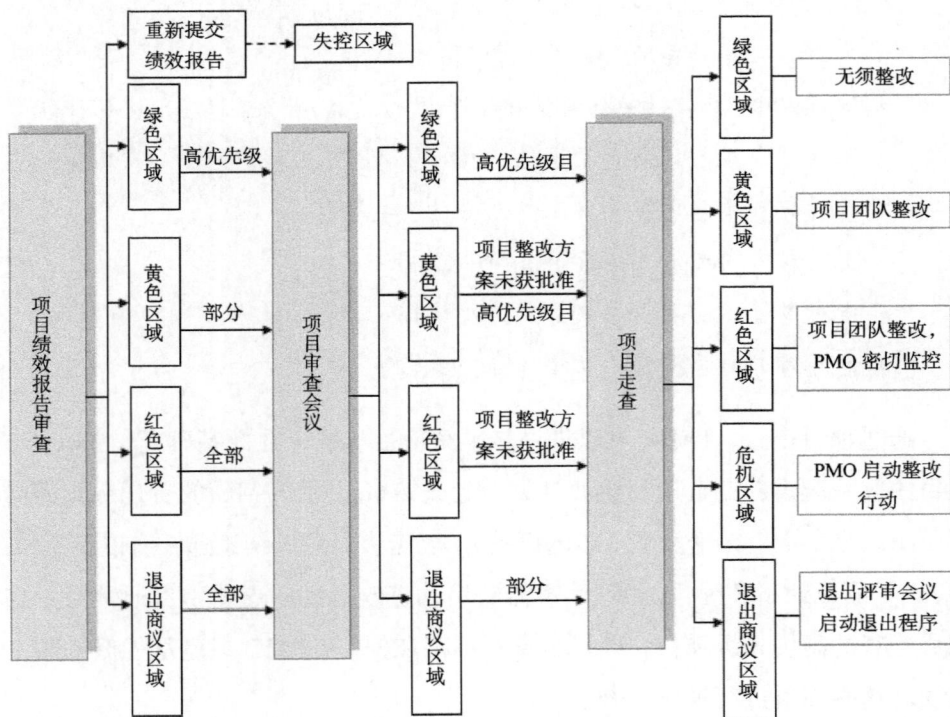

图6-11　项目绩效审查过程总结

6.5　PMO 在项目实施阶段的其他工作

在项目实施阶段，PMO 除以上介绍的主要监控环节和审查活动外，还有两项非常重要的工作需要完成：第一项是针对所管辖的全部项目编制项目组合报告，向组织管理层和项目相关方通告项目状况，也为组织决策提供依据；第二项是针对那些问题缠身的危机项目，PMO 将启动项目整改行动。

1．编制和发布项目组合报告

对于组织级 PMO 来说，项目组合包括组织内部属 PMO 管辖的全部项目；对于部门级 PMO 来说，项目组合包含了部门内部属 PMO 管辖的全部项目。如果 PMO 对项目的监控间隔为 1 个月，则 PMO 应当按月向组织内部所有的 PMO 关系人发布项目组合报告。

通过发布项目组合报告，可以使项目相关方了解项目状态，及时为项目提供必要的支持；通过发布项目组合报告，可以促进项目团队之间的合作和组织资源的优化利用；通过发布项目组合报告，可以使组织决策层和管理层及时了解组织战略实现的情况（项目是实现组织战略的手段之一），并根据需要及时采取措施。同时，项目组合报告还可以为选择项目、确定项目优先级、评估是否终止项目、调整组织或部门战略方向等提供依据。

项目组合报告主要反映处于实施阶段的项目的绩效状况，但是报告中同时还需体现处于其他阶段的项目的状况信息。图 6-12 所示的是编制项目组合报告的过程。对于处于实施阶段的项目来说，PMO 编制组合报告时主要依据以下信息来源：

- 项目团队提交的项目绩效报告。
- 项目审查会议得到的结论。
- 项目走查得到的结论。

- 来自项目相关方的投诉、意见、建议等。

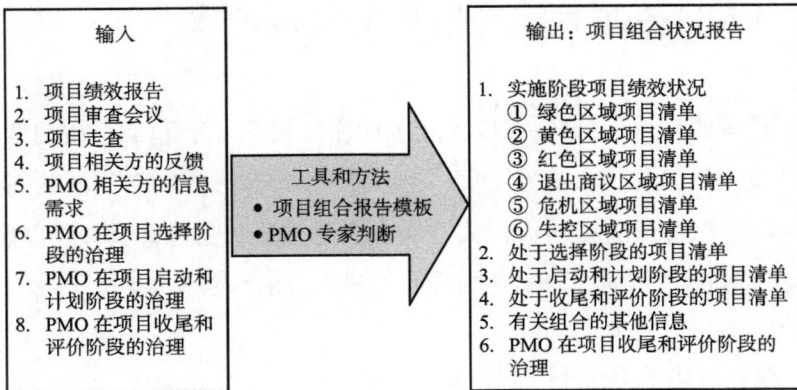

<table>
<tr><td>
输入

1. 项目绩效报告
2. 项目审查会议
3. 项目走查
4. 项目相关方的反馈
5. PMO 相关方的信息需求
6. PMO 在项目选择阶段的治理
7. PMO 在项目启动和计划阶段的治理
8. PMO 在项目收尾和评价阶段的治理
</td><td>
工具和方法
- 项目组合报告模板
- PMO 专家判断
</td><td>
输出：项目组合状况报告

1. 实施阶段项目绩效状况
   ① 绿色区域项目清单
   ② 黄色区域项目清单
   ③ 红色区域项目清单
   ④ 退出商议区域项目清单
   ⑤ 危机区域项目清单
   ⑥ 失控区域项目清单
2. 处于选择阶段的项目清单
3. 处于启动和计划阶段的项目清单
4. 处于收尾和评价阶段的项目清单
5. 有关组合的其他信息
6. PMO 在项目收尾和评价阶段的治理
</td></tr>
</table>

图 6-12　PMO 编制项目组合状况报告的过程

对处于实施阶段的项目来说，PMO 通过组合报告向相关方报告：

- 项目目标实现的可能性。

- 为了提高项目成功的可能性，PMO 和项目团队将采取的行动方案。

向相关方提出支持项目的具体要求。在项目组合报告中，PMO 按照绩效情况把项目分为 6 个区域，每个区域向相关方传达的信息如下。

（1）绿色区域

- 项目特征：项目没有出现偏差，一切按照计划进行。

- PMO 的行动方案：常规监控，不采取特别措施。

- 项目团队的行动方案：按计划管理项目，不需要采取整改措施。

- 项目完工预测：项目目标可以实现，相关方期望可以得到满足。

- 对相关方的要求：一如既往地对项目提供支持。

（2）黄色区域

- 项目特征：项目存在偏差，但是偏差处在相关方的容忍范围内，PMO 没有收到相关方的投诉，项目团队表示有能力通过执行整改方案来纠正项目绩效偏差。

- PMO 的行动方案：常规监控，根据项目团队的需要，为整改过程提供支持和指导。

- 项目团队的行动方案：制订和执行整改计划，根据需要，获取 PMO 的支持。

- 项目完工预测：项目目标可以实现，相关方的期望可以得到满足，但是项目目前存在问题。

- 对相关方的要求：密切关注项目进展，主动为项目提供支持。

（3）红色区域

- 项目特征：项目偏差超出了相关方的容忍度，收到相关方投诉，或者收到了项目团队的问题升级报告。

- PMO 的行动方案：委派责任专家与项目团队一起制订项目整改方案。责任专家对项目整改过程进行持续的、严密的监控，并根据需要提供现场支持和指导。

- 项目团队的行动方案。和 PMO 专家一起制订项目整改方案，并执行整改方案，及时报告整改进展，及时获取 PMO 和专家的支持。

- 项目完工预测：项目目标的实现存在威胁，如果不采取行动，相关方的期望可能难以满足。

- 对相关方的要求：密切关注项目进展，主动参与项目整改。在允许的范围内，调低对项目目标的期望。

（4）危机区域

- 项目特征：除具备上述红色区域项目的特征外，处于危机区域的项目还具有以下特征：项目团队对项目失去信心，士气低迷，关键成员纷纷离开项目组；客户怨声载道，甚至表示要通过法律渠道解决项目问题；项目经理迷失方向，对管理项目失去信心；项目整改方案难以得到相关方的认可。

- PMO 的行动措施：成立专门的项目整改小组，委派责任专家担任整改小组组长。整改小组进驻项目团队，带领项目团队一起寻求并落实项目整改方案，把项目绩效挽回到关系人可以接受的范围内。关于整改危机项目的更多细节，请参见本书第 7 章。

- 项目团队的行动措施：在项目整改小组的带领下，完成项目整改行动。
- 项目完工预测：项目目标的实现存在重大威胁，如果不执行整改行动，相关方的期望难以满足。
- 对相关方的要求：密切关注项目进展，积极配合项目整改小组的工作。在允许的范围内，调低对项目目标的期望。

（5）退出商议区域

- 项目特征：项目获得批准的理由已不复存在，项目对组织失去了价值。
- PMO 的行动措施：召开项目退出评审会议，对是否退出做出决策。如果决定终止项目，则项目团队启动项目退出流程，PMO 对退出过程进行监控；如果决定不终止项目而是对项目绩效进行整改，则 PMO 启动危机项目整改流程。
- 项目团队的行动方案：根据 PMO 的评估结论采取相应的行动。一旦决定终止项目，大部分的项目实施人员将离开项目团队，只留少部分人员完成项目退出和收尾程序，并根据相关方的要求完成相关的商务或法律程序。
- 项目完工预测：即使项目按原计划完成，仍然不能为组织和相关方带来价值。
- 对相关方的要求：在 PMO 的领导下，完成项目退出评审，并根据评审决策，配合完成项目收尾程序。

（6）失控区域

- 项目特征：失控项目是指不遵循组织项目管理制度、不及时向 PMO 报告项目状况信息、不配合 PMO 监控和管理，导致 PMO 对其失去控制的项目。比如，项目团队不按时向 PMO 提供项目绩效报告，或者提交的报告不符合 PMO 要求；项目团队不及时在项目管理信息系统中更新项目进展信息；项目团队不及时向组织项目数据库同步项目文档；项目团队对 PMO 举行的审查会议或现场走查不予配合；项目团队对 PMO 的整改措施不予合作等。

在有些情况下，PMO 很容易判断项目是否处于失控状态，但是也有一些情况，PMO 需要非常仔细地分析项目信息，才能及时发现处于失控状态的项目。

📌 示例　X 公司对项目的监控

X 公司 PMO 采用前面介绍的电子表格方法来管理项目绩效。表 6-4 所列的是 PMO 在 5 月 30 日收集到的项目绩效信息。从表中可以看出，项目 SI0821 的安装调试计划在 5 月 20 日完成，初验计划在 5 月 27 日完成，但表格中这两个里程碑的"实际完成"日期均为空白，仅依靠这些信息，PMO 无法判断项目当前的状况。项目可能的情况如下：

- 项目团队完成了工作，但是没有及时向 PMO 更新进展信息。
- 项目团队没有按时完成工作，重新调整了计划，但也没有及时向 PMO 更新信息。
- 项目团队没有按时完成工作，既没有采取纠正措施，也没有调整进度计划，项目团队对项目进度计划根本就不关心、不重视。

因为 PMO 无法判断项目的实际进展状态，因此 PMO 从稳健角度出发，把该项目列入失控区域，并向项目团队发出限期整改通知。

表 6-4　X 公司 PMO 在 5 月 30 日收集到的项目绩效信息摘录（整改前）

报告日期：	2019-5-30					
项目编号	里程碑	3 制造	4 交货	5 安装调试	6 初验	7 终验
SI0821	计划完成	2019-4-23	2019-4-30	2019-5-20	2019-5-27	2019-8-25
SI0821	预计完成					
SI0821	实际完成	2019-4-23	2019-4-30	?	?	
SI0836	计划完成	2019-4-6	2019-4-13	2019-6-2	2019-6-9	2019-9-7
SI0836	预计完成					
SI0836	实际完成	2019-4-6	2019-4-13			

　　对于 SI0821 项目团队来说，如果由于某种原因导致上述两个里程碑发生了延误，截至报告日期工作仍然没有完成，项目团队应该分析偏差，制定纠正措施，并且对预计完成时间进行重新估算，然后在"预计完成"一栏中填入相应的时间（见表 6-5）。如果得到这样的信息，PMO 会认为项目团队已经意识到延误，并且针对延误采取了措施，项目处于受控状态。

表6-5　X公司PMO在5月31日收集到的项目绩效信息摘录（整改后）

报告日期：	2019-5-30					
项目编号	里程碑	3 制造	4 交货	5 安装调试	6 初验	7 终验
SI0821	计划完成	2019-4-23	2019-4-30	2019-4-20	2019-4-27	2019-8-25
SI0821	预计完成			2019-6-10	2019-6-17	2019-9-15
SI0821	实际完成	2019-4-23	2019-4-30			
SI0836	计划完成	2019-4-6	2019-4-13	2019-6-2	2019-6-9	2019-9-7
SI0836	预计完成					
SI0836	实际完成	2019-4-6	2019-4-13			

- PMO 的行动措施：失控项目处于 PMO 监控的盲区，PMO 无法判断其实际绩效情况，因而无法及时采取应有的行动措施。针对失控项目，PMO 通常的做法是向项目经理发出限期整改通知。如果仍旧无法得到项目绩效信息，PMO 将根据组织项目管理制度采取相应的措施，包括适当的纪律处罚。

- 项目团队的行动措施：根据 PMO 的要求，迅速向 PMO 提交项目状况信息。

- 对相关方的要求：加强与项目团队的沟通，推动项目管理过程的透明化。

以上介绍了 PMO 在项目组合报告中通过项目分类方法向相关方所传达的信息。除此以外，在项目组合报告中还可以使用图表方式，使报告更加直观生动，从而提升沟通的效率和效果。

示例　Y 公司的项目组合报告首页

图 6-13 所示的是 Y 公司组织级 PMO 发布的 6 月项目组合状况报告的首页。

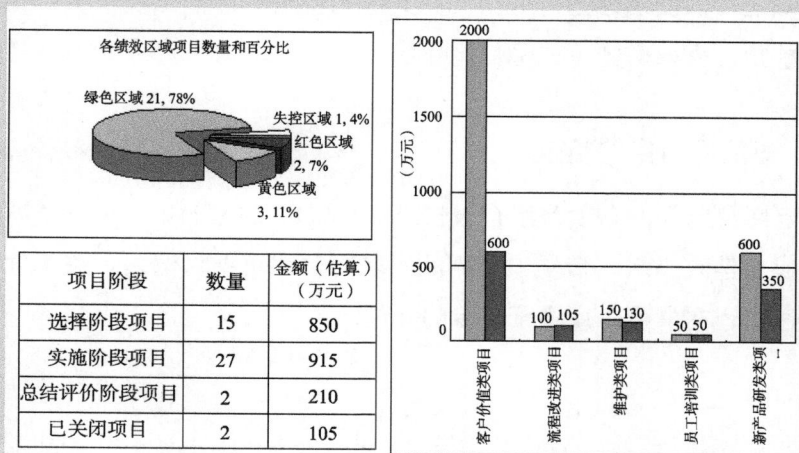

项目阶段	数量	金额（估算）（万元）
选择阶段项目	15	850
实施阶段项目	27	915
总结评价阶段项目	2	210
已关闭项目	2	105

图 6-13　Y 公司项目组合报告（6 月）摘录

在项目组合报告中，除提供项目绩效方面的信息外，还需要考虑组织决策层、管理层和其他 PMO 相关方对项目信息的需求。通常，项目组合报告中还包括以下方面的信息。

- 项目整体健康状况：所有项目中问题项目（非绿色区域项目）所占的比例。组织可以把这个数字与业界同行进行标杆比较，根据需要采取相应措施，从而持续提升组织项目管理整体水平。

- 组织资源使用状况：目前，组织有多少资源用于项目中，多少资源处于闲置，存在多少资源缺口。有的 PMO 还提供关于资源使用效率的分析，这些信息有助于提升组织内部的资源优化配置及组织资源的整体使用效率。

- 项目财务状况：关于项目实际经济收益、预计经济收益和目标经济收益之间的比较。这方面常用的指标有项目收益、投资回报率、内部收益率及利润率等。通过提供这方面的信息，可以帮助决策层及时了解组织战略目标的实现情况，并根据需要及时调整战略计划。另外，组织还可以使用这些财务指标和业界同行进行标杆比较，从而及时发现差距，采取措施（如降低运作成本）。

2. 对危机项目的整改

除定期编制和发布项目组合报告外，在项目实施阶段，PMO 还需针对危机项目成立整改小组，带领项目团队采取行动纠正项目偏差。关于危机项目的整改过程，本书第 7 章将予以专门介绍。

第 7 章

PMO 对危机项目的治理

How to

Run PMO

Effectively

PMO 的职责不仅是为项目团队提供模板、工具和流程，也不仅是从项目团队那里收集项目绩效报告后编制和发布项目组合报告，PMO 最根本的目的，是通过一切管控手段，提升组织整体项目管理水平，追求组织所有项目的成功。因此，PMO 需要对组织中每个项目的成败直接负责，对于出现问题的项目，PMO 的职责不仅限于警示和报告，还要协助项目团队采取措施，纠正偏差。对于出现重大问题的危机项目，PMO 还需要委派专家，成立专门的整改小组，带领项目团队制订并实施整改方案，把项目绩效挽回到相关方可以接受的范围之内。

PMO 对危机项目的挽救过程包括 6 个主要步骤，如图 7-1 所示。下面分别对各个步骤进行介绍。

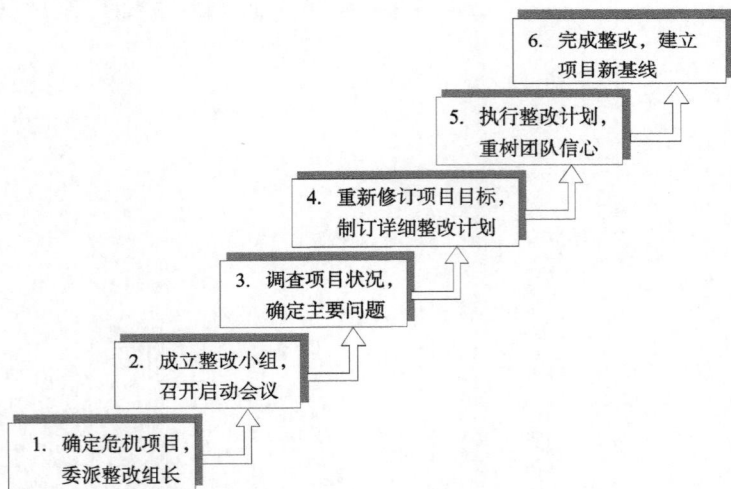

图 7-1　危机项目整改过程

7.1　确定危机项目，委派整改组长

危机项目是指那些出现了重大问题、偏差超出了相关方容忍范围，必须借助外力才能挽救其绩效的项目。如第 6 章所述，PMO 通过项目绩效报告审

查、项目审查会议和项目走查等方式，根据项目绩效情况把项目划分到不同的区域。判断一个项目是否属于危机区域，既需要参照项目绩效的定量指标，同时也需要依靠 PMO 专家的主观判断。PMO 专家可以通过观察和分析项目团队的一系列表现特征来判断该项目是否属于危机项目。危机项目通常具有以下症状：

- 项目目前偏差或完工预测超出了相关方的容忍范围。
- 项目团队已经采取了整改措施，但是项目绩效连续数月没有改观。
- 项目团队士气低迷，对项目失去了信心，关键成员纷纷离开项目组。
- 项目经理迷失方向，对管理项目失去信心。
- 客户怨声载道，甚至提出终止项目或通过法律渠道解决项目问题。
- 项目整改方案难以得到相关方的认可，项目陷入停滞状态等。

危机项目被确定之后，PMO 要组织专家对项目进行初步的、快速的评估。初步评估主要关注的方面如下所述。

1）项目整改行动的可行性分析。如果评估结果认为整改成本过高，或者整改之后项目绩效仍然无法达到相关方的要求，那么，PMO 可能建议终止项目，进入项目退出商议程序。

2）对是否更换项目经理做出决定。如果决定更换项目经理，则需要迅速物色新的合适人选，并让新项目经理加入整改小组；如果决定继续留用原来的项目经理，则整改小组需要帮助项目经理重拾信心、重塑威信。

3）对整改期间是否暂停项目工作做出决策。如果决定整改期间项目工作继续进行，那么，在整改过程中应该最大限度地降低整改对项目进展的负面影响；如果决定整改期间暂时停工，则需要估算停工时间，并得到关键相关方（尤其是客户）的认可。

以上问题明确之后，PMO 将宣布正式启动危机项目整改行动，并正式委派整改小组组长。整改小组组长通常由 PMO 的项目管理专家担任，该专家属于 PMO 的全职成员，而不是供职于各个部门的兼职专家委员，因为整改过程费时费力，需要整改组长全身心投入。

对于客户项目来说，在组织内部确定危机项目并启动整改行动的同时，危机项目的原项目经理仍然需要和项目客户保持紧密的沟通。原项目经理应该让客户了解组织对项目问题的关注，以及 PMO 准备对项目所采取的整改行动，从而缓和客户抱怨程度，树立客户信心，并且获取客户的理解和支持。

整改小组组长得到正式任命后，需要在原项目经理的协助下，迅速和主要相关方建立关系，并且迅速展开深入沟通。危机项目的出资人和客户通常充满了不满和愤怒的情绪，因此小组组长需要通过妥善沟通和实际行动，缓解相关方情绪，改善相关方关系。整改小组组长需要向相关方耐心、细致地解释整改行动的细节，如果项目团队采用了停工整改的方案，那么对于进度已经出现严重延误的项目来说，相关方可能感到无法接受，此时小组组长一定要耐心解释其中的原因。另外，整改过程中有大量的工作需要相关方的参与和密切配合，比如，调查项目问题时整改小组需要对部分相关方进行访谈，这些需要相关方配合的事项必须提前进行沟通和说明。

对于整改小组组长来说，最具挑战性的是要为相关方重新设置对项目的心理预期，即使采取了整改行动，项目绩效仍然有可能无法挽回到最初要求的水平。整改小组组长需要和相关方进行深入的沟通，了解相关方对于项目偏差的容忍程度，以及对于不同指标的关注优先度，比如，项目的进度、范围、成本和质量等多个目标中，哪些目标是必须满足的，哪些目标是可以适当妥协的。追求所有目标的实现，对于危机项目的整改来说是不切实际的。

7.2 成立整改小组，召开启动会议

整改小组组长根据对项目整改方案的初步规划，在 PMO 的帮助下，招募小组成员，成立整改小组。整改小组将与项目团队一起，在项目相关方的支持下，制订和实施整改计划，以期把项目绩效挽回到相关方可接受的范围内。

在整改行动中，整改小组担当着领导的角色，原项目团队和其他项目相关方需要积极支持和配合整改小组的工作。图 7-2 所示的是危机项目整改行动中各参与者的角色。

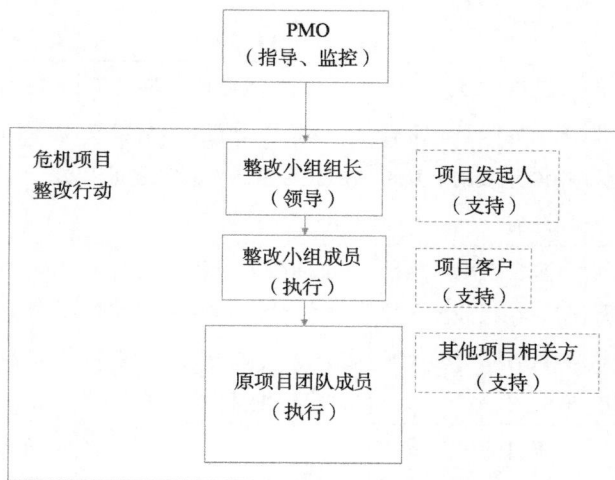

图 7-2　危机项目整改行动的参与者

　　相对于项目团队，整改小组所担负的责任更加艰巨。首先，整改行动的时间要求紧，整改行动必须在短时间内见成效；其次，相关方无法容忍二次失败，所以整改行动基本上"只能成功，不能失败"。因此，组建整改小组时必须挑选精兵强将，小组成员不仅需要具备同类项目的实施经验，而且还需具备危机项目的成功整改经验。整改小组的人员组成如表 7-1 所示。整改小组通常采取同地集中办公的方式，因为整改期间，小组成员需要密切沟通、频繁开会，而且整改期间产生大量文档资料需要集中存放，因此，PMO需要为整改小组提供集中办公的场所及配套设施，如投影仪、白板、会议桌等。

表 7-1 项目整改小组人员组成（示例）

角色	人 数	来 源	投入方式	职 责
组长（责任专家）	1 人	PMO 的专职项目管理专家	全职	领导整改小组，编制整改计划，实施整改计划，评估整改效果
项目管理专家	2 人（或根据危机项目规模而定）	来自 PMO 或组织其他部门，持有 PMO 颁发的专家聘任证书	全职投入整改前期的工作，如现状调查、制订整改方案等，整改方案实施期间根据要求兼职参与	协助组长调查问题原因，提出整改措施，并推动整改措施的落实
技术专家	根据危机项目所涉及技术领域而定	来自组织其他部门，在相关技术领域具有相当的经验和资质	全职投入整改前期的工作，如现状调查、制订整改方案等，整改方案实施期间根据要求兼职参与	评审技术交付物，并推动技术难题的解决
项目助理	1 人	来自 PMO 或危机项目团队	全职	负责整改过程中文档资料的管理
项目经理	1 人	来自危机项目团队（如果决定更换项目经理，则新旧项目经理需迅速交接，由新项目经理参与整改小组）	如果采取停工整改的方式，则全职参与整改行动；如果边整改边施工，则兼职参与	协助组长和项目管理专家进行问题调查，并且根据整改计划完成相应的工作
项目关键成员	若干，通常包括问题领域的责任人	来自危机项目团队	如果采取停工整改的方式，则全职参与整改行动；如果边整改边施工，则兼职参与	提供信息，提供整改建议，根据整改计划，完成相应的工作
项目发起人	1 人	原项目发起人	对整改过程进行全程监控，并根据整改计划提供支持或参与工作	提供支持，提供反馈，确认和批准工作计划和结果
顾问	不限	组织内部其他项目的项目经理或成员	根据整改小组的要求临时参与	提供建议，提供反馈

整改小组成员招募到位后，PMO 将迅速召开内部启动会议，整改小组内部启动会议的议程如表 7-2 所示。启动会议的主要目的，是宣布整改行动目标，明确各成员角色和职责，同时讨论和发布初步的整改计划。通常，在会前由整改小组组长根据已掌握的危机项目的信息编制整改计划草稿，在会议上小组成员以此为依据展开讨论并形成初步计划，随着整改工作的逐步展开（如现状调研、相关方访谈），整改小组将进一步调整和细化整改计划。

表 7-2　整改小组内部启动会议议程（示例）

序　号	主　题	发言人
1	宣布启动危机项目整改行动，任命和授权关键成员	PMO 负责人
2	宣布整改行动目标	整改小组组长
3	宣布整改小组成员角色和职责	整改小组组长
4	宣布整改小组工作制度	整改小组组长
5	介绍危机项目背景资料	项目经理
6	讨论初步整改计划	整改小组组长带领
7	团队交流各自的担忧、期望、建议	所有与会人员
8	总结、动员，并阐述对项目整改小组的期望	项目发起人

对于客户项目来说，在召开内部启动会议之后，通常还需要召开客户启动会议，以争取客户对整改过程的理解、支持和配合。客户启动会议的主要内容包括：

- 宣布整改行动，介绍整改小组。
- 报告项目目前绩效状况和主要问题。
- 报告项目整改行动的初步计划。
- 报告项目整改之后的预期效果。
- 获取客户理解和支持。

(7.3) 调查项目状况，确定主要问题

整改行动启动之后，当务之急就是对危机项目的现状进行调查，评估项目偏差，确定项目问题，为制订切实可行的整改方案提供依据。调查项目现状的方法包括审查项目资料、问卷调查和相关方访谈等。在调查过程中要充分考虑危机项目的特殊性。通常，危机项目的绩效报告、风险登记册、问题登记册和变更登记册等文件中记载的信息可能不够全面、不够及时，所以单纯依靠资料审查很难快速而准确地发现问题所在。另外，在访谈过程中，很多被访谈人出于各种原因，可能难以提供全面的、客观的信息，这时候，可以考虑采用匿名问卷调查的方法。总之，整改小组需要根据危机项目的具体情况，选择最合适的调查方法。下面对三种常用的调查方法进行介绍。

1. 项目文档审查

对危机项目的文档审查，其范围和深度远远超过了 PMO 的例行走查，整改小组在文档审查过程中首先关注的问题：

- 项目文档是否集中管理。
- 是否建立了合适的文档目录。
- 文档是否可以在团队内有序共享。
- 文档是否有版本管理。
- 文档是否可以保持及时更新。

在以上问题得到确认之后，整改小组将分头审查文档的具体内容，并对发现的问题进行记录。表 7-3 介绍了整改过程中需要审查的主要文档，以及通过文档审查可能发现的问题。

表 7-3　整改过程中对项目文档的审查

文档名称	审查重点	可能发现的问题
1. 项目章程	● 发起人是否明确 ● 项目目标是否明确	● 发起人缺失，项目团队遇到问题无处升级，导致问题无法解决 ● 发起人支持不力，项目团队需要资源，发起人不能给予调配
2. 项目启动会议纪要	● 项目经理职责和授权是否明确 ● 项目优先级是否明确	● 其他部门不认可对项目经理的授权，对项目工作不配合 ● 项目团队成员对项目目标不明确，也不了解项目在组织中的地位
3. 项目范围说明书	● SOW 定义是否清晰和明确 ● 范围边界定义是否清楚 ● 是否有量化的验收标准	● 项目前期对范围定义不清楚，导致实施过程变更不断 ● 项目边界不清楚，导致合作方发生冲突
4. 项目需求文档	● 是否包含变更管理流程	● 项目范围定义有遗漏，导致成本和进度估算不正确 ● 项目验收标准不明确，导致验收无法通过 ● 变更管理混乱，无章可循
5. 项目团队职责矩阵	● 是否有 RAM ● 个人或部门职责是否定义清楚 ● 是否忽略了关键角色 ● 职责矩阵是否得到认可	● 成员对自己的角色不清楚 ● 项目团队内部协作有问题 ● 跨部门协作有问题 ● 有些项目工作没有人负责
6. 工作分解结构	● 从技术角度进行分析，工作分解结构是否合理 ● 是否包含了所有的工作 ● 分解的详细程度是否适中	● 项目实施过程中突然发现漏掉了一些重要的工作 ● 项目前期对 WBS 分解过粗，在实施过程中对 WBS 细化后发现工作量有大幅增加
7. 项目生命周期模型	● 是否根据项目特性，选择了合适的项目生命周期模板 ● 是否定义了明确的阶段末	● 没有进行阶段管理，比如，需求还没有得到客户认可，项目团队就根据自己的理解仓促开始系统开发工作，结果，所开发的系统无法得到客户验收，项目工作只能从

文档名称	审查重点	可能发现的问题
7. 项目生命周期模型	审查活动 • 是否定义了阶段交付物失败时的处理原则	需求确认开始从头再来 • 阶段交付物失败后，导致项目处于停工或返工状态，客户不允许边整改边开始下一阶段的工作
8. 项目估算标准和方法	• 是否采用了科学的估算方法 • 是否基于可靠的历史数据 • 是否包含了适当的风险预留	• 没有科学方法和历史依据，根据相关方要求倒推得出项目计划，因此项目计划无法实现 • 没有分析项目风险，项目计划过于乐观
9. 项目进度计划	• 项目活动之间的逻辑关系是否清楚，是否合理 • 进度计划是否得到团队成员和客户的认可 • 进度计划是否正式公布 • 进度计划是否遵守变更管理流程	• 项目团队成员不知道项目进度计划，所以无法按照计划工作 • 项目团队成员不知道自己的工作对他人工作的影响，所以对延误不重视 • 由于客户不了解或不认可进度计划，所以需要客户配合的事项总是延误，从而导致项目整体延误 • 进度计划调整之后，没有及时向所有的项目团队成员及相关方公布，导致有的成员还在按照旧计划工作 • 进度计划说变就变，不征求团队的认可，导致团队对计划产生怀疑和抵制
10. 项目相关方管理计划	• 是否识别了相关方 • 是否建立了相关方沟通和管理计划	• 只关注项目工作，不关注项目相关方的需求和感受 • 对相关方进行了识别，但是没有落实具体的沟通或管理措施 • 项目问题无法得到相关方的支持和理解
11. 项目财务报告	• 项目当前整体超支情况 • 超支原因分析（具体到	• 项目团队对成本控制不力 • 项目成本风险预留使用没有计划，或者已

续表

文档名称	审查重点	可能发现的问题
11. 项目财务报告	WBS 元素）	经提前使用完 • 项目团队和供应商签署了工料单价合同，由于进度延误，导致这部分合同的总价上升
12. 项目变更管理流程和变更登记册	• 是否对所有的变更及其处理情况进行了记录（不分大小） • 对"接受"和"拒绝"的情况进行分析	• 项目出现了范围蔓延，而且客户不断提出新的变更申请 • 项目团队没有建立需求优先级管理 • 项目团队缺乏对变更的谈判能力 • 项目团队对客户业务流程不熟悉，需求被客户所牵制 • 项目团队对变更缺乏控制，对变更的态度太随意，不评审、不记录
13. 项目风险管理	• 风险识别是否全面 • 是否有切实可行的应对措施 • 风险状态是否进行持续监控，比如，应对措施是否启用、是否有效	• 虽然项目团队建立了项目风险登记册，但是项目风险管理流于形式，不能持续识别新的项目风险，也不能切实执行风险应对措施，导致大部分项目风险最终发生，变成了项目问题
14. 项目问题管理	• 是否对项目问题进行记录 • 项目问题是否能在第一承诺日期内解决 • 对不能按时解决的问题进行分析	• 项目经理对问题的解决过程缺乏控制 • 问题责任人对项目问题不重视，言而无信 • 项目团队对屡次失约的人员没有任何惩罚措施
15. 项目供应商选择和管理文档	• 是否遵守组织要求的采购流程 • 是否对供应商的绩效进行跟踪和管理 • 对供应商的付款是否与其	• 供应商的选择过程存在问题 • 和供应商签署的采购合同包含了太多的风险 • 供应商没有能力完成项目任务，采用了拖延战术

文档名称	审查重点	可能发现的问题
15. 项目供应商选择和管理文档	绩效挂钩 • 供应商合同中是否规定了明确的范围和验收标准 • 是否选择了高风险的合同类型（如单价合同），理由是什么 • 是否有后备的、可选择的供应商	• 对供应商的违约没有惩罚性措施 • 被供应商的专有技术或优势所牵制 • 供应商对项目客户或发起人施加了不恰当的影响 • 供应商选择过程中存在违反职业道德标准的问题 • 项目团队和供应商关系糟糕，导致双方配合不力
16. 项目交付物评审	• 是否有交付物评审流程 • 评审过程中是否邀请了真正的专家 • 评审过程是否邀请了关键相关方，如用户、客户等 • 是否有各方的签字 • 是否有版本管理	• 评审流于形式，问题没有被及时发现，导致后续返工或停顿 • 专家意见过于随意，导致项目团队做了没有意义的修改 • 评审过程一言堂，不能全面收集意见 • 中间交付物没有得到客户认可，导致项目最终交付物不能得到客户认可
17. 项目验收移交程序	• 是否在项目开始时就定义了验收方案和计划 • 验收方案和计划是否得到相关方认可	• 客户不同意验收方案 • 验收过程中，客户提出新的要求 • 客户方面互相推诿，没有人为验收签字

表7-3对危机项目中需要审查的主要文档进行了介绍，但在实际工作中，整改小组应根据危机项目的具体情况来决定需要审查的文档。对于技术绩效出现严重偏差的项目，整改小组中的技术专家需要着重审查项目的技术类文档，如需求规格说明书、概要设计、详细设计、测试计划、测试方案、测试报告等，从中判断技术问题的引入时间及造成的影响。另外，项目问题登记册中对项目所有问题进行了记录和分类，其中的技术类问题也是技术专家关注的重点。

2. 问卷调查

为了获取更加全面客观的项目信息,整改小组可以采用匿名问卷调查的方式。这种方式可以使接受调查的人打消各种顾虑,坦诚地说出自己的看法。另外,这种方法还鼓励被调查者跨越职位和权威的限制,为项目的各个方面(包括不属于自己负责的方面)献计献策。比如,在某一个危机项目中,一位被调查者在回答匿名调查问卷时向整改小组推荐了一位更有经验、更有能力解决项目问题的技术专家。如果决定采用匿名调查的方式,PMO 和整改小组需要采用完善的技术和管理手段,确保调查过程和调查结果得到保密。

问卷调查的模板由 PMO 提供,整改小组可以直接使用模板,也可以根据项目情况对模板进行修改。调查问卷通常包括一系列的问题和供调查者随意发表意见的开发区域。调查问卷的结构框架有以下几种,PMO 可以根据组织实际情况选择其中一种或几种。

- 按照管理领域(如范围、进度、成本、质量、人力资源、沟通、风险、采购、相关方等)。
- 按照管理过程(如启动、计划、执行、控制和收尾)。
- 按照项目生命周期(如立项、需求、设计、制造、交付、安装、试运行等)。
- 按照相关方分类(如项目团队成员、供应商、项目经理、客户、用户、发起人、其他部门等)。
- 按照项目环境因素(如组织、市场、客户、团队、流程、方法、工具等)。

调查问卷的格式和内容确定之后,整改小组应迅速开始调查,整个调查过程包括以下几个步骤:

- 确定调查对象。整改小组根据对项目相关方的识别和对项目问题的分析,确定调查对象。调查的范围越广泛,得到的信息越全面、越客观,但需同时考虑调查所需的时间和成本。
- 确定调查方式。为了保证调查过程和结果的保密,可以聘请独立的第三方来完成调查，也可以采用投票箱的方法，或者其他经过验证的安全方式。

- 公布调查计划并进行调查动员。整改小组在组织内部正式公布与调查活动相关的信息，包括调查的原因和目的、调查方式、参与调查的人员、对参与调查人员的选择方式、调查的时间安排等，信息公开有助于获取相关方的理解和支持。

- 发送调查问卷。按照既定的方式，发送调查问卷。如果采用电子邮件的发送方式，则需要被调查人员提供组织内部的正式邮件地址，使用外部的免费地址有可能引发信息泄露。

- 收回调查问卷。虽然大部分被调查者可以在要求日期内反馈调查问卷，但是整改小组（或者承办此活动的独立第三方）仍然需要在到期日之前向被调查者发送提醒邮件。

- 汇总调查问卷答案。负责汇总的人员把被调查者提供的原始信息汇总在一起，作为分析项目问题的依据。汇总人员必须使用调查问卷中的原始信息，而不可根据自己的理解修改被调查者的意见。

- 整改小组向项目相关方宣讲调查结果，并获取确认。

3．相关方访谈

对相关方进行访谈，其目的不仅是发现问题之所在，同时也是得到他们对解决问题的建议。访谈对象通常包括项目团队成员、项目经理、项目客户、配合部门、供应商、发起人、管理层等。整改小组需要事先对相关方进行分析，通过分析其影响、利益和权力等因素，确定参与访谈的相关方名单。然后，整改团队要对访谈进行分工，关键相关方（如客户负责人、项目发起人）的访谈由整改小组组长负责，技术方面的相关方访谈由技术专家负责，其他人员的访谈由整改小组的其他专家分工负责。如果访谈对象中包含了项目客户，那么整改小组需要和危机项目团队的原项目经理或关键成员进行充分沟通，了解客户的背景信息，了解客户当前担忧的主要问题，从而制定合理的访谈策略。通常，危机项目的原项目经理和成员即使参与了整改小组，也不再负责对相关方的访谈，他们通常只是整改小组访谈的对象。

相关方访谈包括以下几个基本步骤：

- 确定访谈对象。整改小组根据从项目绩效报告、项目审查会议、项目走查得到的初步信息，确定访谈对象。随着调查过程的进行，整改小组可能临时决定增加或减少部分访谈对象。

- 确定访谈提纲。如果在访谈前期已经组织了问卷调查，那么在访谈时，不要再重复与问卷调查中相同的内容，而应着重收集访谈对象对解决问题的建议。

- 制订和公布访谈计划。访谈工作应该在短时间内集中完成，避免对项目进展影响过多；访谈计划应尽早公布，便于访谈对象提前安排工作，为访谈留出足够的时间。

- 执行访谈。单次访谈的时间通常控制在一个小时之内，过长时间的访谈会给访谈对象造成压力；访谈气氛要保持宽松愉快，整改专家不得强迫访谈对象提供不愿提供的信息；所有提问都宜采取征询的方式，而且不能采取审讯的方式；访谈内容侧重于收集积极的、建设性的意见，而不是对问题责任的追究。整个访谈过程通常不允许录音、录像，整改专家负责对访谈内容进行笔录。

- 访谈结束时，整改专家要对访谈内容进行总结，并获取访谈对象的认可。整个访谈过程属于非正式的沟通，所以，不应要求访谈对象就访谈内容进行确认和签字。

- 访谈活动全部结束后，整改小组汇总访谈结果，并向相关方报告汇总之后的结果。

4．汇总调查结果，确定主要问题

该环节的主要任务是把通过文档审查、问卷调查和相关方访谈等方式收集的项目问题全部汇总起来，然后通过分析、整理和评估，确定主要问题区域，这些区域将是项目整改的重点领域。对问题进行分析整理的基本规则是"先分类，再分级"，基本步骤如下：

- 把收集到的所有问题全部罗列出来。
- 对问题进行分类。整改小组可以直接采用 PMO 提供的问题分类标准，也可以采用亲和图的方法。通常，按照问题发生的原因分为技术类、管理类、组织类、外部类等不同的类别，然后，在每个分类中，识别那些重复的、相互矛盾或逻辑混淆的问题，对这些问题进行分析处理之后，形成合格的问题分类清单。
- 评估问题的严重程度。在每个问题分类中，可以采用逐对比较的方法，按严重程度对所有的问题进行排序，也可以采用其他定性或定量的方法，对问题的严重程度进行评估。常见的做法是按照严重程度把所有问题分为 3 个等级，针对不同的等级，整改小组将制定不同的整改策略。表 7-4 是项目问题分级管理模式示例。

表 7-4　项目问题分级管理模式示例

等　　级	特　　征	整改策略
等级 1： 严重问题	• 严重问题不解决将导致项目偏差继续增大，项目最终无法得到验收 • 严重问题不解决将阻碍其他一系列问题的解决	马上着手解决
等级 2： 中等问题	• 不影响项目继续实施 • 不会造成偏差的进一步扩大 • 不会影响其他问题的解决 • 影响项目的最终验收	在项目验收之前解决
等级 3： 轻微问题	• 项目相关方可以容忍问题的存在 • 不影响项目的最终验收	不解决，或在项目成果交付给客户之后解决

在"问题分级管理表格"中，属于严重等级的问题就是项目的主要问题区域，也是整改小组首先要解决的问题。对问题进行分级管理，可以让整改小组把主要精力集中在影响项目成败的重要问题上，避免在众多琐碎的轻微问题上浪费资源。

示例　AA 公司对危机项目问题的确定

PAA01 项目是 AA 公司 PMO 圈定的一个危机项目，表 7-5 列出了 PMO 委派的整改小组完成了项目现状调研之后确定的主要问题区域，其中提到的很多问题是危机项目所普遍存在的共性问题。

表 7-5　AA 公司 PAA01 项目（危机项目）主要问题区域

问题分类	问题分级	主要问题举例
项目选择	严重	技术方案存在缺陷
	严重	项目成本和工期估算过于乐观，项目目标不切实际
管理	严重	缺乏来自发起人或者管理高层的支持
	严重	没有采取专业的项目管理方法，不开例会，没有周报
	严重	几乎所有的工作都在延误，人们对延误习以为常，项目整体失控
技术	严重	从项目启动开始项目中就存在技术问题，而且一直无法解决
外部	严重	分包商 A 技术能力不足，不能解决技术问题
	严重	分包商 B 的合同为按时付费，所以分包商对进度延误不着急
	严重	项目团队对分包商没有有效的制约措施

7.4　重新修订项目目标，制订详细整改计划

在整改行动启动之初，整改小组根据当时所掌握的信息制定了初步的整改目标和整改计划。随着对项目状况的调查，项目主要问题逐步暴露出来，

此时，整改小组需要分析问题，重新审核和确认项目整改目标，进一步制订详细的整改计划。

为了使整改计划切实可行且行之有效，整改小组需要进一步分析相关方对整改行动的态度及对整改目标的期望。危机项目都面临着进度、成本和范围等多个指标的压力，整改小组需要与关键相关方（如项目发起人和项目客户）进行有效沟通，让相关方理解项目的处境及整改的目的，引导相关方重新考虑项目多个竞争性目标之间的优先级关系。为了避免项目彻底失败，整改小组通常希望相关方能就项目的预期目标在一定程度上做出妥协，而对于相关方由于目标妥协所遭受的损失，项目团队需要采取相关的措施。危机项目的整改建立在相关方合作的基础上，而合作又建立在相关方愿意接受部分妥协的基础上。通常，针对危机项目的妥协包括：

- 保证项目按时交付，但缩减部分项目范围或者删除部分产品功能。
- 保证项目范围全部实现，但采取延迟交付或分批交付的方法。

基于相关方重新修订并获得共同认可的项目目标，整改小组将迅速制订危机项目的整改计划。与正常项目的管理计划相比，编制危机项目的整改计划时需要特别关注以下几个方面：

- 整改计划中任务的颗粒度要细，较大的工作要继续分解，保证每个任务的历时在 1~2 天内。
- 为每项任务分配负责人，并和责任人一起估算时间，得到责任人的承诺。
- 对每项任务，和任务责任人讨论并明确任务开始的必备条件及任务完成后的验收标准。每项任务都具备的开始条件是整改小组组长的责任。
- 要在计划中明确体现任务之间的依赖关系，因此，整改计划同样需要使用网络图，而不是简单地把任务罗列出来。
- 在整改计划中要包含频繁的沟通和汇报活动，如班前会、日报等。
- 在整改计划中同样要留出足够的风险预留时间。如果团队决定在整改期间不加班，那么每周的工作量应该定在 4.5 天之内，留出半天作为风险预留时间。如果团队决定在整改期间采用每周 6 天的工作时间，那么应该只安排 5 天的工作，而留出 1 天作为风险预留时间，用来对当周可能出现的偏差进行整改。无论采用哪种方式，都需要把风险预留包含在项目整改计划之中。

- 整改计划不只包含项目团队内部的工作，还包含客户关系的改善计划。通常，当项目处于危机状态时，客户对项目的满意度极低，对项目失去信心。此时，整改小组需要通过正式沟通（客户会议、客户报告等）和非正式沟通（拜访、电话等）的方式来式改善客户关系，树立客户信心，重新获取客户的支持。

- 整改计划还要包含团队建设活动。同样，当项目处于危机状态时，项目成员信心受挫、士气低迷，整改小组需要有计划地安排团队建设活动，如头脑风暴会议、午餐会、培训等，帮助项目团队重树信心，尽早走出困境。

- 在危机项目中，通常会出现关键成员离职或者提出离职申请。遇到此类情况，要想尽一切办法挽留这些关键成员。

关键人员的离职原因通常是：

- 对项目经理失去信心。
- 对项目团队失去信心。
- 担心自己成为替罪羊。
- 反正技术够强，再找一个工作也没啥问题。

一旦这些人员离职，将造成重大的损失。即使能够找到替代人选，新老人员的工作交接可能存在潜在问题，更麻烦的是，新聘人员的责任意识相对较弱，因为即使项目整改失败，人们通常也只会谴责那些老项目成员，是他们当初搞坏了项目。因此，整改团队要想方设法地挽留关键成员，既有精神激励，也有物质激励，关键时刻，同舟共济，才能走出迷局。但是有一点要

注意，必须通过访谈和调查等手段，识别真正的关键成员。对于那些貌似强势而实际起不到积极作用的伪关键成员，则尽可以采取任留任走甚至劝退的方式。

和正常的项目管理计划相比，危机项目的整改计划更具有挑战性。项目相关方对整改团队的努力抱有极高的期望，对整改失败的容忍度几乎为零。而对于原项目团队成员来说，整改计划是对项目团队原有的做事方式的修改甚至颠覆，所以整改计划极易受到原项目团队成员的抵制，这就需要整改小组主动向项目团队成员耐心地解释、疏导和说服。另外，实施整改计划的工期很短，相关方需要在短时间内看到整改成效，因此整改小组在编制计划时，要想方设法地压缩整改工期，同时不可省略应有的风险预留，也不能因为强调短期效果而忽视长期效果。

7.5　执行整改计划，重树团队信心

为了保证获得预期的整改成效，整改小组在执行整改计划的过程中要慎之又慎，既要严格执行、紧密跟踪，又要根据情况灵活调整；同时，整改小组还需要和相关方保持有效的沟通，及时获取相关方对阶段成果的反馈，从而确保相关方对整改结果的最终认可。

在通常情况下，PMO 对一个正常项目的监控间隔为月，但对危机项目的监控间隔可能为双周或周，整改小组需要按双周或周向 PMO 报告整改进展，而项目团队的任务负责人需要每天向整改小组组长报告进展。除严密监控外，整改小组的组长和专家还需对存在问题或风险的任务提供及时而详细的指导，帮助任务责任人制定详细的工作步骤，为责任人提供完成任务的工具和方法。对于存在重大问题和风险的任务，不应由原项目团队成员负责，而应由整改小组的专家担当任务责任人的角色。

在整改过程中，为了保证整改计划的顺利实施，整改小组将采取一些更加谨慎的、更加保守的、有别于正常项目管理活动的特殊做法。

工具和方法

整改过程中采取的特殊方法

方法 1　确认任务的开工条件

整改小组指导任务责任人在接手一项任务时，首先分析该任务的开工条件是否具备。如果发现不具备，责任人必须及时向整改小组提出，整改小组负责催促使条件到位。如果任务责任人在接手任务时，没有分析开工条件，导致任务完成过程中出现停工待料（或待信息、待设备）的情况，整改小组则对其提出警告和批评。

方法 2　防微杜渐

由于整改过程中监控的颗粒度小，所以每次发现的进度偏差通常也较小。但是针对这些微小的偏差，整改小组不能姑息迁就，而是一定要责成责任人马上采取纠偏措施，因为小的偏差累计起来，将形成大的偏差。如果发现质量和技术方面的偏差，也要迅速查明原因，采取整改措施，必要时可以扩大专家范围，寻求更多解决问题的途径。

方法 3　单独辅导

针对屡次不能按时、按要求完成任务的成员，整改小组要进行单独辅导，与成员一起分析原因并制定改进措施。在大多数情况下，不建议整改小组直接替代任务责任人完成任务。如果任务责任人技能不足，则应该给予指导和培训；如果技能偏差过大，则 **PMO** 专家可暂时替代，但要马上寻找替代人选。如果 **PMO** 专家过度陷入项目实施细节中，将可能导致对项目整体状况的失控。

除对整改过程的监控和指导外，整改小组还有一项很重要的任务需要同步完成，即引导项目团队走出混乱、低迷的状态，步入积极、合作的团队健康状态。为了达到这一目标，整改小组通常采取以下方式：

- 举行动员会议。通过动员会议，重新强调项目目标，重新回顾团队章程，重新树立团队信心。
- 全员头脑风暴。针对项目遇到的某些问题，举行头脑风暴会议，群策群力，共同决策，调动成员的积极性。
- 表彰。即使项目处于危机状态，对于表现好的成员仍然应该及时提出表扬，倡导优秀行为，为团队树立楷模。当然，表扬一定要以事实为依据。比如，某 IT 项目中，某成员负责的编程工作出现问题，导致测试无法完成。该成员周五晚上加班完成了对程序的修改，为了不影响下周工作，测试组周六加班完成了测试。那么，在这种情况下，需要表扬的是测试团队，而不是加班改错的那个编程人员。
- 解决主要的人事问题。如果项目团队中存在小团体主义或个人英雄主义，而且这些现象严重影响了项目的进展，那么整改小组就需要大刀阔斧地迅速解决这些问题。但同时，整改小组要谨慎使用换人或加人的办法，因为这种方法有可能给团队带来新的问题。

整改行动的工期虽然很短，通常为 1~2 个月，但是在整改过程中仍然应当设立合适的中间里程碑。针对每个里程碑的交付物，整改小组需邀请全体相关方参与评审和验收。如果里程碑交付物得以顺利验收，那么下一个阶段的工作就可以开始。如果出现了重大的问题或变更，整改小组需要和相关方一起重新讨论整改方案，调整整改计划。

⑦.6　完成整改，建立项目新基线

项目整改计划实施完成之后，整改小组要重新评估项目绩效，重新编制项目完工预测，并且向项目相关方及时报告整改成果。PMO 在收到整改小组的正式完工报告之后，将邀请项目相关方和相关专家一起参与整改成果报告会议。会议主要包含以下两个方面的内容。

1．报告并评价整改结果

由整改小组报告整改的过程和结果，与会专家和相关方对整改效果进行评估。根据对整改过程和结果的分析，会议可能给出以下几种结论：

- 整改达到预定目标，整改活动结束。
- 整改基本达到预定目标，但尚有遗留问题需继续处理。
- 整改尚未达到预定目标，整改活动继续。
- 整改没有达到预定目标，项目偏差没有呈现收敛趋势，建议重新制订整改方案或者终止项目。

2．确定并发布新的项目基线

如果整改成果得到了相关方的确认，那么整改小组要和项目团队一起制定新的项目基线，并获取相关方的认可。通过整改行动，有的项目可以重新回到原来的轨道，项目最初制定的目标（如进度、成本和范围目标等）仍然可以实现。但是大部分危机项目，通过整改仅可缩小绩效偏差，避免项目失败，但不能完全实现项目最初的目标。在这种情况下，整改小组需要根据整改结果和相关方意见，重新建立新的项目目标和项目计划基线。

说服关键相关方（如项目发起人和项目客户）接受新的项目目标和项目计划基线不是一件独立的事件，而是贯穿整改过程始终的一个系统工程，包括：

- 在整改启动会议上宣布整改目标时要得到相关方的认可。
- 完成现状调研后，重新确认项目目标和制订详细整改计划时，要得到相关方的认可。
- 执行整改计划需要得到相关方的支持和配合。
- 整改过程的中间交付物要及时向相关方汇报并得到他们的确认。

持续的沟通加上切实的整改效果，才能保证项目相关方在整改结束后接受新的项目目标和基线。如果相关方不接受新的项目目标，那么整改过程不能算成功。

新的项目目标和计划基线得到相关方认可后，整改小组就开始整改的收尾总结工作。整改小组需要和项目团队进行工作和文档的交接，并对项目团队近期的工作计划进行审查。同时，整改小组还需要向 PMO 移交整改过程的文档资料，并提交经验总结报告，作为整改其他危机项目的参考依据。

随着收尾工作的完成，整改小组的成员将陆续离开项目团队，但整改小组的组长将作为 PMO 委派的责任专家对项目团队的工作进行严密的、持续的监控，并在需要的时候给予现场指导。

🔄 **示例** **BB 公司对危机项目的整改计划**

图 7-3 所示的是 BB 公司对危机项目 PBB01 的初步整改计划，其中，包括了危机项目整改行动的通用过程和步骤。

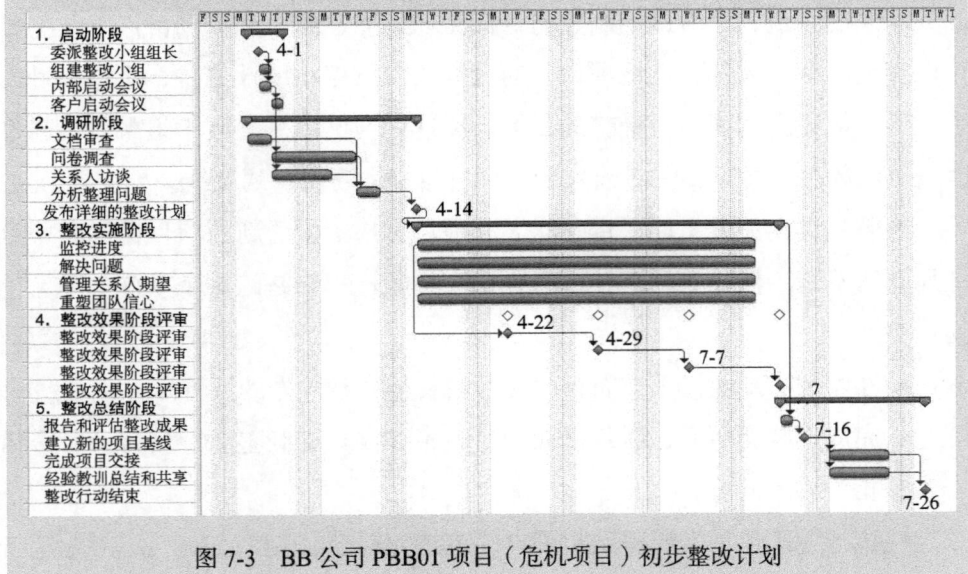

图 7-3 BB 公司 PBB01 项目（危机项目）初步整改计划

研讨会：PMO 如何降低项目延误率

研讨主题： 95%的项目都在延误，PMO 如何进行整改

背景介绍：

我叫李平，是公司 PMO 的成员。我们公司是一家 IT 服务提供商，公司前身是一家大型企业的 IT 部门，现在我们独立核算了，但业务还是全部来自原来的这家大型企业，我们为他们提供 IT 服务，包括 IT 系统的运行维护，以及新的硬件和软件建设项目的实施。坦诚地说，我们从来不用担心客户订单的事情，我们也没有专门的销售人员。另外，目前，我们的项目经理不负责项目成本管理，我们也不按项目核算成本，我们公司和客户其实是一种内部结算的关系，所以客户和我们公司都不太关心成本的问题，主要关注的是项目的进度和产品的质量。

但是目前我们公司的情况并不乐观，我们的项目可以说 95%以上都在延误，而且大大地超出了客户的容忍限度。客户现在很生气，因为项目的延误影响了他们的业务，他们总是提前向他们的客户承诺在某个固定日期前开通某项新业务，但由于我们的项目延误了，他们无法在承诺的日期前开通业务。最近，他们扬言，如果我们继续延误下去，他们将停止让我们实施项目，会去市场上寻找更专业的 IT 公司，我们以后只需负责硬件的日常维护。

我是我们公司 PMO 的一员，我同意 PMO 应该对危机项目出手相救，我也基本认可危机项目的整改过程。但是在我们公司，启动危机项目整改流程有一些现实的困难。第一，按照前面讨论的危机项目的特征，我们公司的项目几乎都是危机项目，我们的 PMO 共有 5 人，即使倾巢而出，也不够成立这么多的整改小组。如果真要为每个危机项目建立一个整改小组，那我们公司至少得再增加一倍的人员。第二，项目团队做不好的事情，PMO 的人员怎么就肯定能做好呢？我感觉项目团队的成员比 PMO 的成员更有经验，至少目前是这样的。第三，如果我们插手，是不是项目团队干脆就甩手不干了，把责

任全部推到整改小组的头上。这就是我们公司当前的情况，请各位专家和同行献计献策。

各位专家展开热烈讨论，提出以下主要观点。

1）李平公司的所有项目都在延误，那么，说明他们公司的项目实施能力已经不能满足客户需求了，也就是不能满足市场需求了。换句话说，就是在市场上没有竞争优势了。这是个大问题，涉及公司的发展战略，所以和危机项目整改程序已经没有太大关系了。我认为缩减公司的业务范围，以后只负责硬件维护也不是一件坏事。每家公司都有自己的核心业务，把运维做好、做精也不失为一条出路。

2）李平公司的项目目前都在延误，说明整体效率不高。整体效率不高，是因为没有竞争。引入竞争，有可能彻底改变目前的情况。

3）我认为李平的 PMO 可以启动对标活动，了解同行状况，学习同行优势，提升自身竞争力。即使以后你的客户引入了竞争机制，你也同样需要和你的对手竞争，所以，不如现在就开始主动对比。对标包含了很多工作，要建立新的工作流程，对员工进行培训，购买先进的生产工具，引进人才，建立新的奖惩体系和客户关系管理制度等。项目绩效的改善不是一朝一夕的事情，需要有一个逐步提升的过程。

4）我认为目前可以启动危机项目整改行动。当然，不可能也没必要为所有延误的项目建立整改小组。PMO 选择 1~3 个重点项目，这些项目第一必须是客户重视的，第二必须是领导重视的，第三必须是延误很严重的，第四必须是你有一定的信心能整改好的，如果项目存在无法解决的技术死结，你就先别选。建立整改小组时一定要调用公司内部的精兵强将，不限于 PMO 现有的 5 个成员。如果内部没有精兵强将，还可以从外部引进人才。对于整改行动的要求是"只能成功，不能失败"。整改完成之后，要为其他项目团队树立一个楷模，以后其他的项目就照着这个样子做。

5）危机项目在组织项目中所占的比例一定是少数，我想可以通过这个指标来衡量一个组织中项目管理的成熟度状况，也可以把这个指标作为一个流程控制的 KPI，当这个指标达到警戒值时，PMO 必须启动流程改进措施。

6）我想，既然李平公司目前的情况都这样了，PMO 不妨做个实验。PMO 可以提出几种项目管理方式：第一种方式，严格按照公司现有的项目管理流程来管理项目；第二种方式，请专业的项目管理咨询公司提供目前业界的最佳实践，按照这种最佳实践来管理项目；第三种方式，建立勇士团队，项目团队可以采用自己认为有效的方式来管理项目，不必拘泥于公司的现有流程。我们可以让项目团队自愿报名参加实验，每个方式选择 3 个项目团队，然后 PMO 观察每个团队实施项目的过程，并且对最终的项目结果进行比较。效果最好的那个，就是公司的标杆，也是 PMO 应该推广的模式。我想李平的公司目前完全具备做实验的条件。第一，项目绩效本来就很差了，即使再做实验也差不到哪里去；第二，你们不必为生计发愁，没有了项目，还有日常运维。所以，与其坐而忍之，不如起而反之。当然，反的是现有的不合理流程体系，不是鼓动你们反客户啊。

7）李平的公司可能由于历史的原因，客户服务意识方面有些欠缺，这是我的猜测，不一定正确。我记得有个公司的口号是"为客户服务是我们生存的唯一理由"。所以我觉得，既然你们和客户的关系那么密切，不仅实验结果时可以请客户来评判，其实在平时或在项目结束后，也可以请客户来做评判，根据客户评判来决定项目经理和成员的奖金和晋升。

8）我觉得实验中还可以增加其他的方式。第四种方式，就是前面有人提出的精兵强将组、楷模组。前面说，成立精兵强将组让他们对某个危机项目进行整改，为公司树立楷模。但是我觉得不如让他们从头做一个全新的项目，同样也可以树立楷模。这是实验中的第四种方式。第五种方式，是外包方式。既然你们的客户有可能引入外部的公司，那么你们也可以采用外包方式，把项目中你们认为风险大的模块或者工作分包给业界最牛的公司，你们自己可以负责需求、测试、验收等工作，这样，这个系统最终还是由你们来维护。

如果你们的客户以后直接和外部的公司签署项目实施合同，我想系统上线后的维护也肯定是外包的，你们公司没有参与过项目实施，怎么维护呢？所以，我想这也是一种好的方式，可以作为实验的第五种方式。

9）我想把这个问题推广开来看。李平的公司目前处于一种特殊的状况，这种状况得到整改之后，依然还会有危机项目出现。那时根据李平的说法，如果他们的PMO还维持现有的编制，从人手和技能上看，还是无法针对危机项目成立整改小组。所以，我认为还有一个长期的事情要做，就是扩充PMO的编制，增加资深项目管理专家，这些专家有能力带领整改小组完成整改。即使在没有危机项目时，他们也可以对所有项目的实施情况进行审查，为项目团队提供支持和指导。PMO的长期任务是建立专家委员会。可以选择一些一线项目经理作为专家委员，这对他们自己也是一种鞭策，如果专家委员自己带领的项目都做不好，那多不好意思呀！

10）李平还提出了一个问题，如果整改小组插手项目了，项目团队会不会就干脆推卸责任、甩手不管了？我们在前面课堂上也介绍了，整改小组在实施整改的过程中，需要有团队建设活动，重树团队信心，不仅不能让项目团队推卸责任，而且要重新定义他们在项目中的角色和职责，甚至可以重新上岗。如果你不愿意继续做这份工作，或者我们认为你的能力不足以让你完成这份工作，那你可能就要下岗了。变被动为主动，这是我的策略。

11）我想这与整改小组的能力有关系。如果你能力强，人们对你有信心，那么人们就愿意跟着你干。如果大家认为你只是胡乱整改一番，对项目绩效毫无帮助，那么大家肯定就袖手旁观了，谁愿意跟着瞎掺和。

资料来源：本书作者举办的高端研讨会中的头脑风暴活动摘录。

第 8 章

PMO 在项目收尾和
评价阶段的职责

How to

Run PMO

Effectively

8.1　项目收尾和评价概述

项目收尾从项目最终成果得到发起人或客户正式验收之时开始，收尾阶段项目团队的主要工作包括以下 5 项。

1）进一步完善产品的移交。进一步完善产品的移交，使得项目产品在移交之后能够正常投入使用，发挥预期价值。不管是内部项目还是客户项目，项目移交不仅涉及项目团队和项目客户（项目产品的使用者）之间的移交，同时还涉及项目团队和运维团队（项目产品的维护者）之间的移交。移交工作包括责任的转移、知识的转移、项目资料的转移等，移交过程需要签署正式的移交备忘录。

2）文档整理和度量值收集与提交。PMO 负责组织中所有项目文档的保存、管理和利用，项目团队根据 PMO 要求的目录框架整理并提交全部项目文档。在项目实施过程中，如果 PMO 已经要求项目团队定时向组织项目数据库中同步了项目文档，那么，此时项目团队在文档方面的工作只是拾遗补阙，不会有太多的工作量。另外，在项目启动和计划阶段，PMO 通常要求项目团队提供项目中指定工作的度量值信息，如活动实际历时、活动实际成本等，那么在项目收尾阶段，项目团队需要根据要求及时提供。关于 PMO 对项目资料和度量值的收集与管理，请参阅本书第 9 章中的相关描述。

3）相关方满意度调查。在项目收尾阶段，项目团队需要根据 PMO 的要求，调查项目相关方对项目实施过程和结果的满意度，并把调查结果提交 PMO，作为考评项目绩效、项目经理绩效，以及组织流程持续改进的重要依据。

4）项目经验教训总结。项目经理召开项目团队内部会议，回顾整个项目实施过程，回访项目中出现的重要问题。项目团队的经验教训总结需提交 PMO，作为组织过程资产的补充。

5）项目团队成员绩效评价。绩效评价的标准和方式由 PMO 统一制定，项目经理根据 PMO 的要求完成每位项目成员的绩效评价，绩效评价的结果在得到项目成员的确认之后，由项目经理提交给 PMO，作为员工年度绩效考评的重要依据之一。关于项目团队成员绩效评价的框架，请参阅本书第 7 章的相关描述。

以上介绍了主要的项目收尾工作，而项目评价主要是对项目预期收益的实现情况进行评估、审查和确认，对于内部项目和客户项目来说，项目评价过程的开始点和结束点并不相同。

对于大部分内部项目来说，项目成果验收后，项目给组织带来的预期收益并不能立即体现出来，只有当项目成果投入使用或运行后，项目收益才能逐步得以体现。

所以，对于内部项目来说，项目评价的开始点是项目成果正式投入使用之时；同时，PMO 需要根据项目预期价值的实现计划（通常包含在项目可行性研究报告或其他项目前期论证文件中）确定项目评价期，在整个评价期内对项目收益进行持续跟踪，这样才能全面地、客观地评价项目预期收益的整体实现情况。因此，对于内部项目来说，项目收尾工作完成之后，项目的评价工作通常还在继续，直到评价期结束。

示例 DD 公司项目收益实现情况

DD 公司刚刚完成了一个内部项目——PMIS 建设项目，该项目完工之后预期收益的实现情况如表 8-1 所示。如果项目完工之后，项目产品（PMIS）不投入使用，那么该项目给组织带来的价值为零；即使投入使用，在运行之初通常也只能体现部分价值。只有随着系统功能的持续发挥，项目的预期价值才能逐步得以完全体现。

表 8-1　PMIS 交付后的收益实现情况

PMIS 使用情况	不投入使用	使 用 初 期	使用中、后期
项目收益	零	1. PMO 编制项目整体报告时可以快速从系统中获取信息 2. 项目文档得以规范并且可以集中管理 3. 项目团队成员的可用时间变得透明 4. 项目团队制订项目计划时可以在 PMIS 中找到相关指南	1. 项目交付周期缩短 2. 项目运作成本降低 3. CVA 提升 4. PVA 提升 5. EVA 提升

对于客户项目来说，项目成果得到客户正式验收后，项目实施组织（通常是合同的乙方）就可以确认项目收益。项目团队根据项目的实际成本和实际收入来计算项目的实际盈利情况，PMO 以项目预期盈利为依据对项目收益实现情况做出评价。对于客户项目来说，对项目收益的评价通常是一次性的工作，不需要设定评价期对项目成果的运行收益进行持续跟踪。对项目成果投入使用后的运行收益进行持续跟踪是客户自己的事情，以此来验证他们当初的项目投资决策是否正确。因此，对于客户项目来说，项目收尾工作和评价工作可以同步进行并同期完成。

8.2　PMO 在项目收尾和评价阶段的职责综述

不管是内部项目还是客户项目，当项目产品得到客户或发起人的正式验收之后，项目团队要及时通知 PMO，向 PMO 提交项目结束申请，PMO 判断项目是否可以进入收尾和评价阶段。从项目收尾开始到正式发布项目结束通知，PMO 对项目团队的工作进行监控，并且对项目成员、项目绩效、项目收益进行审查和评价。图 8-1 是 PMO 在此阶段与项目团队的工作关系及 PMO

在此阶段的主要职责。

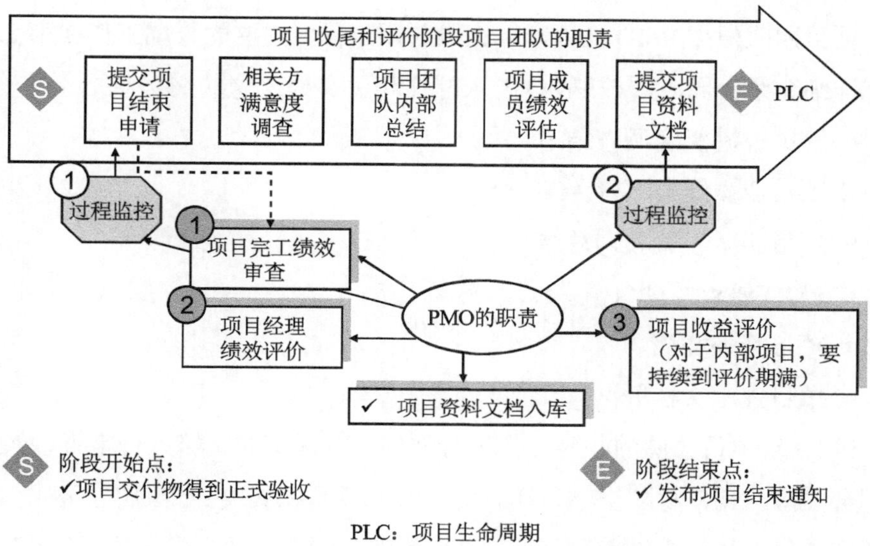

图 8-1　PMO 在项目收尾和评价阶段的职责示意

8.3　PMO 在项目收尾和评价阶段的主要监控环节

PMO 对项目团队的收尾和评价过程进行跟踪和监控，主要的监控环节有两个：第一个监控环节发生在项目收尾和评价阶段开始，也就是项目团队提出项目结束申请时；第二个监控环节发生在项目收尾和评价阶段结束，也就是项目团队按照 PMO 的要求完成了所有收尾工作，并且递交了全部文档之后。下面对这两个监控环节分别进行介绍。

监控环节 1　开始收尾流程

项目团队向 PMO 正式提出项目结束申请，并同时提交项目验收证书和项目完工绩效报告。PMO 对申请和文档进行审查，从而决定是否可以启动项目收尾流程。如果文档不完整，PMO 将要求项目团队补充资料，重新提交申请。

监控环节 2　关闭收尾流程

项目团队根据 PMO 的要求，完成收尾工作，主要的收尾工作在第 8.1 节中有详细介绍，同时需按 PMO 要求提交相关文档，这些文档包括：

- 相关方满意度调查结果。
- 项目成员绩效评价。
- 项目团队经验教训总结。
- PMO 要求的度量值。
- 项目管理文档。
- 项目技术文档等。

PMO 对项目团队的收尾工作进行评估，对提交的文档进行审查，如果文档不合要求，PMO 将要求项目团队完善文档并再次提交；如果符合要求，PMO 将通知项目团队正式结束项目，由项目经理向所有相关方发布项目结束通知。对于客户项目来说，到此时项目收尾和评价阶段即告结束，项目团队可以解散；对于内部项目来说，到此时项目团队可以解散，但项目评价工作尚未结束，PMO 还需继续跟踪项目收益的实现情况。

8.4　PMO 在项目收尾和评价阶段的主要审查和评价活动

1. 项目完工绩效审查

项目完工绩效报告是项目团队向 PMO 提交的最后一份项目绩效报告，是项目绩效的最终定格，其内容和格式与实施阶段定期提交的项目绩效报告基本相同，但更加突出对项目整个实施过程的回顾，以及对经验教训的总结。

通常，PMO 在收到项目团队提交的项目结束申请和项目完工绩效报告后，即开始筹备项目的完工审查会议。在大部分情况下，PMO 要求项目团队在审查会议之前完成相关方满意度调查并提交结果报告，从而把相关方的满意度作为评价项目完工绩效的依据之一。在项目审查会议上，专家们将对项目完工绩效进行审查和确认，并且根据绩效的偏差程度确定项目最终所处的绩效区域，常用的评判标准如表 8-2 所示。

表 8-2　项目完工绩效评判标准

绩效区域	判 断 标 准	
	相关方满意情况	项目最终偏差情况
绿色区域	很满意	项目绩效没有偏差
黄色区域	比较满意	项目绩效有偏差，但在相关方容忍范围内
红色区域	不满意	项目绩效有偏差，且超出了相关方容忍范围

与实施阶段对项目绩效的评判不同，对项目完工绩效的评估结果只包括"绿色""黄色""红色"区域，而没有"失控""危机""终止"区域。另外，在审查会议上专家将和项目团队一起回顾项目实施过程，总结经验教训。项目完工审查会议只对项目完工时范围、成本、进度等方面的绩效偏差进行审查和确认，并未对项目收益的实现情况进行评价，而衡量项目成败的根本依据是项目预期收益的实现程度，所以此次会议无法对项目成败做出判断。

2．项目经理绩效评价

项目进入收尾和评价阶段后，PMO 需对项目经理的绩效进行评价。项目完工绩效是评价项目经理绩效的重要依据，但并不是唯一依据。评价项目经理绩效的常用方法有单一指标法、360 度调查法、平衡计分卡法、过程结果矩阵法等。关于这些方法的详细介绍请参阅本书第 9 章中的相关内容。

3．项目收益评价

在项目选择阶段，为了使所提议的项目获得批准，项目发起人通过项目可行性研究报告或者其他商业论证文件向组织展示了项目完成之后将带来的预期收益。在项目进入收尾和评价阶段后，PMO 将代表组织来检验和评价项目预期收益的实现情况。

项目的预期收益包括有形收益和无形收益，这些收益的目标及度量方式在项目选择期间的论证文件（如项目建议书、项目可行性研究报告或项目商业论证）中有过详细描述。对于无形收益，通常通过相关方调查、专家小组判断等方式来进行评价；对于有形收益，则大多通过量化指标进行评价。在对项目的经济效益进行评价时，通常由财务部门负责提供所需的相关数据，如项目的实际成本、项目已实现收益、项目的实际盈利率等。

根据对项目收益实现情况的评估，PMO 把项目分为 3 类：成功项目、失败项目和问题项目。通常的判断标准如表 8-3 所示。

表 8-3　项目成败的判断标准

项目分类	判　断　标　准
成功项目	项目的预期收益全部实现
问题项目	项目的预期收益基本实现，但和目标相比存在偏差，偏差在相关方的容忍范围内
失败项目	项目的预期收益没有完全实现，而且偏差超出了相关方的容忍范围

对于客户项目来说，项目成果得到客户正式验收后，就可以确认项目收益，因此，PMO 通常把项目完工绩效审查和项目收益评价合并在一起进行。

🔄 **示例**　FF 公司对完工项目的绩效审查和收益评价报告

表 8-4 是 FF 公司的 PMO 对客户项目 PFF01 的完工绩效审查和收益评价报告摘录。该项目是由 FF 公司为客户 Aclint 公司建设一套项目管理信息系统，项目成果得到客户验收，客户完成对项目的付款，双方合同义务履行完毕，即表示项目竣工。此时，既可以开展对项目完工绩效的评估，同时也可以根据客户付款与项目实际成本的情况，核算项目的实际收益，并且与商业论证中的预期收益进行对比。

表 8-4　FF 公司 PFF01 项目完工绩效审查和收益评价报告摘录

文件名称：项目完工绩效和收益评价报告	文件编写时间：2019 年 10 月 8 日 文件编写：张山（项目经理） 文件批准：刘萍（PMO）
项目编号：PFF01 **项目名称**：PMIS 建设项目 **客户名称**：Aclient 公司 **项目概述**：为 Aclient 公司开发和部署项目管理信息系统	项目经理：张山 项目启动时间：2018 年 12 月 15 日 项目验收时间：2019 年 9 月 18 日

项目的战略目标：	☑ 盈利	□ 提供运作效率	□ 开拓新市场
	□ 降低运作成本	□ 研发	□ 企业形象
项目完工绩效：	☑ 红色区域	□ 黄色区域	□ 绿色区域
项目收益评价：	□ 成功项目	□ 问题项目	☑ 失败项目

绩效方面	目　标	实　际	偏差是否在容差内
项目范围情况	PMIS 建设 PMIS 与 Aclient 公司现有 8 个系统的集成参考合同中 SOW 定义	PMIS 的功能进行了细化，工作量有所增加；取消了与 2 个系统的集成	存在偏差，但都得到了客户认可
项目进度情况	10 个月	20 个月	延误 100%，客户不认可，公司不认可
项目成本情况	900 万元	1 300 万元	超支 44%，公司不认可。客户没有增加投资，所以客户没意见
相关方满意度调查	标杆分数： 4.3～5.0 分	实际得分： 4.0～5.0 分	公司不认可
质量	全部符合要求	5 处重要 Bug 无法修补	存在偏差，项目已验收，客户要求限期修补
预期收益 1	1. 利润 11%	1. 利润 –11%	偏差 22%，公司不认可

续表

绩效方面	目　标	实　际	偏差是否在容差内
预期收益2	2. 作为可以向其他客户推荐的成功案例	2. 客户发投诉信两封，曾声称要取消合同	没有达到目标

经验教训总结：

1）签署合同时，甲乙双方没有就需求进行深入讨论，合同中对项目范围的定义过于模糊和概括；乙方采用类比估算法确定了项目成本，以此为基础和甲方确定了合同价格。项目实施开始之后，在完成了需求规格说明书之后，发现要实现客户提出的所有需求，所需的工时是原估算的2倍。建议在以后的项目中，在合同中对客户需求进行细化描述；在需求不明确的情况下，与客户尽量签署按工作量计费的工料合同。

2）由于项目团队没有业务方面的专家，所以，需求定义由客户牵着走，项目团队无法对客户提出的需求进行评判。

3）当发现项目不能在规定的时间内交付时，没有第一时间通知客户，直到临近交付日期时才告诉了客户，导致客户非常生气，扬言要终止合同。建议以后的项目在出现问题后，能及时向客户和其他相关方报告，争取各方的理解和支持。

而对于大多数内部研发项目来说，项目成果交付之后，项目的收益并不能立即体现，PMO需要在项目的收益评价期内对项目收益进行持续跟踪和评价。所以，此时应该先完成项目完工绩效的评估，并且根据情况对项目未来收益做出预测。之后项目团队解散，由PMO和公司生产部门或运营部门来持续跟踪项目产品所带来的实际收益，并且与商业论证中所预计的收益计划进行对比。

示例　EE公司项目绩效审查

表8-5是EE公司的PMO对PEE01项目完工绩效的审查报告。EE公司是一家高科技企业，在2000年世界500强排名中列前50名。PEE01项目被列入当时的重点研发项目，公司上下包括董事会都对这个项目给予了厚望。希望借着这个新产品可以果断超越对手，引领新的个人电子消费市

场。但是最后项目失败了，20 年后的今天，EE 公司在世界 500 强的排名已经退到了前 200 名。当我们重新审视这个项目的时候，我们总是会有新的启示。

表 8-5　EE 公司 PEE01 项目完工绩效审查报告摘录

文件名称：项目完工绩效审查报告	文件编写时间：2000 年 9 月 18 日 文件编写：李平（项目经理） 文件批准：刘静（PMO 经理）
项目编号：PEE01	
项目名称：卡通型 PC 研发项目	项目经理：李平
项目概述：研发一款造型新颖、价格低廉、满足基本需求的便携式电脑，目标市场为在校学生或就业不久的年轻人	项目启动时间：1998 年 10 月 8 日 项目验收时间：2000 年 8 月 18 日

项目的战略目标：	☐ 盈利	☐ 开拓新市场	☑ 新产品研发
	☐ 提高运作效率	☐ 降低运作成本	☐ 企业形象

项目完工绩效：	☐ 红色区域	☑ 黄色区域	☐ 绿色区域

项目最终成功交付，但是在进度和成本绩效方面存在偏差，偏差在相关方容忍范围内。

- 工期计划 15 个月，实际 23 个月，延误 8 个月
- 总预算 200 万美元，实际花费 360 万美元，超支 160 万美元
- 项目主要问题记录：出现关键技术问题，导致更换技术方案

绩效方面	目　标	实　际	偏差是否在相关方容忍范围内
项目范围情况	见《项目可行性研究报告》中项目实施方案	完成	是
项目进度情况	15 个月	23 个月	延误 8 个月，在范围内
项目成本情况	200 万美元	360 万美元	超支 160 万美元，在范围内
相关方满意度调查	标杆分数：4.3 分/5 分	实际得分：4.5 分/5 分	是

续表

经验教训总结：

1）项目启动之初没有进行相关方访谈，没有了解相关方对项目偏差的容忍范围，所以本次绩效评审可能存在误差。

2）项目实施过程中出现了关键技术问题（问题编号：TI-08），导致项目出现延误，因为延误又导致了超支。如果问题出现后能及时和项目相关方如市场部、采购部、公司高层进行沟通，也许能较快找到解决问题的渠道。

3）技术问题（TI-08）的最终解决方案为：从国外的一家公司采购了专有技术，该公司委派两名技术专家到现场提供技术支持。虽然国外公司提供的专有技术解决了项目中 TI-08 问题，但是同时引起了项目最终产品——卡通型 PC 造价的升高。同时，从国外公司购买专有技术也增加了项目成本，造成项目超支。

4）对项目风险的估计不足，造成项目成本估算过于乐观，没有留出足够的风险预留。

🕐 **示例** EE 公司项目收益跟踪和评价报告

表 8-6 是 EE 公司的 PMO 对 PEE01 项目实际收益进行 4 年的跟踪之后完成的评价报告。

表 8-6 EE 公司 PEE01 项目实际收益跟踪和评价报告

文件名称：项目收益评价报告	文件编写时间：2004 年 12 月 1 日 文件编写：王丹（PMO） 文件批准：刘静（PMO 经理）		
项目编号：PEE01 项目名称：卡通型 PC 研发项目 项目概述：研发一款造型新颖、价格低廉、满足基本需求的便携式计算机，目标市场为在校学生或就业不久的年轻人	项目经理：李平 项目启动时间：1998 年 10 月 8 日 项目验收时间：2000 年 8 月 18 日 项目投产时间：2000 年 9 月 1 日 项目评价期：2000 年 9 月 1 日—2005 年 9 月 1 日		
项目的战略目标：	☐ 盈利 ☐ 提供运作效率	☐ 开拓新市场 ☐ 降低运作成本	☑ 新产品研发 ☐ 企业形象
项目完工绩效：	☐ 红色区域	☑ 黄色区域	☐ 绿色区域
项目收益评价：	☐ 成功项目	☐ 问题项目	☑ 失败项目

续表

项目预期收益：摘自 PEE01 项目可行性研究报告

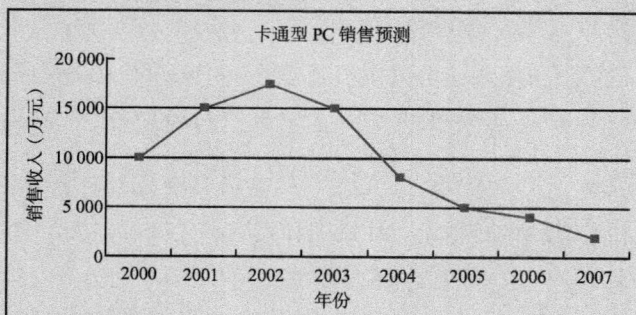

项目实际收益：项目投产之后实际销售收入如下所示，与计划相差甚远。

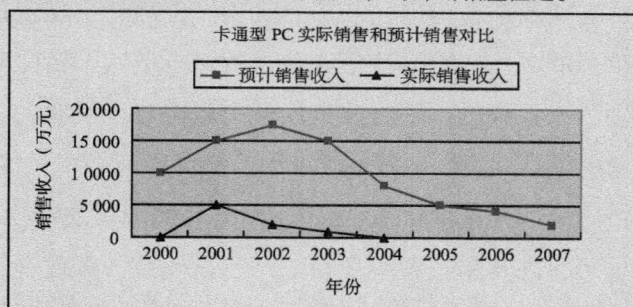

经验教训总结：

1）建立项目终止机制。项目执行过程中出现重大技术问题时，可以启动专家评审，如果没有合适的解决方案，可以提议终止项目。PMO 已经在 2002 年建立了项目终止机制，当发现实现项目目标的可能性很小时，PMO 将及时启动项目终止机制。

2）PMO 要紧密监控重要项目。在本例中，如果 PMO 能及时监控项目状况，则可以对项目问题的解决提供指导和帮助，而且项目经理和团队的意见也能被及时考虑和采纳。

3）采取正规的变更控制流程。项目中发生重大变更的时候，要启动 CCB 评审机制，变更决策不能由一个人说了算。如果本例在发生了技术变更之后，邀请市场部参与评审，那么变更造成的对产品预期价格的影响将会被及时评估。

4）让相关方参与项目过程。本例没有邀请项目相关方（特别是项目客户的市场部）参与项目过程，相关方的意见对项目中的关键决策起着重要的作用。在本例中，即使没有发生技术问题，还有一个因素对项目预期收益起着决定作用，那就是市场需求情况。项目团队需要随时从市场部了解市场需求变化情况，为项目决策提供依据。

衡量项目成败的根本依据是项目给组织带来的收益和价值，也就是该项目的实现是否对组织战略的实现起到了正向的推动作用。有时候，人们错误地把项目的"三角约束"（范围、进度和成本）作为评判项目成败的依据。使用这种方法就意味着如果项目没有超支、没有延误、项目范围全部实现，那么项目就成功了。但事实上，有的项目在实施过程中确实没有超支也没有延误，项目范围也全部完成，但是项目产品交付后，没有给组织带来预期的收益，这样的项目无论如何都不能算成功的项目。比如，某公司开发了一款市场上并不需要的产品，某个组织建设了一套目前并不需要的信息系统等。

使用"三角约束"可以判断项目实施过程和计划相比是否一致，如果以此来衡量项目的成败，则可能阻止项目团队根据实际情况调整计划，而把计划作为僵硬的、死板的、不可改变的标准来遵守。事实上，在项目执行过程中，如果发现项目环境发生了变化（如产品已不符合市场需求），那么就应该及时采取措施（如终止项目），而不是严格按照原计划继续执行下去。另外，还有一些项目，在实施过程中项目的"三角约束"都没有被突破，但是在项目产品交付之后，由于接受产品的组织没有做好相关准备，导致项目产品处于闲置，没有发挥应有的作用，这样的项目也不能说是成功的项目。因此，仅使用"三角约束"方法判断项目成败而忽略了组织投资项目的真正目的是不对的。

8.5　PMO 在项目收尾和评价阶段的行政支持工作

除以上的监控和评价工作外，PMO 在项目收尾和评价阶段还有一些行政性的工作需要完成。

1）关闭项目的财务账户。PMO 通知财务部关闭项目账户，不再允许在该项目账户下继续报销项目成本。如果项目收尾之后，项目中仍然存在应收或应付款项，项目经理需提出专门说明，通常仍然由项目经理负责后续跟踪和执行。

2）关闭项目数据库。PMO 确认项目团队已经提交了全部的文档之后，将关闭项目数据库中为该项目所开的目录，项目团队不再允许对其中的文档进行增加、删减或修改。PMO 将把该项目从"正在执行中的项目列表"移到"已经关闭的项目列表"或"收益评价期内的项目列表"中。

3）PMO 把从项目团队收集的相关资料进行存档，以备将来使用。收集的度量值将作为确定项目估算标准的依据，项目经理和项目团队成员的绩效评价报告将作为年度绩效考核的依据，项目经验教训总结将被放入 PMO 共享空间，作为其他项目团队参考的依据等。

案例分享

卡通型 PC 研发项目

EE 公司在世界 500 强的排行榜上从 2000 年的前 50 名掉到了 2020 年的前 200 名。而 2000 年被标记为"失败"的项目——PEE01 项目已经成为 EE 公司的经典案例，在它们每 5 年进行的经典案例复盘上，该项目都会成为众矢之的。一款构思相当超前的产品，却由于平庸的团队和相互推责的文化而付诸东流。尤其是苹果公司 iPad 的出现，并且成为人们热衷追捧的产品，使得 EE 公司的决策层们更是痛心疾首。他们当时的产品愿景和 iPad 是多么的相似，但是这个项目由于各种原因失败了，而且被定性为失败之后，就被束之高阁，无人再去理会。现在回头看，也许失败只是一种暂时的现象，如果 EE 公司决策层能够采取各种措施，包括人员调整和技术革新，坚持把这个产品开发出来，也许当今的个人电子消费市场的格局就得重写。一个实施类项目失败了，可以重来一遍，哪怕暂时负收益，但是练就了本领，赢得了口碑，总会有正收益的那一天；一个研发项目失败了，应该继续尝试新的模式，不要轻易打上"失败"和"完结"的标签。每次失败都是一颗珍珠，经过的失败越多，最终开发出来的产品越熠熠生辉。

项目复盘

1998 年，EE 公司市场部经过大量的市场调研后，决定提议开发一款时尚且低价的便携式计算机。对这款计算机的主要期望为：

- 外观时尚可爱，采用卡通造型，能够得到年轻人的青睐。
- 零售价格在 5 000 元以下，和买一款新款高端手机的价格相差不大。
- 小巧轻便，可以放在女士包中，携带起来没有沉重感。
- 旅行途中可以随时展示数码照相机拍摄的照片，可以播放视频、声频光盘。
- 可以上网，可以收发邮件等。

市场部门对该产品投产后的销售情况进行预测，结果如图 8-2 所示。

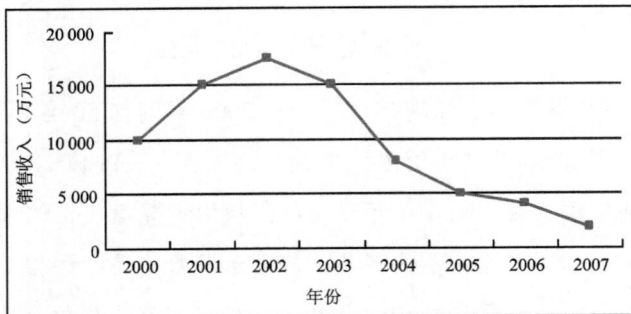

图 8-2　卡通型 PC 销售情况预测

市场部做出以上预测的依据是：目前便携式计算机价格昂贵，大多为单位采购，而时尚的年轻人很需要，也很喜欢便携式计算机，但往往由于囊中羞涩而打消了购买的念头。如果推出一款功能适中、价格便宜的计算机，则市场前景一定看好。由于众多计算机厂商目前都在致力于降低计算机的整体成本，因此，预计在 2004 年，高端便携式计算机的价格也将下降到 8 000 元左右，到那时很多年轻人就会直接购买高端计算机，而放弃选择功能简单的时尚计算机。

市场部的项目提案吸引了 EE 公司高层的注意,公司 CEO 决定马上成立项目团队开始时尚计算机的开发设计,项目名称定为"卡通型 PC 研发项目",由公司副总裁兼研发部总经理杰夫担任项目总监（PD）。这是公司有史以来第一次委派副总裁担任项目总监的职务。

项目团队迅速成立,杰夫亲自召开了项目启动会议,并在会议上公布了项目团队组织结构,如图 8-3 所示。李平被任命为项目经理,之前李平在 EE 公司的研发部已经工作了 5 年多,并且成功带领了多个重要项目的实施,杰夫希望李平能像往常一样再次带领项目团队走向成功。由于项目的重要性,杰夫表示将加大对项目工作的监控力度,并承诺亲自参与项目中的重要工作。

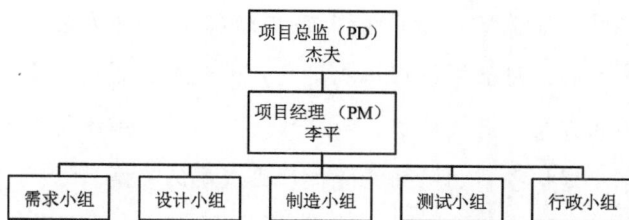

图 8-3　卡通型 PC 研发项目团队组织结构

为了抢占市场机会,项目团队制订了紧张的开发计划,如表 8-7 所示。

项目团队迅速开始了实质性的研发工作,但是研发过程并非一帆风顺,项目团队遇到了前所未有的挑战。以下是对项目实施过程的概要描述。

表 8-7　卡通型 PC 研发项目里程碑计划

年	1998					1999												2000
月	8	9	10	11	12	1	2	3	4	5	6	7	8	9	10	11	12	1
	项目论证	项目启动	第一次迭代			第二次迭代						试生产						正式投产

1999 年 1 月:组装测试不能通过,发现技术问题。

1999 年 2 月:技术问题仍然存在,正在解决。

1999 年 3 月：技术问题仍然存在，正在解决。项目经理李平认为无法找到解决问题的方案，建议取消项目。项目总监杰夫认为李平的想法太过消极，鼓励项目团队迎难而上，全力以赴、夜以继日地投入技术问题的解决中。

1999 年 4 月：技术问题仍然存在，项目团队仍然无法找到解决方案。杰夫决定从组织外部寻求解决问题的方法。杰夫的提议得到公司批准，EE 公司很快和国外一家专业公司签署了采购合同，购买该公司的专有技术。该公司的专有技术可以解决卡通型 PC 项目中遇到的技术问题。4 月底，该公司委派的技术专家到达客户现场。

1999 年 5 月：新的技术方案形成。采用新方案后，产品材料成本将增加，最终产品的预计定价将在 6 000 元左右。

1999 年 6 月：新方案在项目组内进行评审。李平认为在新方案条件下最终产品的售价过高，可能不被市场所接受，因此建议否决方案，终止项目。杰夫建议采用新方案，继续项目，研发部门绝不能让如此重大的项目半途而废，同时杰夫也建议项目团队寻找降低产品成本的方案。

1999 年 7 月—1999 年 10 月：采用了新方案的第一次迭代完成。

1999 年 11 月—2000 年 4 月：采用了新方案的第二次迭代完成。

2000 年 5 月—2000 年 8 月：试生产。

2000 年 9 月：卡通型 PC 研发项目通过验收，项目进入正式投产阶段。

杰夫和项目团队对项目过程进行了总结，对项目绩效进行了评价。表 8-8 是项目绩效评价摘要。

表 8-8　卡通型 PC 研发项目绩效评价摘要

项目最终成功交付，但是在进度和成本绩效方面存在偏差，偏差在相关方容忍范围内。

- 工期计划 15 个月，实际 23 个月，延误 8 个月。
- 总预算 200 万美元，实际花费 360 万美元，超支 160 万美元。
- 项目主要问题记录：出现关键技术问题，导致更换技术方案。

卡通型 PC 在市场上推出后销售情况和预期相比有较大的差距，2003 年公司决定停止该产品的生产。市场部门对产品销售情况进行了分析，发现导致差距的主要原因如下：

- 高端便携式计算机的降价比预期来得早。
- 卡通型 PC 定价为 6 000 元，比预期定价高，项目团队解散后没有人继续研究降低产品成本的事情。
- 卡通型 PC 质量不稳定。
- 卡通型 PC 在全国各地的维修能力没有培养起来，导致解决用户问题的速度缓慢，影响了用户满意度。

2004 年 PMO 对该项目的收益进行总结评价，认为该项目没有实现预期收益且偏差过大，属于失败项目。

案例思考题：

1．如何评判项目成败？你认为站在项目发起组织、项目实施组织、项目发起人及项目经理的角度上，在评判项目成败时，应该采用相同的还是不同的评判标准？

2．在 EE 公司的卡通型 PC 研发项目的实施过程中，你认为 PMO 应该如何建立监控机制，应该对哪些重要环节进行监控或评审，来及时发现问题，避免项目构想失败？

3．你认为 PMO 应该如何处理那些标记为"失败"的项目，才能使其发挥最大的价值？

第 9 章

打造项目管理卓越中心

How to

Run PMO

Effectively

本书前面介绍了 PMO 的战略职能和治理职能，本章介绍 PMO 作为卓越中心所要承担的职能。卓越中心（Center of Excellence，CoE）也被称为能力中心，它汇集和提炼了组织内部和外部的项目管理最佳实践，并向组织所有的项目管理活动提供最佳实践、研究成果、专题培训等支持和指导，从而提升组织整体项目管理水平，确保所有项目的成功交付，从而推动组织战略的全面实现。作为卓越中心，PMO 的职责包括：

- 建立组织项目管理体系。
- 管理组织项目数据库。
- 项目经理和项目团队成员绩效评价。
- 建立项目管理能力框架。
- 项目管理文化建立。

9.1　建立组织项目管理体系

PMI 推出的《组织级项目管理成熟度模型（OPM3）》中，把组织项目管理成熟度分为 4 个等级，从低到高依次为"标准化""可度量""可控制""持续改进"。OPM3 没有把最低级别纳入上述 4 个等级中，组织项目管理的最低级别为"原始状态"，在这种组织中，没有任何通用的流程和方法，个人、团队之间的经验教训不能被共享，行业内的先进做法不能被借鉴，项目成败全部依赖个人，项目团队的工作效率很低，项目成功的概率也很低。因此，PMO 作为一个组织职能，其首要任务就是为组织建立项目管理方法体系，使组织脱离"原始状态"，进入"标准化"级别。

目前，业界有很多通用的项目管理方法论，比如，PMBOK 提供的项目管理框架可以适用于不同地域、不同国家和不同行业的所有项目。通用的方法论提取了不同类型的项目在管理过程中的共性，而一个组织在对实际项目进行管理时，必须既考虑项目间的共性，也考虑项目自身的特性。因此，一个组织的项目管理体系必须与项目所处的环境（组织结构、文化、制度、资源、市场位置等）及项目本身的特征（技术特征、交付特征、客户特征等）结合起来。我们常常可以很容易地从互联网上下载其他组织的项目管理流程和模板，但是很快就发现这些流程和模板在我们的环境中不适用，别人的流程中包含了我们无法认同的步骤，而我们认为很重要的工作环节在别人的流程中没有出现。因此，PMO 需要根据所在组织的具体情况，参考同行实践和国际标准，建立并不断完善适合本组织特征的项目管理体系。

组织项目管理体系的基本框架，包括基于项目生命周期的项目管理流程，与之配套的模板、工具和方法，以及相关的项目管理制度等。有的组织还配备了项目管理信息系统。在组织中建立项目管理体系通常包含下列几个主要步骤。

1. 把项目分类

项目选择阶段对项目进行分类管理，目的在于建立项目组合平衡，从而保证组织战略目标的全面实现。选择阶段对项目进行分类的依据是项目所支持的组织战略，支持相同战略目标的项目被分在同一类别中。PMO 在建立组织项目管理体系时也对项目进行分类，但分类的目的与选择阶段不同，此时分类的目的在于为不同类型的项目量身定制不同的管理流程，因此，此时分类的依据是项目的生命周期特征，享有相同或相似生命周期的项目将被分配到同一类别中，项目生命周期（Project Life Cycle，PLC）是建立项目管理流程的基础。

🔄 **示例**

在 GG 公司，IT 部门拥有部门级 PMO，该 PMO 在建立项目管理体系时把所有项目按生命周期特征分为 3 类：基础建设类项目、平台建设类项目和应用开发类项目。基础建设类项目大都遵循"概要设计、深化设计、材料采购和进场、项目施工、项目调试和验收"的项目生命周期,平台建设类项目则基本遵循"下订单、到货、安装、验收"的项目生命周期,而应用开发类项目基本遵循"需求、设计、编程、测试、试运行、验收"的项目生命周期。

HH 公司是一家为企业客户提供 IT 解决方案的公司,组织结构为强矩阵型,拥有组织级 PMO。该 PMO 在建立项目管理体系时,根据项目生命周期特征把公司的所有项目分为 5 大类:

- 主机安装部署类项目。
- 容灾解决方案类项目。
- 应用系统开发类项目。
- 系统集成类项目。
- 业务流程咨询类项目。

其中,每类项目都享有自己独特的项目生命周期。

2. 确定各类项目的通用项目生命周期模板

在同一分类中,每个具体项目的范围、实施方式、客户环境等都有所不同,但是 PMO 需要从这些项目中提取共性,形成适合该类项目的通用项目生命周期模板,项目团队日后在使用生命周期模板或使用基于 PLC 的项目管理流程时,可以根据项目的实际情况进行适当的裁剪。同时,模板建立之后,PMO 要不断征询项目团队的建议,持续对项目生命周期模板及基于 PLC 的项目管理流程进行改进。

生命周期模板中需明确的内容如下所述。

1)项目的开始点和结束点。这里所说的点,是指一系列要满足的条件,而不是指某个具体的时间点。举例来说,项目结束点可以定义为"得到客户终验证书",而不可定义为"8 月 1 日"或者"项目开始后 8 个月"。项目生命周期虽然表示了项目执行过程中按时间顺序发生的一系列阶段和活动,但是,生命周期模板中并不标注某个阶段或某个任务的开始时间、结束时间和持续时间。

项目的开始点和结束点决定了项目生命周期的长度，也决定了项目发起人和项目经理对项目的责任边界。因此，PMO 在确定项目的开始点和结束点时，既要分析该类项目从项目构思到项目产品报废的整个过程，也要考虑组织对项目经理及对 PMO 的职责定义。

通常，项目的开始点有以下几种情况：

- 批准立项。
- 可行性研究报告得到批准。
- 通过商机评审。
- 投标团队成立。
- 分包合同签署。
- 客户合同签署。
- 项目章程发布。
- 项目启动会议召开等。

项目的结束点通常有以下几种情况：

- 合同中规定的工作全部完成。
- 项目交付的产品或系统具备投入运行的条件（RFA）。
- 项目交付的产品或系统投入运行（Go-live）。
- 获得初验证书（IA）。
- 获得终验证书（FA）。
- 新旧系统割接完成（Cut-over）等。

在前面提到的 HH 公司中，其主营业务是为客户实施各种类型的 IT 项目，所以各类项目的生命周期开始点均为"通过商机评审"，但是各类项目的结束点各不相同，主机安装类项目的结束点为"客户签署安装报告"，而应用系统开发类项目的结束点为"项目交付的产品"或"系统具备投入运行的条件"。

2）各阶段名称。项目生命周期由若干个阶段组成，划分阶段的目的是便于管理。通常可以按照关键里程碑划分，也可以按照承担项目工作的部门划分。如果需要，还可以把阶段进一步划分为几个子阶段。阶段划分得越细，项目经理对项目的监控就越严密。

示例 HH 公司的项目生命周期模板

HH 公司系统集成类项目的生命周期模板如表 9-1 所示，其中包含了 3 个阶段，每个阶段下又包含了若干个子阶段。

表 9-1　HH 公司系统集成类项目的生命周期模板

项目类型：系统集成类项目									
开始点	阶段和子阶段								结束点
通过项目机会评审	1. 售前阶段		2. 售后实施阶段					3. 试运行阶段	获得终验证书
	1.1 投标准备子阶段	1.2 合同谈判子阶段	2.1 启动和规划子阶段	2.2 需求确认子阶段	2.3 设计子阶段	2.4 采购子阶段	2.5 现场实施子阶段		

3）确定各阶段的工作及各项工作的责任者。PMO 可以采用以交付物为驱动的倒推法来确定各个阶段所需完成的工作。项目的结束点已经确定，意味着项目的最终交付物已经确定。因此，为了完成最终交付物，在各个阶段需要完成哪些中间交付物也可以确定。各个阶段的中间交付物确定之后，可以确定为了实现这些交付物所需要开展的工作，这就定义了各个阶段的主要工作。采用以交付物为驱动的倒推方法，可以最大限度地保证项目各阶段没有冗余的、不必要的工作，保证每项工作都直接贡献于一个具体的中间交付物或最终交付物。

确定了各阶段的工作之后，需确定每项工作的责任者。在建立项目管理体系时，并不考虑具体项目的项目团队，因此，此时确定每项工作的责任者只需具体到工作岗位即可，如测试小组组长、需求小组组长等。在矩阵型的组织中，工作的责任者通常定义为某个部门，如设计部门、现场安装部门等。

确定了项目生命周期所包含的阶段、各个阶段的工作和各项工作的责任者之后，项目的生命周期模板就基本完成。

3. 建立基于 PLC 的项目管理流程

项目管理活动通常包括对项目工作的规划、组织、监控、评审、检验、支持和指导等，同时，也包括对项目问题的解决、对项目冲突的处理、对项目偏差的纠正、对项目成员绩效的考评等。与日常运作型的工作相比，项目具有独特性和临时性的特点，充满了更多的不确定性，因此，人们很难把项目管理活动用典型的流程图表示出来。管理项目时，除那些按顺序的、可事先计划的工作（如项目启动会议、项目周例会等）外，还包含了大量突发的、计划外的工作（如处理客户投诉、解决突发问题等）。因此，项目管理流程通常不用流程图来表示，而采用项目生命周期的模板来表示。PMO 以各类项目的生命周期模板为基础，定义各个阶段的项目管理活动及对整个生命周期的管理活动。

增加了项目管理活动的 PLC 就形成了以 PLC 为基础的项目管理流程，这个流程将对项目经理和项目团队的工作提供规范和指南。有的组织为了管理便利，把项目生命周期中各阶段的工作进一步划分为管理活动和生产活动两部分。

🔄 **示例** Ⅱ公司基于 PLC 的项目管理流程

表 9-2 是 Ⅱ公司的 PMO 为研发类项目建立的基于 PLC 的项目管理流程。Ⅱ公司是一家具有自主研发能力的制造公司，为计算机整机制造商提供关键零部件，公司每年为新产品研发项目投入大量资金。

表 9-2　Ⅱ公司新产品研发类项目基于 PLC 的项目管理流程

PLC	开始点	1. 概念阶段	2. 设计阶段	3. 制造阶段	4. 测试阶段	5. 试用阶段	结束点
项目负责人		市场经理	项目经理	项目经理	项目经理	市场经理	
支持角色		项目经理	市场经理	市场经理	市场经理	项目经理/生产经理	
生产活动		编制项目可行性分析报告，包括项目产品需求规格、实施方案、项目投资回报分析	1. 电路分析与设计 2. 工艺分析与设计 3. 测试计划 4. 启动专利申请	1. 组件加工和测试 2. 组装和测试 3. 集成和测试	1. 功能测试 2. 性能测试 3. 压力测试	1. 请客户使用样品 2. 根据客户反馈修改产品并再次提交使用 3. 记录使用情况 4. 生产准备	
管理活动		1. 对以上生产活动的支持和监控 2. 可行性研究报告评审	1. 对以上生产活动的支持和监控 2. 建立项目 ID 号，用来跟踪成本 3. 建立项目实施计划（得到各阶段负责人的确认，含外协） 4. 设立项目绩效控制指标	1. 对以上生产活动的支持和监控 2. 监控项目进展（风险、问题、变更）管理项目绩效 3. 外协管理 4. 项目成员绩效管理	1. 对以上生产活动的支持和监控 2. 监控项目进展（风险、问题、变更）管理项目绩效 3. 外协管理 4. 项目成员绩效管理	1. 对以上生产活动的支持和监控 2. 管理项目验收 3. 项目资料移交 4. 项目经验教训总结 5. 项目绩效、项目成员绩效评定	
阶段关口控制项	立项批准	被批准的项目可行性报告	通过评审的设计方案包括性能指标、工艺批量等要求	1. 加工完成的小批量产品 2. 测试报告	1. 测试报告 2. 通过测试的小批量产品	1. 用户试用报告 2. 产品修改记录 3. 所有产品文件 4. 准产文件	试产成功

4．为项目管理流程配备工具

以上基于 PLC 的项目管理流程对项目经理、项目团队及其他项目参与者起到一定的指导作用。在此基础上，为了进一步提高项目工作的效率和质量，PMO 通常还为流程配备必要的工具，包括模板、查对清单、方法论等。举例来说，在上面提到的 II 公司的项目管理流程中，有一项工作是"项目可行性研究报告评审"。为了提高这项工作的效率和质量，PMO 提供了评审会议的议程模板，推荐了评审会所用的决策方法，同时还分享了以往若干项目的评审会议纪要。

通常，PMO 为基于 PLC 的项目管理流程所配备的工具包括以下 3 个方面：

1）建立模板。PMO 通常为项目中的关键文档交付物提供模板，如项目启动会议纪要模板、项目 WBS 模板、项目进度网络图模板、项目变更登记册模板等。

2）查对清单。PMO 通常为项目中的重要工作提供查对清单，以确保该项工作在完成过程中没有遗漏事项，如筹备项目启动会议查对清单、识别项目风险查对清单、主机安装过程检查查对清单等。

3）常用方法。PMO 为项目团队提供完成项目工作的具体方法，比如，召开问题解决会议时可以采用头脑风暴法，选择供应商时可以采用加权评分法，评审项目方案时可以采用相对多数表决法等。

下面对以上 3 个方面的工具分别进行介绍。

（1）建立模板

PMO 提供模板的目的是提高项目团队的工作效率和质量，而不是限制团队的创造力和主观能动性。因此，PMO 在编制模板时绝不能闭门造车，而应广泛征集项目团队的意见，融汇来自各个团队的实际经验。下面以建立 WBS 模板为例，说明 PMO 编制重要模板的过程和步骤。

- PMO 发出公开倡议，说明活动目的，邀请所有项目经理和项目成员参与。

- PMO 需主动与某些资深项目经理接触，确保他们能够参与活动。

- 请项目经理分享在以往同类项目中使用过的 WBS 文件。

- PMO 把收集的 WBS 文件公布在组织内网上，邀请所有项目经理和成员阅读并发表意见。

- PMO 召开意见征集会议，邀请所有项目经理和成员投票选择最具代表性的模板。

- PMO 举行集中评审会议，邀请部分项目经理参与，对所选择的模板提出修改意见，并完成模板草稿。

- 公布草稿并限期征集意见。

- PMO 再次举行集中评审会议，根据征集的意见修改草稿，形成模板第 1 版本并正式发布。

在发布模板时，除模板的正文内容外，模板的其他相关信息也要完整，比如，模板的版本号、模板发布的日期和模板的作者名单等。模板作者名单包括参与模板编写的核心成员及所有为该活动做出贡献的相关人员。在模板的后面附上模板作者名单体现了组织对员工贡献的认可和鼓励，也是建立组织项目管理文化的有效方式之一。

表 9-3 列举了常用的项目管理模板。在实际工作中，PMO 需根据组织自身的项目管理流程，来编制相配套的项目管理模板。在这些模板中，通常只有一部分是强制使用的，目的在于促进组织项目管理过程的统一性和高效性；而另一部分仅为推荐使用，项目团队可以采用 PMO 推荐的模板，也可以按照自己的方式来编写文档。这样做的目的是减少流程对项目团队的束缚，鼓励项目团队的创新意识。

表 9-3　常用的项目管理模板列表

阶　段	模　板	是否强制使用
选择阶段	1. 项目立项申请报告模板	是
	2. 项目立项评审表模板	是
	3. 项目可行性研究报告模板	是
	4. 项目可行性评审表模板	是
	5. 投标团队组织结构图和岗位说明模板	是
启动和计划阶段	1. 项目章程模板	是
	2. 项目启动会议纪要模板	否
	3. 项目前期团队组织结构和岗位说明模板	否
	4. 项目相关方识别和管理计划模板	否
	5. 项目技术和商务交底会议纪要模板	是
	6. 各种类型项目的 WBS 模板	否
	7. 各种类型项目的进度计划网络图模板	否
	8. 分包合同模板	是
	9. 项目现金流量分析表模板	是
	10. 项目收益结转计划模板	是
	11. 变更申请和审批表模板	是
	12. 变更控制委员会组织结构和岗位说明模板	否
实施阶段	1. 项目成员日报表模板	是
	2. 项目成员周报表模板	是
	3. 项目周报表模板	是
	4. 项目周例会纪要模板	否
	5. 项目绩效报告模板	是
	6. 项目状况报告演讲稿模板	否
	7. 项目付款通知书模板	是
	8. 项目收款通知书模板	是

续表

阶　　段	模　　板	是否强制使用
实施阶段	9. 项目风险登记册模板	是
	10. 项目问题登记册模板	是
	11. 项目变更登记册模板	是
	12. 项目验收报告模板	否
	13. 项目遗留问题清单模板	否
	14. 项目转交维护团队备忘录模板	是
收尾和评价阶段	1. 项目完工绩效审查报告模板	是
	2. 项目经理绩效评价模板	是
	3. 项目成员绩效评价模板	是
	4. 项目内部总结会议纪要模板	否
	5. 项目相关方总结报告会议演讲稿模板	否
	6. 项目资料交接记录模板	否

（2）查对清单

查对清单是 PMO 为项目团队提供的另一项有用工具。项目团队在完成一项重要工作时可以按照查对清单进行逐项检查，从而避免工作漏项或考虑不周的情况。PMO 根据以往项目的经验教训来编制查对清单，因此，查对清单是组织新旧项目之间的桥梁，以往项目的经验和教训可以通过查对清单反馈给新的项目团队，帮助这些团队少犯错误，少走弯路。图 9-1 所示是项目风险识别查对清单的编制和使用过程。

除了风险识别查对清单，PMO 为项目管理流程配备的其他查对清单还有项目启动会议查对清单、相关方识别查对清单、项目管理计划编制查对清单、项目交付物管理查对清单、项目审查会议查对清单、项目绩效报告查对清单、项目收尾工作查对清单等。

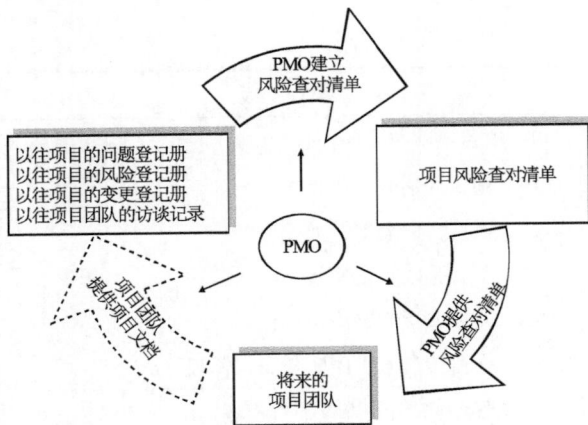

图 9-1　项目风险识别查对清单的编制和使用过程

（3）常用方法

借助科学的方法，项目团队可以快速高效地完成项目工作，因此 PMO 还需为项目管理流程配备相关的方法。通常，PMO 建立项目管理方法库，对常用的方法进行介绍，有时还需要针对某些具体的方法组织学习和培训。PMO 也负责向项目团队提供相关的具体的管理工具，如微软的 Ms Project 电子工具。表 9-4 列举了项目管理过程中常用的方法及适用情形。

表 9-4　项目管理过程中常用的方法及适用情形

方　　法	适　用　情　形
1. 关键路径法	制订进度计划
2. 关键链法	制订进度计划
3. 自下而上估算法	项目成本估算
4. 头脑风暴法	识别风险、解决问题
5. 德尔菲法	识别风险、解决问题
6. 访谈技术	征询意见、信息或数据
7. 加权评分法	选择分包商，选择解决方案
8. 平衡计分卡	人员绩效评估
9. 情景领导模型	管理团队成员

续表

方　　法	适 用 情 形
10. 力场分析法	相关方识别和应对
11. 鱼骨图法	分析问题原因
12. SWOT 分析	方案选择和评估
13. 亲和图法	团队意见收集和整合
14. 逐对比较法	方案选择，优先级评估
15. 决策树法	方案选择

5. 设置 PMO 监控点

项目管理流程的使用者不仅包括项目经理、项目团队和其他项目参与者，也包括负责对组织所有项目状况进行监控的 PMO。因此，流程中还需定义 PMO 对项目的监控和审查活动。本书第 4~8 章介绍了在通用的项目管理流程中 PMO 在各个阶段的监控环节和审查活动，在实际工作中，PMO 需根据组织自身的项目管理流程做适当调整。

6. 建立项目管理制度

通过制定基于 PLC 的项目管理流程，针对某类项目确定各个项目参与者（包括 PMO）的角色和职责。但是要保证项目管理流程能够顺畅地执行下去，不仅要求每个参与者能够理解和认可自己的角色，而且要求这些参与者必须按照流程完成自己的工作并且积极配合他人的工作。为了做到这些，组织必须配套相关的管理制度，对每个项目参与者的行为和纪律进行规范。在职能型或矩阵型的组织中，大部分项目的实施都需要跨部门的协作，因此，更加需要通过项目管理制度来规范各个参与部门（如采购部、财务部）在项目中的责任。常用的项目管理制度如下所述：

- 项目发起人制度。
- 项目团队定期向组织项目数据库同步项目文档的规定。

- 项目经理和项目团队成员职业道德准则和行为规范。
- 对项目信息的保密要求。
- 项目经理绩效管理制度。
- 项目团队成员绩效管理制度。
- 分包选择和管理制度。
- 项目经理定期向 PMO 提交项目绩效报告的规定。
- 项目期间成员请假规定。
- 项目费用报销规定。

7. 项目管理体系的持续改进

前述 6 个步骤体现了 PMO 建立项目管理体系的主要过程，基本的项目管理体系包括基于 PLC 的项目管理流程、配套工具、项目管理制度等。项目管理体系在建成之后并非一成不变，PMO 应负责对体系的管理、维护和持续改进。

PMO 根据组织发展战略及组织项目的整体绩效情况，确定流程改进的周期，通常在每个年度，PMO 都将主动收集信息，主动发起流程改进活动。定期的流程改进主要依据以下两个方面的信息。

（1）来自项目团队的反馈

PMO 需主动邀请项目团队对现有项目管理流程提出意见和建议，同时，PMO 也可通过审查项目文档（项目团队定期提交给组织项目数据库）来发现需要改进的流程环节，项目收尾和评价阶段项目团队提交的经验教训总结也是 PMO 进行流程改进的重要依据。

（2）来自与业界同行的比较

PMO 定期与业界同行进行项目管理方面的对标，通过比较可以识别自身的优劣势，作为流程改进的依据。

另外，当组织内部或外部的相关因素发生重大变化时，PMO 应根据变更的影响及时调整和修改项目管理体系，而无须等待定期的年度流程改进活动。

这些情况通常包括：

- 组织结构发生变化，或者部门职能发生了变化。
- 组织启用了项目管理信息系统。
- 组织业务发生变化，如增加了新的项目类型。
- 组织发展战略发生了变化。
- 市场情况发生了变化。
- 相关政策和法规发生了变化等。

9.2 管理组织项目数据库

1. 项目资料的收集和管理

组织项目数据库是组织过程资产的重要组成部分，其中包含了组织在项目管理实践活动中积累的所有知识资产，如图 9-2 所示。项目数据库是建立和完善组织项目管理体系的依据，是持续提升组织项目管理整体水平的基础。建立和管理组织项目数据库是 PMO 的重要职责之一。

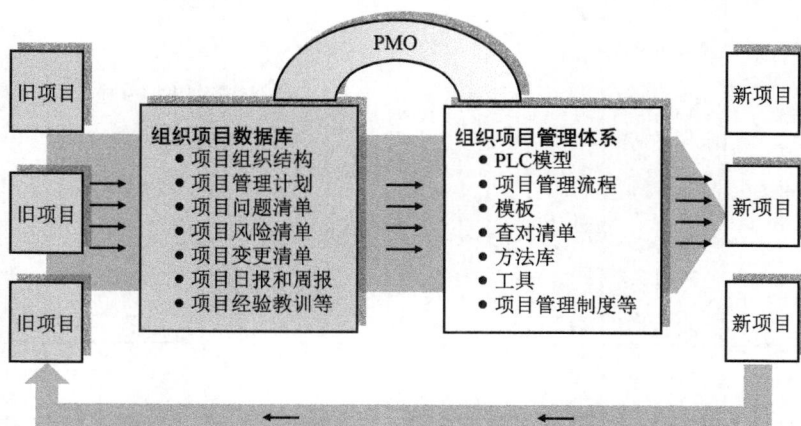

图 9-2 项目数据库和项目管理体系的关系

在组织项目数据库中，PMO 通常按照项目目前的活跃状态对项目资料进行分类管理，比如，分为选择阶段被否决的项目列表、正在执行中的项目列表、收益评价期内的项目列表、已经关闭的项目列表等。同时，为了便于项目团队之间的资料共享，PMO 按照项目分类建立统一的文档目录。

🔄 **示例** JJ 公司的文档目录

表 9-5 列举了 JJ 公司的 PMO 为某类项目的管理类文档建立的目录。

表 9-5　JJ 公司某类项目的管理类文档目录

1　项目定义卷	3.4.2.1　周例会
1.1　项目章程	3.4.2.2　周报
1.2　商业论证	3.4.3　（后略）
1.3　投标文件	3.5　项目绩效报告
2　项目计划卷	3.5.1　第一月绩效报告
2.1　项目启动会议	3.5.2　第二月绩效报告
2.2　项目管理计划	3.5.3　（后略）
2.3　项目管理制度	4　项目收尾卷
3　项目控制卷	4.1　项目完工绩效报告
3.1　项目问题登记册	4.2　度量值收集
3.2　项目风险登记册	4.3　经验教训总结
3.3　项目变更登记册	4.4　人员绩效评价（阅读权限受控）
3.4　项目定期监控	4.4.1　项目经理绩效评价
3.4.1　第一周	4.4.2　项目成员绩效评价
3.4.1.1　周例会	4.5　项目收益评价
3.4.1.2　周报	5　其他无法归类的管理类文档
3.4.2　第二周	

项目数据库可以通过电子信息系统进行管理，也可以直接手工管理。PMO在建立项目数据库后，还需建立与此相关的数据库管理制度，例如，对项目

团队提交项目资料的要求，对查阅其他项目团队资料及组织以往项目资料的权限等。在项目执行期间，项目团队根据 PMO 的要求定期向组织项目数据库提交项目资料，保证项目团队所管理的资料和项目数据库中的资料的基本同步；在项目进入收尾和评价阶段，当 PMO 确认项目团队的所有收尾工作都已经完成后，PMO 将在项目数据库中冻结该项目目录，项目团队将不再允许在其中增加或删减项目文件。PMO 把该项目从"正在执行中的项目列表"移入"已经关闭的项目列表"或"收益评价期内的项目列表"中。

把组织所有项目的文档资料放置在项目数据库中由 PMO 集中管理有很多好处，主要体现在以下几个方面：

- 可以建立统一的索引目录或搜索引擎，便于项目团队查阅。
- 可以实行严格的权限管理，保证项目资料信息的安全。
- 对正在执行中的项目（含处于启动和计划阶段、实施阶段及收尾阶段的项目），PMO 可以通过抽查这些项目的文档，判断项目管理过程是否符合规范，项目过程是否存在问题或风险，从而及时对项目团队进行指导。
- 可以促进项目团队之间的信息共享，提高组织整体工作效率。比如，A 项目遇到的技术问题，恰好 B 项目也遇到过并且已经解决。通过搜索项目数据库，A 项目可以很快获知 B 项目处理该技术问题的过程，从而缩短解决问题的时间。
- 通过分析项目资料，PMO 可以不断地改进组织项目管理体系。比如，通过分析某类项目的问题登记册，PMO 可以对该类项目的风险查对清单进行补充。

另外，对项目资料进行集中管理还可以杜绝项目中的一些常见问题，比如，有的项目团队在实施过程中不重视文档工作，而是在项目交付时为了应付验收而突击补充文档，这样仓促编写的文档不仅会有很多错误，而且也失去了文档本应具有的作用。当 PMO 对项目文档进行集中管理时，可以通过抽查及时发现没有按照项目管理流程编写的评审文档的团队，并及时向其提出整改要求。还有一些项目中，项目成员虽然能够按照要求编写文档，但是他们把文档看作自己的私有资产，只限于自己和客户查看，不愿给自己的同事和 PMO 分享，这种情况势必会影响团队合作，也会阻碍组织项目管理整体水平的提升，而建立项目文档集中存放制度可以有效地杜绝这种情况的发生。

2．项目度量值的收集和管理

项目度量值是指项目实施过程中产生的与项目活动或项目交付物有关的一些实际数量值，如完成一项活动所用的时间、人·天数、成本，或者一个文档交付物的页数、字数、行数等。

↻ **示例** KK 公司的项目度量值报告

表 9-6 是 KK 公司的 PKK01 项目团队在项目收尾和评价阶段向 PMO 提交的度量值报告，其中包含了与项目初步设计文档相关的部分活动和交付物的度量值数据。

表 9-6　KK 公司 PKK01 项目度量值收集报告摘录

名　　称	属　　性	指　　标	度　量　值
编写项目初步设计文档初稿	活动	工作量	20 人·天
评审项目初步设计文档初稿	活动	次数	4 次
评审项目初步设计文档初稿	活动	历时	1 天/次（平均）
修改项目初步设计文档初稿	活动	工作量	3 人·天/次（平均）
项目初步设计文档定稿	交付物	页数	120 页（含封面和目录）

项目度量值是项目估算的重要依据，常用的项目估算方法有类比估算法、参数估算法、三点估算法、自下而上估算法等，而这些方法都需要以历史项目的相关度量值为依据。因此，如果组织保存了足够多的度量值，那么组织在进行项目估算时的准确程度就一定会有所提升，项目估算的准确程度决定

了组织对项目结果的预测能力，而预测能力正是组织成熟度的体现之一。具体来说，收集项目度量值的作用可以概括为以下几个方面。

1）提供估算依据。项目团队在编制计划时，如果能获得以往类似项目的度量值，就可以使用上面提到的科学估算方法，对新项目的成本和进度做出较为可靠的估算。比如，某个项目中有一项工作为"评审初步设计方案"，项目团队在参考了表 9-6 提供的历史项目度量值之后就会发现方案评审很难一次通过，因此，项目团队决定在项目进度计划中留出多次评审的时间。

2）为制定相关标准提供依据。项目度量值可以为制定相关标准提供依据，例如：

- 在项目中有些工作的成本按照"工时×人工费率"的方式进行估算，这时项目团队只需估算工时，而人工费率的标准由 PMO 提供。
- 在某些硬件安装项目中，安装费用估算＝硬件成本×安装费率，项目团队只需估算出硬件成本，即可根据 PMO 提供的安装费率估算出安装费用。
- 在某些项目中，风险预留＝项目成本估算×风险预留百分比，项目团队只需估算出项目总成本，并且对项目整体风险程度进行估算，就可以按照 PMO 提供的风险预留百分比计算出项目所需的风险预留值。

以上例子中提到的这些费率标准（如人工费率、安装费率、风险预留百分比等）都需要依据历史项目的相关度量值来进行估算。

3）为项目相关方设置合理的期望。根据以往项目的度量值，项目团队可以客观地评估项目目标实现的可能性。当相关方向项目团队提出不切实际的进度或成本要求时，项目团队可以以历史项目的度量值为依据，提醒相关方项目目标所包含的风险。

4）为与同行对标提供依据。PMO 通常就一些关键度量值和业界平均（或先进）水平进行比较，及时发现差距，及时采取整改措施。比如，一个同样规模和复杂度的网络建设项目，LL 公司完成该项目用了 100 人·月，而业界其他公司的平均水平为 20 人·月。通过比较可以发现，LL 公司必须改进流程、提高效率，否则将会被市场所淘汰。

在组织中，由 PMO 负责度量值的确定、收集、整理、保存、分享和利用。PMO 通常需制定统一的项目度量值收集管理制度，要求项目团队按要求收集并提交相关度量值，必要时 PMO 可以对项目团队提供指导和培训。如果 PMO 要求项目团队提交某些特殊的度量值数据，则需要在项目启动和计划阶段通过正式的文件向项目团队予以说明，并得到项目团队的认可。PMO 从项目团队收集度量值时需注意以下两点：

1）不要因为收集度量值而为项目团队增加过多的工作负担，从而影响项目团队的正常工作进度。因此，PMO 要选择真正有意义的度量值，而不是收集得越多越好；同时，要最大限度地简化度量值采集和报告的过程。

2）不要用度量值来替代项目绩效信息。度量值要讲究客观和真实，如果用度量值来衡量项目或项目成员绩效，那么数据的真实性就会受到影响，因此，PMO 通常通过独立的渠道来收集度量值，而不掺和在项目或工作绩效报告中。比如，有一位工程师为了编写一份设计方案向项目经理申请了 40 个工时，但事实上，这位工程师只用了 20 个工时就圆满地完成了任务，而用剩下的 20 个工时研究了自己感兴趣的另一个课题。工程师不希望在绩效信息中体现他花费这 40 个工时的细节，因为这可能影响对他的绩效的评价。因此，PMO 需要创造一种合理的方法，鼓励工程师在报告度量值时提供真实的数据——20 个工时，而不是 40 个工时。

对于大部分项目来说，在项目进入收尾阶段后，项目团队需按照 PMO 的要求提供相关估量值，其中，必须提供的一项是项目关键里程碑历时度量值信息。

示例　MM 公司在项目收尾时的度量值报告

表 9-7 是 MM 公司的 PMM01 项目团队在项目收尾和评价阶段向 PMO 提交的度量值报告摘录。

表 9-7　MM 公司 PMM01 项目度量值报告摘录

（1）PMM01 项目里程碑实际完成情况

里程碑	合同签订	分包合同签订	投入使用	签署验收	遗留问题解决	备注
局域网	2018-10-27	2018-10-28	2019-3-13	2019-3-13	2019-3-30	①
计算机机房	2018-10-27	2018-10-28	2019-1-18	2019-2-13		②
语音交换机	2018-10-27	2018-10-28	2019-1-18	2019-2-23	2019-4-4	③
综合布线	2018-10-17	2018-10-28	2019-2-8	2019-2-15		
安保系统	2018-12-21	2018-12-22	2019-1-31	2019-3-22		④
视频会议	2018-11-1	2019-2-12	2019-2-14	2019-2-14		

注：① 客户计算机系统没有按时到位。

② 客户要求我们编辑一本完整的机房维护手册，包括各个子系统。

③ 客户提出了新需求。

④ 分包商没有能力及时解决技术问题。

（2）PMM01 项目关键活动实际历时

活动	签署分包合同历时（天）	实施实际工时（天）①	客户验收历时（天）②	关闭遗留问题历时（天）
局域网	1	33	0	17
计算机机房	1	40	26	不适用
语音交换机	1	34	36	40
综合布线	11	38	7	不适用
安保系统	1	22	50	不适用
视频会议	103	2	0	不适用

注：① 只计算实际工作时间，不含节假日和周末等非工作时间。

② 自然历时，含周末和假日。

9.3 项目经理和项目团队成员绩效评价

1. 项目经理绩效评价

项目经理绩效评价不论是对组织还是对项目经理本人都有积极的意义。对于组织而言，通过分析项目经理的绩效，可以发现薄弱区域，在组织层面上采取统一的整改措施；同时，可以选拔部分优秀人员，补充到组织项目管理体系中。对于项目经理而言，通过绩效评价，既可以肯定成绩，也可以发现差距。根据绩效评价结果，项目经理还可以对自身能力进行 SWOT 分析，确认或调整职业发展计划。PMO 不仅可以帮助项目经理制订下一步的提升计划，还可以创造条件帮助项目经理执行提升计划，如举行培训、建立轮岗制度、为项目经理指定辅导员等。如果每个项目经理的能力都能得到提高，那么组织整体项目管理水平无疑也会得到提升。

项目经理绩效评价的结果，除有助于个人和组织的持续改进外，还有以下的具体用途：

- 作为新项目委派项目经理的依据之一。
- 作为 PMO 在组织内选择 PMO 专家委员的依据之一。
- 作为项目经理年度绩效考核的依据之一。
- 作为项目经理专业晋级的依据之一。
- 作为组织选拔人才的依据之一。

不论在什么类型的组织结构中，项目经理绩效评价体系由 PMO 统一制定和维护，同时，针对每个具体项目来说，通常当项目进入收尾和评价阶段时，由 PMO 负责对项目经理进行绩效评价。对于工期较长的项目，在项目实施过程中，由 PMO 定期（如每半年）或按项目阶段对项目经理进行评价。在职能型或弱矩阵型的组织中，PMO 对项目经理的绩效评价结果将是项目经理年度绩效评价的重要依据。

下面介绍几种常用的项目经理绩效评价方法，PMO 需根据组织的具体情况选择使用，或者重新建立适合组织情况的评价方法。

（1）单一指标法

通常，项目绩效包括多个方面，如进度、范围、成本和质量等。当项目经理只为其中某一个方面的绩效负责时，PMO 就可以采用这种简单的方法对项目经理的绩效进行评价。

⟳ **示例**　OO 公司采用单一指标法进行绩效评价

采用单一指标法的优点是简单、直观、易于操作，而且单一指标以结果为导向，鼓励项目经理不遗余力地为实现最终结果而努力。但这种方法也有一些缺陷，如忽略了影响结果的诸多因素（客户因素、季节因素、项目规模、复杂程度及项目经理手头所负责项目的总量等），所以很容易对部分项目经理产生负面影响，比如，某些负责棘手项目的项目经理可能产生挫败感，从而导致项目经理在选择新项目时，刻意回避那些具有挑战性的项目，而只选择那些简单的、稳妥的项目。

OO 公司属于矩阵型组织结构，每个项目都需要跨部门协作，项目经理的主要职责是协调各个部门保证项目按时交付。对于项目中的采购成本、人工成本等，则由各个部门自行负责，不在项目经理的职责范围内。组织对项目经理的职责定义是：敦促各部门按照进度计划完成所负责的工作，从而按时拿到客户签署的终验证书。在这种情形下，就可以用一个指标来对项目经理的绩效进行考核，即终验按时率。在 OO 公司，一位项目经理同期负责 20 多个项目，每个月末由 PMO 公布每位项目经理当月所签回的终验证书数量，以及其中按时签署的比例，到每个财年末，PMO 将统计出该年度每位项目经理总计签回的终验证书数量及按时率。

（2）360 度调查

360 度调查又称全方位考核法。在组织中，对员工的 360 度调查通常邀请员工自己，员工的上司、下属、同事及客户等参与；对于项目经理来说，被邀请参与调查的大部分人员都是项目的主要相关方，包括项目经理本人、项目发起人、项目团队成员、项目客户、配合部门、分包商、PMO 等。360 度调查通常采用匿名的方式，因此，PMO 要确保调查过程和结果的保密性。采用 360 度调查方法通常包括以下几个步骤：

- 编写问卷。问卷由 PMO 负责编写，涵盖项目管理的各个过程和各个知识领域。同时，问卷中还要留出足够的空间，供被调查者自由发表意见。

- 选择被调查对象。被调查对象由被评价的项目经理和 PMO 共同确定。PMO 通常对此有相关要求，比如，必须包括项目发起人、项目客户、项目成员、供应商、配合部门的代表，而且对每类代表的资质和数量都有一定的要求。

- 执行调查。通常，PMO 委托独立的第三方机构执行 360 度调查，这样做可以避免组织内部人际关系等因素的影响，最大限度地保证过程的保密，以及信息的客观公正。

- 总结并发布调查结果。第三方机构对调查结果进行收集、整理、汇总，之后提交 PMO。最终的结果以汇总的形式呈现，从中并不能看出各个被调查者的打分和评论。

示例 QQ 公司项目经理绩效评价 360 度调查问卷

表 9-8 是 QQ 公司项目经理绩效评价 360 度调查问卷。

表 9-8　QQ 公司项目经理绩效评价 360 度调查问卷

项目背景：

张三是 PQQ01 项目的项目经理。目前，该项目已经通过验收，进入收尾和评价阶段，我们诚恳地邀请您对张三经理在项目中的表现给予评价。您的评价对张三经理和 QQ 公司都具有重要的意义。

填表说明：

1. 请在 4 月 1 日前将完成之后的调查问卷发送到：pmo360@QQcom.company。

2. 此次调查为匿名调查，调查收集的所有信息都将以汇总的形式呈现，您个人的评分和意见不会单独透露给任何组织和个人。

3. 请针对每个问题打分，分值范围为 1~5 分，其中

   5 分：表示我非常同意

   4 分：表示我同意

   3 分：表示我保持中立

   2 分：表示我不同意

   1 分：表示我非常不同意

   NA：表示无法打分，这一条对于该项目经理不适合，或者我对这一条的意思不了解

方面	问 题	1	2	3	4	5	NA
整体管理	1. 项目目标清晰，所有相关方对目标有明确而一致的理解						
	2. 项目管理计划及时发布、及时更新，并且得到相关方的一致认可						
	3. 执行过程定期检查项目工作状况并提出建议						
	4. 由项目管理委员会对项目中的重要问题进行决策						
时间管理	5. 项目需求明确，并且得到客户的正式认可						
	6. 有明确的项目验收标准						
	7. 严格按照变更管理流程管理变更						
	8. 选用了合理的项目生命周期						
	9. 在执行过程中有细化的周工作计划						
成本管理	10. 及时记录项目实际成本的发生						
	11. 主动采取措施控制成本超支						
质量管理	12. 对关键交付物进行评审时邀请专家参与						
	13. 积极采取措施解决技术问题和纠正技术偏差						

续表

方面	问　　题	得　　分					
		1	2	3	4	5	NA
团队管理	14. 项目团队有明确的工作流程						
	15. 项目成员有明确的职责分工						
	16. 定期举行团队建设活动						
沟通管理	17. 通过问题登记册跟踪问题的解决						
	18. 定期召开项目报告会议						
	19. 客户很清楚自己在项目中的角色和职责						
	20. 及时让客户了解项目状况，必要时得到了客户的支持						
	21. 和管理层有效沟通，必要时得到了管理层的支持						
	22. 和其他部门有效沟通，必要时得到了其他部门的支持						
风险管理	23. 通过风险登记册管理项目风险						
	24. 风险应对措施确实有效						
采购管理	25. 通过正式采购流程选择供应商						
	26. 严格管理供应商的绩效						
职业道德	27. 遵守《项目经理和项目团队成员职业道德准则和行为规范》						

采用360度调查方法，可以得到对项目经理绩效更加全面而客观的评价，但是该方法也有缺陷，比如，和其他方法相比，360度调查更加费时费力，有时PMO还需要为参与调查的人员举行专门的培训。

（3）平衡计分卡

平衡计分卡（Balanced Scorecard）是由Robert S. Kaplan和David Norton于1992年在《哈佛商业评论》中首先提出的一种绩效度量的方法。平衡计分卡方法综合考虑了包括传统财务指标在内的多个指标，如客户满意度、内部业务流程、组织创新和学习能力等。对于项目经理而言，使用平衡计分卡方法进行绩效评价时通常关注以下4个方面：

1）财务方面。财务方面的度量指标需要与项目经理的职责和授权保持一致。在有的项目中，项目经理需要为项目盈利情况负责，那么，度量指标就是项目实际盈利和预计盈利的偏差；在有的项目中，项目经理只对项目的成本负责，那么，度量指标就是项目实际成本与项目预算的偏差；还有一些项目中，只有部分项目成本属于项目经理的控制范围，那么，绩效度量时就只考虑项目经理负责范围内的成本偏差情况。

2）客户满意度。不管是内部项目还是外部项目，项目结束后都应该进行客户（或用户）满意度调查。客户满意度说明了客户（或用户）对项目实施过程和项目结果的认可程度。PMO 可以通过客户访谈或者问卷调查的方式得到客户满意度分数。PP 公司曾经用了一种特殊的方法来度量客户满意度，它为每个项目经理分配了 60 分的客户满意度起点分，在项目实施过程中，收到一次客户投诉就减掉 20 分，得到一次客户表扬就加上 20 分，项目结束后用最终分数来度量项目经理在客户满意度方面的绩效。

3）对组织流程的贡献。考察项目经理是否能够遵守组织流程和相关制度，是否能积极地为扩充组织过程资产做出贡献。比如，项目经理是否按时向 PMO 提交项目绩效报告，是否按时向项目数据库同步项目文档，是否主动与其他项目团队分享经验教训等。PMO 通常建立一个查对表，由项目经理自己逐项查对并打分，其他相关方予以确认。

4）创新和学习。通过执行项目，项目经理自身的技能是否有提高，同时是否帮助团队成员提高了技能。人力资源部通常为每位职员建立一个技能库，在项目结束后，项目经理和成员需及时更新技能库，该技能库反映了每位职员在各个时期的技能增长情况。

采用平衡计分卡方法，可以综合考察项目经理为组织带来了什么价值和做出了什么贡献，组织根据每位员工的贡献确定合理的激励措施。该方法在使用过程中也会遇到一些困难，比如，该方法要求在每个考察方面都建立定量的度量指标，而在实际工作中，对有些方面很难进行精确的量化，如对组织流程的贡献、创新与学习等。

（4）过程结果方格法

过程结果方格法从两个维度来考评项目经理的绩效，既关注项目经理的工作结果（项目完工绩效），也关注项目经理的工作过程（项目管理的过程）。这种方法和平衡计分卡法有些相似，都是从多个方面对项目经理的绩效进行考察，但是操作起来相对简单一些，并且对项目管理的针对性更强一些，可以看作一种简化后的、专门针对项目经理的平衡计分卡。

在对项目经理进行绩效评价时，人们经常会有这样的困惑：是不是项目完工绩效好就意味着项目经理的绩效好，项目完工绩效差就意味着项目经理的绩效差？甚至有人认为，如果项目半途而废，那就意味着项目经理能力低、工作绩效差。本书第 6 章介绍的 EE 公司卡通型 PC 研发项目中，项目总监杰夫在潜意识里就存在着这样的想法，所以，每次当项目面临终止的选择时，他都毅然决然地选择了"继续"，他不希望自己亲自挂帅的项目半途而废。卡通型 PC 研发项目最后勉强完工，但是项目最终交付的产品已经不是市场所需要的产品了，公司投资该项目没有获得预期的收益，反而造成巨大的浪费，同时也损失了其他的项目机会。事实上，每个项目都充满了不确定性（研发类项目尤甚），有一些因素甚至超出了项目经理或项目实施组织的控制范围，比如，卡通型 PC 研发项目中市场条件的变化和关键技术问题的出现。

因此，仅以项目完工绩效来评价项目经理的绩效有失偏颇，在考察项目经理绩效时，还需综合考虑项目管理的过程，比如，项目经理是否遵循了组织推荐的项目管理流程和方法，项目经理是否充分发挥了主观能动性去解决项目中遇到的问题等。在上述卡通型 PC 研发项目的案例中，如果项目总监和项目经理能够在项目出现技术问题后，积极调查，充分评估，最终决定终止项目，也不失为一种合格的甚至优秀的项目管理行为。另外，对项目管理过程进行考察和评价更具有实际意义，只有考察过程，才能发现造成项目绩效偏差和项目最终成败的真正原因，才能有针对性地从组织和个人层面同时采取改进措施。

过程结果方格法分别以项目经理的结果绩效和过程绩效为纵轴、横轴建立绩效结果方格，根据项目经理在这两方面的得分确定项目经理的绩效在方格中的位置。结果绩效直接来源于 PMO 对项目完工绩效报告的审查结果，而过程绩效可以通过 360 度调查或者查对清单的方式获得。结果绩效通常选择项目完工绩效，而不选择对项目最终收益实现情况的评价，主要原因有两个：

- 第一，如第 6 章所述，有的项目最终收益评价需要历时数年，PMO 不可能等数年之后再对项目经理做绩效评价。
- 第二，项目最终收益的实现与当初的项目选择（发起人负主要责任），以及项目产品投入运行（或投产）之后的经营情况（日常运作部门负主要责任）有密切的关系，而这些因素都超出了项目经理的控制范围。

结果绩效和过程绩效两方面的分数都获取之后，PMO 召开项目经理绩效评价会议，邀请相关专家和领导参与，确定项目经理的绩效评价结果，并且对项目经理的下一步发展提出建议。绩效评价结果通常由 3 个部分组成：

- 绩效评价结果定位。
- 绩效评价结果说明。
- 改进建议。

示例　RR 公司的过程结果方格法

RR 公司的 PRR01 项目进入收尾和评价阶段后，PMO 完成了对项目完工绩效的审查，同时 PMO 也委托第三方完成了对项目经理张三的 360 度调查，之后 PMO 举行了由专家和关键相关方参与的评审会议，对项目经理张三的绩效进行了评价。表 9-9 是 PR 公司这次会议对项目经理形成的绩效评价结果。

表 9-9　RR 公司项目经理绩效评价结果

文件名称：项目经理绩效评价报告	绩效评审会议信息
文件发布：PMO 文件批准：刘静（PMO） 发布日期：8 月 18 日	时间：2015 年 8 月 17 日下午 2:00—4:00 地点：206 会议室 参与人员：（略）
项目经理：张三 项目名称：PRR01 项目	参考资料： ● PRR01 项目完工绩效审查报告 ● 项目经理张三 360 度调查报告

1.　项目经理绩效评价结果（在方格中的位置）

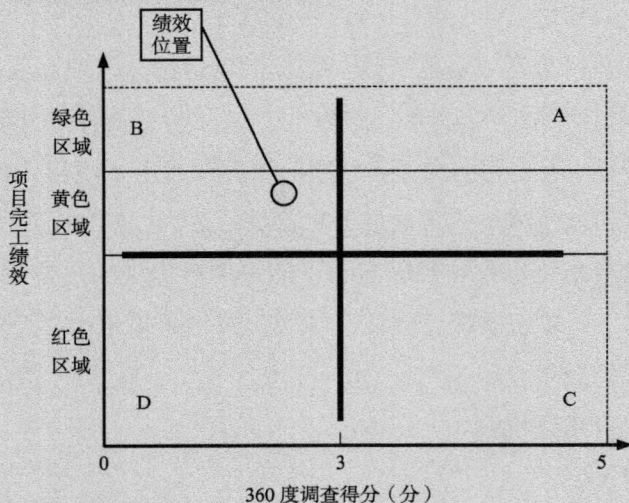

2.　对绩效评价结果的说明

结果绩效：项目完工绩效属于黄色区域，因为项目进度和成本绩效都出现偏差，但都在
相关方容忍范围之内。

过程绩效：360 度调查得 2.8 分，低于 PMO 设定的合格线 3 分。

3.　改进建议

（1）如果绩效结果在方格 B，则建议

- 以结果为驱动，但同时也要关注项目管理的过程。
- 建议进一步学习公司项目管理流程，并理解流程的重要性。
- 建议加强对团队协作的重视。

- 建议关注对组织过程资产的贡献。
- 建议继续管理同类型和同优先级的项目，从而积累更多的经验。

（2）360 度调查意见汇总

- 建议关注团队成员情绪。
- 建议不要一味地迎合客户。
- 其他。

（3）绩效评价会议专家意见汇总

- 具有结果导向的意识，具有优秀项目经理的潜质。
- 提升团队管理技能。
- 提升沟通技能。
- 学习并掌握更加科学的管理方法。
- 其他。

采用过程结果方格法，不仅可以全面客观地评价项目经理的绩效，而且在绩效评审会议上，专家可以对项目经理提出合理的改进措施。另外，采用这种方法时，PMO 用项目经理的实际表现与该项目经理的预期目标进行比较，不存在项目经理之间互相比较的情况，因而不会对团队合作造成负面影响。但是采用这种方法同样也存在缺陷，如兴师动众、费时费力，所以，PMO 通常仅对负责复杂项目或高优先级项目的项目经理采用这种绩效评价方法。

以上介绍了评价项目经理绩效的几种常用方法，PMO 需要根据组织的实际情况，选择或创建适合自己组织的绩效评价方式。在同一个组织中，对于负责不同类型项目的项目经理也可以采取不同的绩效评价方式。比如，在 RR 公司，对于简单的硬件安装类项目，PMO 采用单一指标法评价项目经理绩效，对于相对复杂的系统集成类项目，则采用过程结果方格法评价项目经理绩效。

PMO 为自己的组织建立项目经理绩效评价体系时，需要关注以下几个方面：

1）评价体系要适应组织文化和部门文化，需要与组织人力资源部门对员工绩效的管理制度保持一致。

2）PMO所选择的评价指标要有实际意义，对组织和个人的发展有促进作用。PMO对考核指标要定期审查，删除没有意义的指标，并根据需要增加新的指标。

3）评价过程要力求简单，过于复杂的评价过程不仅浪费组织资源，影响组织日常业务，而且极易造成被评价者的消极或对立情绪。

4）不采用"零和"方式，不排名，不评优，不采取末位淘汰制。项目经理的绩效评价结果不应取决于与同事互相比较的结果，而应依据项目经理实际绩效与期初目标的比较。因此，在一个组织中，如果所有项目经理都实现了期初目标，那么所有项目经理的考评结果都是"优秀"；如果都没有实现目标，那么考评结果就都是"待提高"。

5）创造和谐愉快的绩效评价氛围。绩效评价是总结过去、规划未来的过程，因此要侧重鼓励与提升，而不是批评与指责。创造和谐愉快的评价氛围是PMO的责任。

6）项目经理绩效评价体系需要持续改进。PMO需要监控绩效评价的效果，借鉴同行的优秀做法，广泛吸纳来自各方的意见，尤其是项目经理的意见，定期对体系进行改进。

2．项目团队成员绩效管理

项目团队成员绩效评价的框架和流程由PMO负责制定和维护。在项目进入收尾和评价阶段时，由项目经理按照PMO提供的框架和指南完成对项目团队成员的绩效评价。对于工期较长的项目，PMO通常要求项目经理在项目实施过程中对成员进行定期（如半年一次）或按阶段的绩效评价。项目团队成员的绩效评价结果由PMO统一管理，作为成员年度绩效评价的重要依据。

通常，项目团队成员的绩效评价主要关注3个部分：成员在项目中所负责的任务的完成情况，与其他团队成员的协作情况，遵守职业道德标准的情况。

🔄 **示例**　SS 公司项目经理对项目成员的评价报告

表 9-10 是 SS 公司在 PSS01 项目进入收尾和评价阶段后，项目经理张三对项目成员李四所做的绩效评价报告。

表 9-10　SS 公司项目团队成员绩效评价结果

文件名称：项目团队成员绩效评价报告 文件编写：张三（项目经理） 文件确认：李四（项目团队成员。角色：网络工程师） 文件发送：8 月 6 日	被评价者：李四 项目名称：PSS01 项目 项目经理：张三

1. 直接负责的任务

WBS 编号	WBS 名称	进度偏差及说明		范围偏差及说明	质量偏差及说明
1.2.3.1	完成对综合布线系统的测试	−7天	其他任务延误导致	无	无
1.2.3.4	采购光纤跳线	−3天	出现意外情况	无	无

2. 参与和支持的任务

WBS 编号	WBS 名称	你的角色	任务责任人	进度偏差	范围偏差	质量偏差
1.2.3.1	完成综合布线系统设计方案	提建议	王五	−10天	客户增加了 10 个数据点	实施时发现有设计缺陷
1.2.3.4	综合布线材料采购	提意见	刘静	无	无	无

3. 职业道德（略）

在上述示例中，对于项目团队成员在团队协作方面的评价，SS 公司采取的方式是考察成员对项目中其他任务的贡献程度，包括参与任务的数量及所参与任务的完成情况，通过这种方式促进项目成员除努力完成自己的工作外，还要主动协助其他成员完成工作。有的 PMO 采用一种简单的方式评价成员的团队协作精神，即用项目整体完工绩效来代表项目团队的协作精神，强调每个成员都应该为项目的整体绩效负责。通过这种考评方式，强调在项目环境中优秀的团队比优秀的个人更加重要。

在职业道德方面，可以用组织既有的标准对成员的行为进行衡量，也可以采用 PMI 发布的职业道德标准体系作为衡量标准。

和项目经理绩效评价一样，在对项目团队成员进行绩效评价时，也要注意组织文化、评价氛围等因素，也不宜采用"零和"方式。另外，成员绩效评价还需关注以下几个方面：

- 成员绩效评价，通常由成员首先根据 PMO 提供的绩效查对表进行自评，项目经理通过与成员举行一对一的会议予以确认或校正。
- 成员绩效考评不排名，也不分等级（如 A、B、C、D 或优秀、良好、一般、待提高）。
- 项目经理对项目成员的绩效评价，主要是客观记录和总结该成员在项目中的表现，侧重事实和数字，而避免主观评论。
- 对项目团队成员的绩效评价不建议采用 360 度调查方法，因为这种方法费时费力，增加了项目收尾阶段的工作量，而且由于成员之间存在调查和被调查的关系，极易导致人际关系的复杂化并产生负面影响。

9.4 建立项目管理能力框架

项目管理能力框架和项目经理绩效评价体系有一定的关系，但并不相同，能力框架结构性地罗列了项目管理从业人员所应具备的各种关键能力，而绩效评估体系用来评价项目管理人员在某个具体项目中的行为表现。PMO 应根据组织发展战略建立适合的项目管理能力框架，并且从组织层面制订能力获取和提升计划。而项目管理从业人员可以随时通过能力框架对自身能力进行评估，从而及时制订能力提升计划。建立项目管理能力框架的作用主要体现在以下几个方面：

- 项目管理能力框架体现了组织的发展战略，PMO 通过能力框架为组织培养和储备项目管理方面的人才。
- PMO 根据能力框架制订项目管理培训计划。
- 为高优先级项目委派项目经理时，可以按照能力框架对候选人进行评估，从而做出更趋合理的选择。
- 圈定危机项目后，对危机项目的项目经理进行能力评测，可以帮助整改小组决定是否继续留用该项目经理。
- 从组织外部招聘项目管理人员时，可以通过能力框架测评，选择合适的人员。
- 从组织内部选拔项目经理时，可以通过能力框架测评，选择合适的人员。
- 组织内部项目管理从业人员可以通过能力框架进行自测，从而制订个人培训计划。
- 组织内部的所有人员可以通过能力框架进行自测，从而制定自己的职业发展道路。
- PMO 通过对组织所有项目管理从业人员进行能力测评，评估组织项目管理的整体水平等。

很多项目管理组织和机构都推出了项目管理人员能力模型，PMO 在为组织建立能力框架时，可以选择合适的成熟框架，也可以此为基础建立适合组织自身情况的能力框架。下面先介绍几种经过实践验证的项目管理能力框架，之后讨论 PMO 执行能力测评的过程，以及对能力测评结果的利用。

1. 项目管理协会推出的项目经理能力框架（PMCDF）

项目管理协会（PMI）创建于 1969 年，总部设在美国。该协会推出的项目经理能力框架简称 PMCDF，是英文 "Project Manager Competency Development Framework" 的缩写，可以查阅 PMI 的官网 www.pmi.org，了解模型的实时更新情况。PMCDF 从 3 个方面描述了项目经理应该具备的能力。

1）知识能力。知识能力表示项目管理人员所应了解和掌握的基本项目管理方法和技能，PMI 推出的《PMBOK 指南》就是这些方法和技能的总括。考察一个项目管理人员是否具备上述知识能力，最直接的方法就是参加 PMP 认证考试。

2）执行能力。执行能力表示项目管理人员在实际工作中应用上述知识的能力，对这些能力的描述也包含在《PMBOK 指南》和 PMP 考试规范中。考察一个项目管理人员的执行能力，可以通过考察其在具体项目活动中的行为和结果来进行判断。

3）个人能力。个人能力表示项目管理人员所应拥有的行为、态度和关键个性特征等方面的能力，这些能力对项目管理来说至关重要，但这些能力的培养并不容易，它与很多因素有关，包括成长环境、性格特点、工作环境等。个人能力包括 6 个方面，每个方面又包括若干个要素，共计 25 个要素。表 9-11 是项目经理个人能力的中文参考译文，如欲了解更多详细内容，请参考 PMI 出版的《项目经理能力发展框架》。

表 9-11　PMCDF 中的个人能力框架

方面	（一）沟通	（二）领导	（三）管理
要素	1. 对于相关方，要主动倾听、理解并反馈 2. 维护沟通渠道 3. 保证信息质量 4. 根据对象调整沟通	1. 创建团队氛围，提升团队绩效 2. 建立和维护有效的关系 3. 激励和指导团队成员 4. 承担起交付项目的责任 5. 根据需要使用影响能力	1. 建立和维护项目团队 2. 采用有组织的形式规划和管理项目成功 3. 解决项目团队或相关方的冲突

续表

方面	（四）认知能力	（五）有效性	（六）专业性
要素	1. 全盘考虑项目 2. 有效解决问题 3. 使用适当的项目管理工具和技术 4. 寻求机会，提升项目结果	1. 解决项目问题 2. 激发相关方的参与、热情和支持 3. 根据需要进行变更，满足项目需求 4. 根据需要，果断决策	1. 展示对项目的责任感 2. 做事诚实正直 3. 恰当地应对个人或团队逆境 4. 管理人员的多样性 5. 客观地解决个人或组织问题

　　PMI 认为上述 3 个维度的能力只是大部分组织和大部分行业的通用项目管理能力。而在某些行业中，要求项目经理具备某些行业特需的能力。比如，在执行 IT 项目的组织中，除要求项目经理具备项目管理能力外，还要求其具备一定的 IT 能力；在执行建筑项目的组织中，项目经理必须具备安全标准方面的知识和能力。因此，项目经理必须对自己所处的行业情况和组织环境有清晰的了解。而 PMCDF 中没有描述与行业相关的特殊能力。对于 PMO 来说，可以在 PMCDF 的基础上进一步补充行业所需的特殊能力，从而满足实际工作的需要。

　　PMCDF 的优势是不仅提出了能力模型，而且对于每个能力维度中具体能力要素的考核方法、证据要求等进行了详细的描述。根据 PMCDF 的要求，即可以开展对项目经理通用能力的评测。

2. 项目管理协会推出的项目经理能力发展的三角形模型

　　2015 年，PMI 提出了项目经理能力三角形模型，包括 3 个维度，分别为技术项目管理、领导力能力、战略和商业管理。PMI 经过调查研究得出结论：虽然技术技能是项目管理和项目集管理的核心技能，但是仅有技术技能并不能应对日益复杂和竞争激烈的全球市场。组织还希望项目经理同时具备领导能力和敏锐的商业头脑，才能更好地为组织的战略目标做贡献。

战略和商业管理指的是项目经理需要具备以商业为导向的技能。具体包括收益管理和收益实现、商业敏锐性、商业模型和结构、竞争能力分析、客户关系和满意度管理、行业知识和标准等。

领导力能力指的是项目经理需要具备指导和激励团队成员及相关方的能力，包括头脑风暴、教练和引导技术、冲突管理、情商、影响能力、谈判技能等。

技术项目管理指的是项目经理需要具备专业领域内的知识和技能，不同的行业所需的技能可能不同，如敏捷实践、数据收集和建模、挣值管理、治理、绩效管理、需求管理和跟踪、风险管理等。

在推出能力三角形之后，PMI 要求 PMP 证书持有者按照该能力三角模型更新并报告其职业提升的进展，在每个证书周期结束时，根据进展情况来评价是否有资格继续持有证书。这样做的目的是推动 PMP 持证者除具备项目经理基本技能外，还需同时具备技术、领导力、战略和商业管理三方面的能力，以应对持续变化的商业环境，从而促进项目经理通过自身学习，拓宽职业机会，最终以战略合作伙伴的身份去实现商业上的成功。

PMO 也可以把该能力三角形模型作为建立项目经理能力框架的基础，但是需结合企业自身业务的特征，以及战略发展的需要。

3．对项目管理人员的能力评测

PMO 在建立了适合自己组织的项目管理能力框架后，可以根据能力框架对组织中项目管理人员进行能力评测，下面简单介绍 3 种常用的评测方式。

1）简单评测。PMO 根据能力框架编制能力评测问卷，请项目管理人员根据框架中的问题和评分标准进行自我评测。评测过程比较简单，但评测结果的精确度较低。

2）中度评测。PMO 根据能力框架编制评测问卷。除请项目管理人员进行自我评测外，PMO 还把问卷分发给被评测人员的经理或同事，邀请他们根据问卷提纲对被评测人员的能力进行评估,这种方法增加了来自外部的反馈,形成了针对被评测人的 360 度视图, 和前一种方法相比, 结果较为精确。

3)深度评测。PMO 根据能力框架编制评测计划和评测方案。除以上介绍的问卷评测外, 深度评测还增加了对被评测者的笔试和面试,通过收集相关证据, 对被评测者的能力做出更为精确的评估。有时候, PMO 从外部聘请专业的项目管理能力评测机构一起参与深度评测。

以上 3 种方法的主要区别在于评测过程的严格程度和评测结果的精确程度, PMO 可根据组织实际情况选择合适的方法。

4. 建立组织项目管理人员资源库

为了有效管理和利用组织资源, PMO 可以根据能力试测结果和项目经理绩效评估结果等信息, 建立组织项目管理人员资源库,其过程如图 9-3 所示。

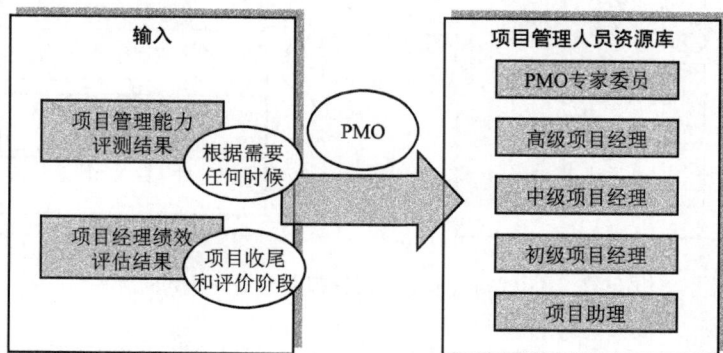

图 9-3 PMO 建立组织项目管理人员资源库的过程

建立项目管理人员资源库对于组织有以下作用:

1)对于某个具体项目来说, 在为其委派项目经理时, 可以根据项目的复杂程度等因素从资源库中选取合适的项目经理,"让合适的人做合适的事",保证组织资源的最佳利用。

2)把组织资源库的组成结构与同行进行比较,可以从另一个维度评估组织的整体项目管理水平，从而制订合理的改进计划。

3）把组织资源库当前情况和组织发展战略进行比较，可以前瞻性地发现能力缺口，提前制订项目管理人员招聘和培养计划，从而为组织战略目标的实现准备条件。

5．制订项目管理能力提升计划

根据项目管理能力评测结果和其他信息，PMO 可以系统地制订组织项目管理能力提升计划，并且帮助项目管理人员个人量身定制适合的培训和提升计划，其过程如图 9-4 所示。

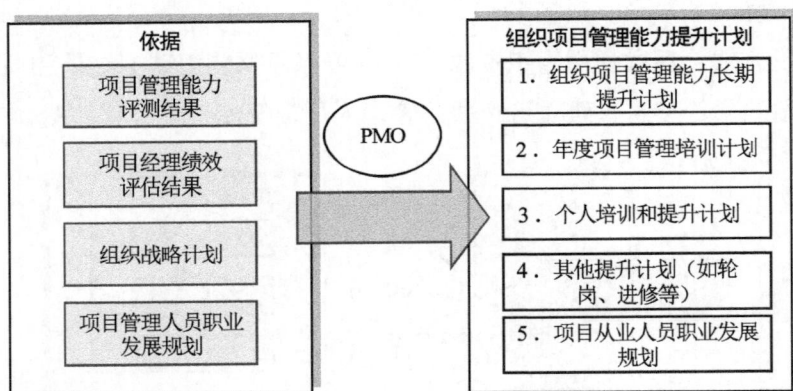

图 9-4　PMO 制订组织项目管理能力提升计划的过程

有效提升个人项目管理能力的一个重要步骤是通过能力评测清楚地界定该人员的能力差距，同时，还有一项重要的工作是帮助项目管理人员建立清晰的职业发展远景。职业远景是人们对自己职业前景的预期，如果职业远景对个人形成了巨大的吸引力，那么人们会想方设法地提升自己的能力，从而争取早日实现职业远景。因此，可以说职业远景是个人能力提升的重要驱动力。在组织中，PMO 负责为项目管理从业人员建立职业发展道路，帮助他们制定切实可行又具有吸引力的职业远景。同时，PMO 还有责任对项目管理人员提供指导和支持，帮助他们按照既定的职业道路发展，实现职业目标。

⟳ **示例** **TT 公司制定的职业发展道路**

图 9-5 是 TT 公司的 PMO 为组织内部的项目从业人员制定的职业发展道路示意图，其中，线条所表示的路径是项目经理张三为自己建立的职业发展道路，实线表示已经实现的部分，虚线表示张三的下一步职业规划。

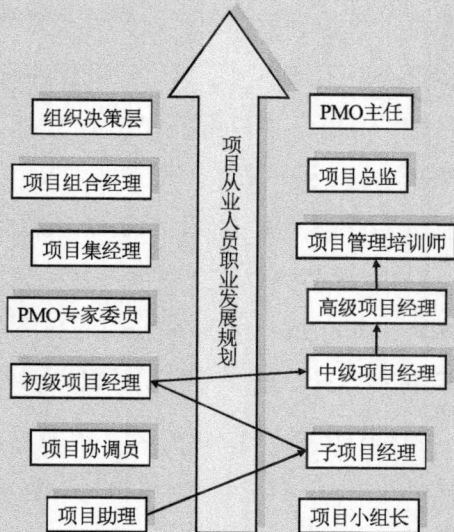

图 9-5　TT 公司项目从业人员职业发展道路

9.5　项目管理文化建设

组织的项目管理文化体现了组织对项目、项目管理、项目经理及项目结果的重视程度。如果组织中没有建立良好的项目管理文化，那么在项目实施过程中无疑会遇到来自组织各方各面的阻力，这些阻力可以破坏项目进程，甚至导致项目失败。这方面常见的问题：

- 相关部门不听从项目经理的指挥，不配合项目经理的工作。

- 项目成员对项目工作不重视，因为项目经理不负责他们的绩效考评。

- 人们不愿意参加项目管理培训，认为项目管理和自己的工作无关。

- 项目经理在组织中地位不高，因此项目经理经常消极抱怨，而不是积极工作等。

在拥有良好项目管理文化的组织中，人们把对项目的贡献作为自己工作价值的体现，职能部门根据项目的需要来培养人才，组织把各个职能部门在项目中的贡献作为度量部门价值的依据之一。在这样的组织中，职能经理把项目经理看作自己的客户，员工把参与项目工作看作体现自己能力的机会。

在组织中建立并且维护良好的项目管理文化是 PMO 的重要职责之一，PMO 可以通过多种方法来实现这一目的。常用的方法：

- 在组织内部建立项目管理民间协会，所有对项目管理感兴趣的员工都可以参加协会。PMO 帮助协会建立网页，并定期举行协会活动。具体实施方法请参考本书第 1 章介绍的 A 公司的案例。

- 设定项目经理定期交流日。邀请所有项目经理参与、讨论项目中遇到的问题，分享心得和体会。PMO 需要为交流日提供必要的通信设施，使得在异地工作的项目经理也可以通过电话会议或视频会议的方式参与交流。

- 出版项目管理内部杂志。邀请组织内部项目参与人员及外部相关人员（如客户、分包商或专家等）撰写文章，交流在项目管理方面的心得体会。

- 设置项目经理奖项，每年对成绩突出的项目经理进行奖励。

以上方式可以帮助 PMO 扩大项目管理在组织内部的影响力，增强组织对项目管理的重视程度。组织文化建设的核心原则是"从上到下"，项目管理也不例外，只有组织高层意识到项目管理对于组织持续发展的重要意义，并且愿意通过身体力行地向员工传递这一信念，项目管理文化才能在组织中生根发芽，不断发展。

案例分享

某公司 PMO 内部职能划分

　　YY 公司是一家 IT 系统集成公司，为各行各业提供包括硬件、软件和服务在内的整体解决方案。YY 公司把每个客户合同看作一个项目，项目类型包括计算机机房建设、综合布线、网络建设、主机系统、存储系统及软件开发部署等多个方面，项目之间的差异性很大。YY 公司是典型的复合型组织结构，其主体结构为职能型，但大部分项目的实施需要跨部门协作，形成矩阵型组织结构。而对于某些大型的、重要的系统开发项目，通常会成立专职项目团队，而且项目经理有权根据需要从公司外部招聘项目合同工，从而形成局部的项目型组织结构。

　　如图 9-6 所示，YY 公司的项目管理职能主要集中在两个团队：一个是项目实施团队，另一个是项目管理办公室。项目实施部门负责具体项目的实施和管理，项目管理办公室负责项目管理平台的建立和维护，并对项目组合进行管理。也可以说，项目经理处在项目的第一线对项目进行管理，项目管理办公室位于后台，随时监控项目进展，并为项目经理提供支持。

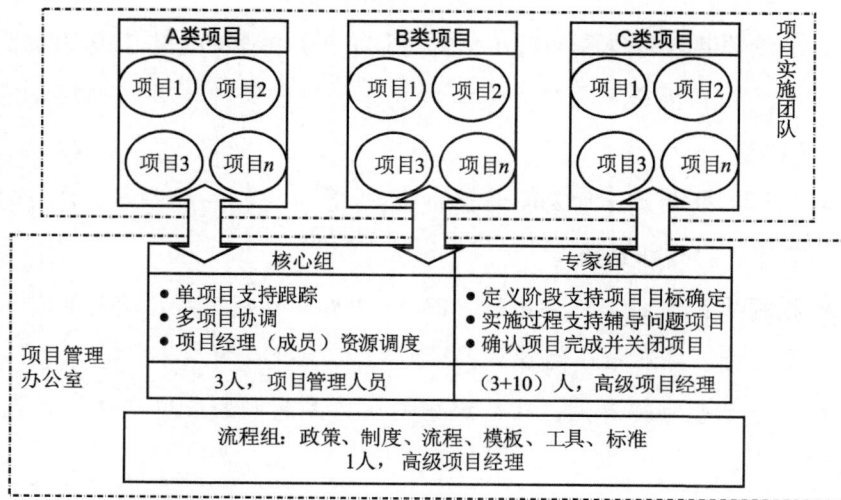

图 9-6　YY 公司项目管理职能

YY 公司的 PMO 由 3 个小组组成，分别为核心组、专家组和流程组，它们的主要职能分别介绍如下。

1. 核心组

核心组有 3 位成员，他们需具备项目管理基础知识，并接受公司内项目管理流程的培训，他们的主要工作如下。

（1）单个项目支持和跟踪

- 收到销售部门的正式客户合同，或者收到管理层可以在合同签订之前开始项目实施的正式书面通知后，核心组在 PMIS 中建立项目账户，主要包括确定项目名称、分派项目 PID、录入合同基本信息和客户基本信息等。

- 根据 PMO 专家组的意见，在 PMIS 中为项目分派项目经理，并书面通知项目经理和相关人员。

- 督促项目经理在收到通知后 5 个工作日内在 PMIS 中建立项目计划。

- 检查项目经理是否按时（每周四 8:00 前）在 PMIS 中更新了项目状态，包括进度、成本等信息。找出失控项目，并进行公司内部通报。

- 检查项目经理是否按时（每月 26 日前）在 PMIS 中汇总了项目成本，并且提交了项目月度总结报告。找出失控项目，并在公司内通报。

- 定期检查做过计划基线调整的项目，是否有相关的评审文件或客户签字，并通报违例者。

- 根据项目计划，定期检查在 PMIS 中标识已经完成的交付物是否确实到位，并通报违例者。

- 根据专家组的意见，在系统中关闭已经完成的或决定提前终止的项目。

（2）编制项目组合报告

每月 30 日之前，PMO 根据项目团队提交的报告和对项目进行跟踪的发现，编制并发布项目组合报告。项目组合报告的内容主要包括：

- 项目数量、项目总金额、处于不同阶段的项目分布情况、处于不同绩效区域的项目分布情况等。
- 对出现重大偏差的项目的报告。
- 问题项目报告。问题项目主要包括进度偏差和成本偏差当期排列在前的项目。

（3）项目经理资源管理

PMO 为公司每位项目经理建立资源日历，并通过电子系统进行日历共享。项目经理负责根据项目计划和项目实施情况，随时更新自己的日历。PMO 和公司其他相关成员可以随时查询某位项目经理的工作安排情况。

2. 专家组

YY 公司 PMO 的专家组由 3 位常设成员和 10 位兼职的专家委员组成。专家组的成员都具有多年项目管理经验，并且具备公司内部认证的高级项目经理资质。他们的主要职责如下。

（1）合同签订前的支持

- 评审项目机会。销售经理向公司汇报商业机会后，PMO 的专家组负责举行会议，评审商机，从而确定是否继续跟进。
- 确定是否需要项目经理参与售前阶段的工作，如果需要，则根据预设原则或管理层意见委派项目经理。通常，PMO 为重要项目和赢单率极高的项目提前委派项目经理。如果不需要项目经理参与售前阶段的工作，则由专家组代替项目经理完成相应的工作，如确认项目工作范围、提供项目成本估算、编制项目进度计划、完成项目风险评估等。
- 评审投标文件。在投标团队完成投标文件并准备正式向客户递交之前，专家组举行评审会议，对项目方案、实施风险、成本效益等方面进行评审。

- 合同条款评审。在正式与客户签署合同之前，专家组举行评审会议，评审合同条款风险。

（2）合同签订后的支持

- 项目执行过程中发生重大变更，如需要修改合同条款，或者需要调整项目预计盈利，则召开专家组评审会，对变更进行评审，从而确定是否接受变更。
- 根据核心组的报告对问题项目进行审查，并制定整改措施，实行严密监控。如果需要，专家应亲自深入项目实施团队开展工作，帮助项目经理把项目挽回到正常的轨道。
- 根据需要参与项目评审会议，如交付物评审、风险评审、验收评审等。
- 根据项目经理提交的项目完工总结报告和项目关闭申请，对项目进行评审，从而决定是否关闭项目。如果可以关闭，则发出关闭通知；如果不可以关闭，则提出整改建议。

（3）项目经理级别评定

- 定期对项目经理的工作绩效进行考核，并通过笔试、面试的形式对项目经理进行级别评定。
- 委派项目经理。根据项目属性（如战略重要性、复杂程度等）和项目经理日历，并参考其他人员的意见，为项目委派合适的项目经理。

3. 流程组

YY 公司 PMO 的流程组只有一位常设成员，这位成员具有深厚的项目管理理论基础和多年的项目管理实际经验，其主要工作包括：

- 根据公司内部的项目历史资料，为某些常见的项目工作提供标准的工作定义、工期估算、成本估算等。

- 建立项目整体风险评估机制。目前，YY 公司的项目整体风险划分为高、中、低 3 个级别，项目经理以此为依据留取风险预留。
- 建立并维护项目优先级评估标准。
- 建立并维护项目经理定级标准。
- 建立并维护项目管理通用流程。当有新的项目类型出现时，负责建立新的管理流程，并且向相关员工提供培训。
- 建立并维护项目实施过程中需要的模板和工具。
- 建立并维护项目管理知识库。
- 负责 PMIS 的维护，负责 PMIS 厂商的关系管理。
- 组织项目管理培训，包括召集公司内部的培训和向项目经理推荐公司外的相关培训等。
- 建立并维护《公司项目管理的通用术语手册》。

目前，YY 公司的项目基本处于有序受控状态。在合同签署之前，PMO 对合同实施的可行性进行充分的评审，最大限度地避免了"死亡之旅"项目的产生。在项目实施过程中，PMO 对项目进行持续跟踪，对问题项目进行会审并提出整改意见。但是对于出现重大偏差或问题的危机项目，PMO 没有足够的能力和资源建立专门的危机整改团队。YY 公司每年都有一两个大项目濒临失败的危险，比如，由于不能按时交付产品，客户决定终止合同；交付的产品不能满足客户业务运营的需要，遭到客户的起诉；交付的产品存在太多的技术缺陷，客户拒绝签署验收证书，拒绝付款；有的项目在实施过程中，出现项目团队集体跳槽的现象等。另外，目前对项目绩效和项目经理绩效的评价体系也不完整，导致不能对项目经理形成有效的激励措施。

鉴于 PMO 已经发挥的作用和存在的不足，目前，YY 公司的管理层计划对 PMO 的职能进行进一步的扩充，包括：

- 对危机项目进行整改。目前，PMO 的主要工作是发现问题项目并向公司管理层报告，同时由专家组组织会审并提供整改意见。而对于具体的整改工作，主要由项目经理或项目经理的直接上司负责。YY 公司的管理层希望 PMO 建立危机项目整改流程，并且培养危机项目的整改能力，从而直接参与并带领危机项目的整改。

- 完善项目评价体系。目前在 YY 公司，当项目验收后，项目团队就自行解散了，没有专门的组织负责对项目完工绩效和项目实际收益进行正式评价。YY 公司管理层希望 PMO 迅速建立项目完工绩效评估体系，并逐步建立项目收益评价体系和项目经理绩效评价体系。

研讨会：PMO 如何编制真正有用的模板？

研讨主题：什么是好模板，PMO 如何才能编制出好模板？

主题介绍：关于模板，大家一定都有很多的经验和看法。有时候我们需要模板，但是找不到合适的模板；有时候，我们被迫要求使用组织、部门甚至客户提供的模板，而这些模板不仅对我们的工作没有帮助，相反只能束缚我们的思路，增加我们的工作量。有的模板非常复杂，要求填写很多根本没有必要的、和主题基本没有关系的内容，这不仅浪费了时间，也扰乱了思路。PMO 有一项职责，就是为项目团队提供模板。那么什么模板是好模板？PMO 如何才能向项目团队提供好的模板？请大家畅所欲言。

主要观点：

1）我是项目经理，我们团队刚刚来了一位项目助理，是人事部门分配来的，不是我招聘的。前两个星期我给她布置了一些简单的工作，比如，学习使用装订机，编写一张团队介绍幻灯片，给客户的两位工作人员打电话做自我介绍……这是当时我布置的工作，我在笔记本上记了一下，共有 12 项任务。大概过了两三天，我检查她的工作进展。我问她，你手头共有几项任务？她想了半天，说大概十来项吧。我说你现在完成了几项？她又想了半天，说三四项吧。我说哪三四项，她说给客户的电话打了，但是客户没有人接。没有办法，我说你以后每天给我写日报。结果她每天下午一两点给我发一份日报，日报上把她上午做的事情像散文一样记录了一遍，你看不清楚她到底完成了没有。没有办法，我只能自己给她单独编制了一份日报模板，并且还写了一个使用模板的指南，包括日报应该在什么时候填报、什么时候提交。现在，状况总算有了改善。我讲这个事情，是想说明模板确实很有必要，尤其是对于刚刚加入项目团队的新手。

2）PMO 的很多模板要求我们填写过多的信息，这会造成项目团队的抵制。比如，在问题登记册中，有一项是"问题分类"，对于问题责任人本身来说，"问题分类"没有什么意义，但是对于 PMO 来说，经过一段时间的统计后，他们可以发现哪种类型的问题占的比例最大，就是我们说的"80/20"法则吧。所以，PMO 在下发模板的时候，不要总强制项目团队使用，而是通过培训告诉团队这么做的意义。

3）我不知道我们公司的模板是谁编写的。我们公司的 PMO 人员不多，除了领导，其余几个都是刚毕业的学生，我怀疑模板是他们编写的，也有可能是从其他单位或者互联网上"借来"的，这个不能确定。不管怎样，我认为模板的目的是向项目经理推荐一条最佳"行驶"路线，让他们少犯错误、少走弯路。所以，如果你自己还没有"行驶"经验，那怎么向别人推荐最佳"行驶"路线呢？

4）我认为，PMO 负责编写模板的人首先需具备丰富的项目经验，其次还必须在思想上保持开放，能够博采众长，接受不同的意见。如果你不欢迎大家的意见，那么大家也一定不欢迎你制定的模板。

5）应该由一线项目经理来编写模板。我们知道项目环境和项目实施方法一直都在改变，如果脱离具体的项目环境，编写出来的模板一定是空洞的、过时的、没有实际指导意义的。编写模板的人还必须善于总结，既总结自己的经验教训，也总结他人的经验教训。有的人虽有很多年的实际经验，但总是埋头做事，从不停下来思考，这样的人也不适合编写模板。

6）编写模板需要有一个团队来完成。一个人的看法总会有主观性和片面性，团队的看法相对来说更加全面、更加客观一些。可以由一组人分头编写，最后放在一起进行整合和评审。

7）什么事情都有一个不断完善的过程，我认为不要试图一次就编写出一个完美的、人见人爱的模板。模板编写完成后，可以边用边改。PMO 要改变思路，主动收集项目团队的意见。PMO 不是监管部门，而是服务部门。项目模板取之于民、用之于民，所以，PMO 要鼓励项目经理提意见，同时还要切实采纳项目经理的意见，否则，以后就没有人给你们提意见，也没有人愿意使用你们制定的模板了。

研讨会最后得到了一张表（见表 9-12）。

表 9-12　头脑风暴活动总结

什么是好模板	PMO 如何才能编制出好模板
• 有助于新手管理自己的工作 • 有助于老板管理下属的工作 • 受项目团队欢迎，项目团队可以主动地、愉快地使用的模板 • 模板中不要求填写"没用"的信息 • 模板不要太复杂 • 能够为项目团队的工作提供最佳"行车路线" • 有效的、高效的、对工作有指导意义 • 模板不能太死板，不要太注重形式 • 模板中标注哪些是必填项，哪些是可选项	• 不要让没有项目经验的人编写模板 • 不要直接借用其他组织的模板 • 可以博采众长，借鉴其他组织的好做法 • 让有项目经验且思想开放的人编写模板 • 让善于总结的人编写模板 • 编写模板是团队工作，不能委派给某个个人 • 模板要集体评审 • 让一线项目经理参与模板编写 • 模板要边用边改，不断完善 • 要主动听取项目团队的意见，并根据他们的意见修改模板

资料来源：本书作者举办的 PMO 研讨会中的头脑风暴活动摘录。

第 10 章

从无到有组建 PMO

How to

Run PMO

Effectively

　　本章从项目管理咨询服务商的角度出发，讨论在组织中如何从无到有地建立 PMO 的过程。

　　在组织中建立 PMO 本身也是一个项目，项目最终交付的是一种组织能力，具体体现为一个"具有所期望职能的项目管理办公室"。该项目复杂度高且难度大。复杂度高，是因为项目的过程和结果几乎涉及组织各个层面和各个部门，直接、间接参与或影响项目的人员众多，且彼此之间存在错综复杂的关系；难度大，是因为这个项目从本质上讲是一种组织文化的变革，涉及对人们既定思维和行为习惯的改变，甚至涉及对人员既得利益的影响，因此变革过程中无疑会遇到重重阻力。基于以上特点，该项目在实施过程中除需要使用通常的项目管理方法外，还需要格外注重人的因素，项目发起人和项目团队应当积极主动地与项目相关方进行沟通，及早开展 PMO 理念的普及。在实施过程中，项目团队需要有高超的人际关系处理能力，可以有效地化解阻力、处理冲突，同时，项目团队还需具有百折不挠的职业精神，遇到困难不轻易妥协，这样才能保证项目最终成功完成，并且保证项目所交付的成果可以真正被组织接受。

　　以下把在组织中建立 PMO 这一项目称作"PMO 建设项目"。表 10-1 是 PMO 建设项目的通用生命周期模板，其中包含了 5 个阶段。本章将简要介绍生命周期中各个阶段的主要工作，并分享 ZZ 公司部门级 PMO 建设项目的案例，包括 ZZ 公司从项目构思到项目初步计划形成的主要过程，以及项目收尾阶段团队内部所做的经验教训总结。

表 10-1　PMO 建设项目生命周期模板

阶段名称	各阶段主要工作
阶段 1：PMO 建设项目论证阶段	1. 完成项目论证文件 2. 审批项目
阶段 2：PMO 建设项目启动和计划阶段	3. 发布项目章程 4. 组建项目团队

阶段名称	各阶段主要工作
阶段 2：PMO 建设项目启动和计划阶段	5. 编制并发布项目初步计划 6. 召开项目启动会议
阶段 3：组织现状调研和 PMO 概念普及阶段	7. 相关方访谈 8. 问题总结和分析 9. 细化项目目标和项目计划 10. 大范围的项目管理普及培训
阶段 4：PMO 筹建阶段	11. 确定 PMO 职能并招聘人员 12. 建立 PMO 运作之初所需的项目管理体系
阶段 5：PMO 试运行阶段	13. 选择试点项目（或部门），局部试运行 14. 全面试运行 15. 批准正式运行

10.1　阶段 1　PMO 建设项目论证阶段

项目论证阶段的主要工作是收集信息，形成项目论证文件，并且召集相关人员对论证文件进行评审，从而决定是否批准并启动项目。

PMO 建设项目的实施过程需要各部门、各层面的支持和配合，项目结果将对公司大多数员工的工作方式产生影响。因此，该项目的发起人必须在组织中具有相当的行政级别。通常来说，如果建立组织级 PMO，则发起人的角色由组织最高领导担任；如果建立部门级 PMO，则由组织中主管该部门的高层领导担任。在本章最后介绍的案例中，ZZ 公司需要在项目密集的 IT 部门建立部门级 PMO，项目发起人由公司主管 IT 部门的副总裁威廉担任。在项目论证阶段，发起人担当非常重要的角色，他是这个阶段的负责人。当项目被正式批准并启动后，发起人将委派并授权项目经理，由项目经理担任后续各个阶段的负责人。

　　为了表述方便，我们把在项目论证阶段由项目发起人领导的、负责完成项目论证文件并组织和参与项目论证过程的团队称为"项目前期团队"，把项目被正式批准并启动后，由项目经理带领的负责并完成项目工作、实现项目目的的团队称为"项目实施团队"或"项目团队"。在大部分项目中，项目前期团队和项目实施团队的负责人不同、工作目标不同，因而两个团队的成员组成也不完全相同。

　　在项目论证阶段，由项目前期团队提供 PMO 建设项目的论证文件，其中，包括项目总目标、项目预期收益、项目实施方案，以及实施所需的成本和工期等信息。为了完成项目论证文件，项目前期团队通常通过以下渠道收集信息：

- 客户之声。客户对组织目前项目实施过程及结果是否满意。
- 员工之声。员工对组织目前工作环境、工作流程、工作效率及工作关系是否满意。
- 供应商之声。供应商和分包商对采购过程、合同关系管理、工作效率等是否满意。
- 标杆对照。收集业界同行的相关数据，与业界同行进行比较，从而发现组织在项目管理流程、效率及交付结果方面的差距。
- 组织战略。了解组织近期和远期的发展战略规划，分析组织目前的项目管理水平是否能够满足组织战略发展的需要。

　　项目论证文件完成之后，项目发起人召集相关专家及相关方形成项目评估小组。评估小组基于项目论证文件中提供的信息，并结合组织发展战略、资源约束等相关因素，从必要性和紧迫性两个方面对项目进行论证，从而决定是否批准并启动项目。

　　项目论证阶段的主要交付物包括：

- PMO 建设项目可行性研究报告。
- PMO 建设项目审批决策及理由。

10.2　阶段 2　PMO 建设项目启动和计划阶段

项目得到正式批准后，项目发起人将正式启动项目。发起人通过发布项目章程明确项目目标并授权项目经理和其他关键角色。之后，项目经理将成立项目实施团队，制订并发布项目实施计划。从该阶段起，项目经理接替项目发起人担当阶段负责人的角色，项目发起人担当支持角色，为项目提供资金、资源和支持，并且参与项目中重大事项的决策。

通常来说，涉及组织文化变革的行动往往都需要借助外力的推动，所以，在该阶段，项目发起人和项目经理需要就是否从组织外部聘请专业项目管理咨询公司做出正式决策。如果决定引入外援，则需在该阶段正式签署采购合同。在 ZZ 公司的案例中，项目实施团队由 IT 部门内部的员工和外部咨询公司的顾问共同组成。

项目启动和计划阶段的主要工作包括：

- 发布项目章程。
- 组建项目团队。
- 编制并发布项目初步计划。
- 召开项目启动会议等。

项目启动和计划阶段的主要交付物包括：

- PMO 建设项目的项目章程。
- PMO 建设项目团队组织结构。
- PMO 建设项目计划。

10.3　阶段 3　组织现状调研和 PMO 概念普及阶段

　　该阶段的负责人是项目经理。项目发起人对项目工作提供支持，并参与项目重大事项的决策。该阶段有两项重要工作，这两项工作之间没有必然的时间依赖关系，所以可以同时开展。下面对这两项工作分别进行介绍。

1．组织现状调研

　　第一项工作是通过各种方式调查组织目前项目管理的实际情况，了解相关方对组建 PMO 的确切期望，从而对项目目标、项目需求和项目计划进行细化。

　　项目团队需要事先确定调研计划，并得到调研参与者的认可。除相关方访谈外，项目团队还将分析组织历史项目的执行情况，因此，项目经理需要事先协调，确保项目团队可以随时查阅组织以往项目的资料。项目团队希望通过调查、获取有关组织项目管理状况的更多细节信息，了解组织项目管理的薄弱环节，了解项目参与者与项目客户对项目管理改进的期望。调查结束后，项目团队需邀请组织内部相关人员（如项目经理代表和部门代表）对调查结果进行评估和确认。通过调研，项目团队确定 PMO 建设项目需要解决的主要问题，从而为确定 PMO 的职能配置提供依据。

2．PMO 概念普及

　　PMO 建成之后，组织中有些部门和人员的工作职责及工作方式都将发生重大变化，比如，项目经理将需要定期向 PMO 提交项目报告，项目参与人员的年终考评将需要增加来自 PMO 的输入等，人们是否接受这些变革将直接决定 PMO 建设项目的成败。

　　因此，该阶段的另一项重要工作是帮助所有将受项目影响的人员做好接受变革的心理准备。人们可能逃避和排斥他们不熟悉或不理解的东西，因此，项目团队需要在组织内部开展大规模的项目管理普及培训，向人们宣传项目管理可以给组织带来的价值，以及可以给个人带来的职业机会。

与此同时，项目团队还需要开展关于 PMO 的专项培训，培训对象包括项目经理、项目成员、职能经理等。这些人员不仅将参与 PMO 建设的过程，而且他们都是 PMO 建成之后的流程相关者。通过培训，既可以帮助他们了解日后 PMO 的运作方式，同时也可以帮助他们顺利完成 PMO 建设项目中所担负的相关工作，这部分人员也是项目结束后 PMO 人员配备的潜在人选。

项目团队还可以倡导组织内部的项目经理获取 PMP 证书，甚至参加项目管理 TTT（培训培训师）课程成为组织内部培训师，从而在 PMO 建设的过程中发挥更大的作用。

现状调研和概念普及阶段的主要交付物包括：

- 现状调查分析报告。
- PMO 建设目标和计划（细化）。
- 项目管理普及培训计划和实施报告。

10.4　阶段 4　PMO 筹建阶段

PMO 筹建阶段的负责人是项目经理。项目发起人对项目工作提供支持，并参与项目重大事项的决策。该阶段的主要工作有两项：第一项，确定 PMO 运作之初所需配备的基本职能，并根据职能配备组建 PMO 团队；第二项，根据职能配备建立 PMO 运作所需的方法体系。这两项工作存在相互关系，因此需要相互照应，并行开展。该阶段最终交付的是符合相关方要求的、可以投入运行的项目管理办公室。下面对这两项工作分别进行介绍。

1．确定 PMO 初步职能，组建 PMO 团队

由于组织发展战略、资源约束、组织文化等因素的限制，组织通常并不要求一次性完成 PMO 的全部职能配备。很多 PMO 建设项目采用分期建设的方式，PMO 建设期间只交付组织所期望的基本职能；在 PMO 投入运行之后，根据组织需要，逐步增加其他职能。采用分期建设方式时，通常有两种交付模式：一种是从最简单的职能开始，逐步增加更复杂的、更高级的职能；另一种是从最需要的职能开始，首先解决组织所亟待解决的项目管理方面的问题，然后逐步增加其他职能。表 10-2 是第一种交付模式的示例，即从简单职能开始的分期建设方式。

表 10-2　PMO 建设项目分期交付模式示例（从简单职能开始）

分　　期	PMO 职能	交付方式
第一期	1．项目文档集中统一管理 2．提供项目管理模板，推荐使用，但不强制 3．提供项目估算依据，推荐使用，但不强制 4．组织项目管理培训	在 PMO 建设项目结束后交付
第二期	5．建立项目管理流程，并要求项目团队遵守流程 6．收集项目状况信息并发布项目整体报告 7．对项目绩效进行审查和评价，并评估整改方案	可以由 PMO 通过持续改进的方式自我完成，也可以聘用外部专业咨询公司通过项目方式完成
第三期	8．负责危机项目的整改 9．建立并执行项目收益评价体系 10．建立并执行项目经理绩效评价体系	可以由 PMO 通过持续改进的方式自我完成，也可以聘用外部专业咨询公司通过项目方式完成

在本章后面的案例分享中，ZZ 公司部门级 PMO 建设项目中使用了第二种分期建设的模式，即从最需要的职能开始。通过前期的访谈和调研，相关方普遍认为公司目前在 IT 项目管理方面最突出的问题有：

- 项目团队和业务部门之间的接口混乱。

- 项目工作和日常运维工作之间的人力资源冲突。
- 项目团队之间的人力资源冲突。

　　因此,第一期交付的 PMO 职能包括项目优先级管理和跨职能项目团队工作流程管理。如果这两项职能的实施起到了预期效果,那么 PMO 的价值就会很快得到组织的认可, 由 PMO 引发的组织文化变革将很容易被人们所接受。假如 ZZ 公司 PMO 的最初职能只是强制各项目团队按时提交报告、严格使用 PMO 提供的模板,而对项目团队和项目状况没有任何实质性的帮助,那么 PMO 的运行很容易遭到项目团队和其他相关方的抵制, 他们很可能对 PMO 发出这样的疑问:"本来就够乱的了, 怎么又来了一个捣乱的?"

　　PMO 建设项目的交付方式和 PMO 的初步职能确定之后, 项目团队可以确定 PMO 的组织结构、岗位名称、岗位技能要求等,并开始人员招聘工作。表 10-3 是 PMO 岗位设置计划示例,组织需根据对 PMO 的职能期望进行调整。PMO 人员的选择和招募工作从 PMO 建设项目的启动和计划阶段就开始了, 项目发起人和项目前期团队物色合适的人选,并安排这些人员全程参与 PMO 的建设过程。PMO 除常设岗位外,还设有由兼职人员组成的专家委员会,这些人员需有丰富的项目管理经验和高度的工作热情,他们将根据 PMO 的需要机动地参与 PMO 的相关工作, 主要包括项目绩效审查、关键交付物评审、项目走查、危机项目整改、项目经理绩效评价等。在 PMO 筹建阶段, 项目团队需建立初步的专家委员会,PMO 在日后的运行过程中, 将根据需要对该专家委员会进行适当的调整。

表 10-3　PMO 岗位设置计划示例

岗　　位	主要职责	技能和资质要求	人　　数
PMO 主任	1. 确保 PMO 职责符合组织发展要求 2. 确保 PMO 工作成果符合组织发展要求 3. 发起项目管理提升活动	● 从组织战略高度思考问题 ● 丰富的管理和决策经验 ● 丰富的项目管理经验 ● PMP 或 PgMP 证书	1 人

续表

岗　　　位	主要职责	技能和资质要求	人　　　数
项目管理顾问	1. 审查项目绩效 2. 带领危机项目整改 3. 指导红色区域和黄色区域项目的整改 4. 指导项目问题的解决 5. 领导项目评审会议 6. 建立项目管理流程、标准、模板 7. 内部项目管理顾问	• 丰富的项目管理经验 • 曾担任高级项目经理或项目集经理 • PMP 或 PgMP 证书	1～5 人（根据组织项目数量和规模而定）
跟踪和支持人员	1. 跟踪和报告项目进展 2. 管理项目数据库 3. 管理项目工具库 4. 管理满意度调查 5. 组织培训、活动 6. 编写项目组合报告 7. 管理 PMO 网站	• 项目管理基本技能 • CAPM 证书	1～5 人（根据组织项目数量和规模而定）
专家委员（兼职）	1. 参与项目评审 2. 参与危机项目整改小组 3. 参与项目管理流程改进 4. 参与 PMO 活动 5. 担当项目管理内部培训师	• 丰富的项目管理经验 • 正在从事项目管理工作 • 高级项目经理 • PMP 或 PgMP 证书	若干人

2．建立项目管理体系

项目管理体系的建立以组织对 PMO 的职能期望为依据，同时，还需考虑组织目前的业务需要及长期的发展战略。PMO 建设项目所交付的项目管理体系仅是 PMO 开始运行的基础，对体系的补充、完善和改进是 PMO 日后运行过程中的持续职责。通常，PMO 运行之初所需的项目管理体系包括：

- 组织主要项目类型的生命周期模板和基于 PLC 的项目管理流程。
- 与项目管理流程配套的主要模板、查对清单、方法等。
- 组织项目数据库。
- PMO 网站。
- 项目绩效审查流程。
- 项目经理绩效评价体系。
- 项目经理职业发展规划。
- 项目管理培训体系。
- 项目管理相关制度等。

在项目管理体系建设过程中，项目团队需邀请相关部门和人员参与，充分听取他们的意见和建议。体系建设完成后，需要得到相关部门和人员的正式确认。

PMO 筹建阶段的主要交付物包括：

- PMO 组织结构图（人员到位）。
- 基本的项目管理体系。
- PMO 各项职能的初验报告。

10.5　阶段 5　PMO 试运行阶段

1. 试运行阶段的主要工作

PMO 试运行阶段的主要工作包括：

- 在组织内部开展 PMO 职能的试运行，收集用户意见并根据意见对 PMO 职能进行修改和完善。
- 对相关部门和人员进行培训，帮助他们更好地参与 PMO 的运行。
- 召开项目评审会议，对项目所交付的 PMO 职能进行评审和终验。

该阶段的负责人有两位：一位是 PMO 建设项目的项目经理，他主要负责根据用户意见对 PMO 职能进行修补和完善；另一位是已经到位的 PMO 部门经理，他负责在试运行范围内主动运作 PMO 的相关职能，积极地与 PMO 相关方进行沟通，收集意见，推广业务。为了便于 PMO 建设团队和 PMO 运行团队的顺利交接，很多组织把上述两个角色定义为同一个人。项目发起人在该阶段继续提供支持，同时根据试运行情况，确定是否对 PMO 职能进行正式验收。

如果在 PMO 建设过程中，聘请了外部咨询公司，那么在试运行阶段咨询公司仍然需要参与该阶段的工作，负责对 PMO 试运行中出现的问题进行解释和疏导，对流程缺陷进行补救，并且对 PMO 职能相关者提供必要的培训。

在 PMO 建设项目的生命周期中增加试运行阶段是一种稳健的项目交付方法，因为，尽管在 PMO 筹建的过程中已经邀请相关方对 PMO 的职能进行了评审和核实，但是一些隐藏的问题只有通过试运行才能完全暴露出来。如果 PMO 直接投入正式运作，在运作过程中如果出现过多的问题，则会影响组织内的员工对 PMO 这个新生事物的看法，甚至有可能出现消极抵制情绪。一旦这种情绪在组织中蔓延开来，PMO 职能的部署将会受到阻碍，项目成果可能功亏一篑。

2. 试运行步骤

PMO 职能的试运行可以分为两步。第一步，选择试点项目或试点部门，在组织局部范围内进行试运行；第二步，大范围铺开，在组织整体范围内进行试运行。局部试运行时，可以选择 3～10 个不同类型的项目，这些项目的规模和难度需具有代表性。PMO 需与这些项目的项目经理、发起人及项目团队做好沟通，得到他们的支持和认可，必要时可以获取来自项目发起人的支持。在试运行过程中，PMO 需建立问题反馈机制，及时发现和收集问题，采取整改措施。局部试运行结束后，可以在组织内部开展 PMO 全面试运行。全面试运行结束之后，组织内部要举行试运行结果汇报和评估会议，对 PMO 职能进行终验，并确定 PMO 正式投入运行的时间。

在本章末的案例中，ZZ 公司 IT 部门的项目客户共包含 4 个业务部门。在试运行初期，PMO 仅选择了其中一个业务部门的项目作为试点，经过两个月的局部试运行之后，开始了针对所有 4 个部门的为期 3 个月的全面试运行。

从全面试运行阶段开始，PMO 需要收集相关数据，为定量评价 PMO 的收益实现情况做准备。通常需要收集的数据有：

- 绿色区域的项目数量、金额及所占百分比。
- 黄色区域的项目数量、金额及所占百分比。
- 红色区域的项目数量、金额及所占百分比。
- 项目交付的平均工期。
- 人均完成项目数量和项目金额等。

PMO 试运行阶段的主要交付物包括：

- PMO 试运行报告。
- PMO 职能终验报告。

案例分享

某公司部门级 PMO 的建设过程

1. 背景介绍

ZZ 公司是一家金融机构，业务遍及全国各地，并且开始向海外扩展。公司主营业务属日常运作型，基本组织结构为职能型，如图 10-1 所示。ZZ 公司的日常运行需要强大的 IT 平台做后盾，所以目前其 IT 部门规模庞大，约有百余名员工。IT 部门的工作主要分为两类：一类是日常运维，另一类是项目。项目的数量很多，大大小小各种规模都有。目前，ZZ 公司没有组织级和部门级的 PMO，在项目密集的 IT 部门也没有 PMO。

从全球金融业务的发展趋势来看，ZZ 公司未来的发展对 IT 的依赖程度将越来越高；而且随着同行竞争的加剧，以及日益变化的市场需求，ZZ

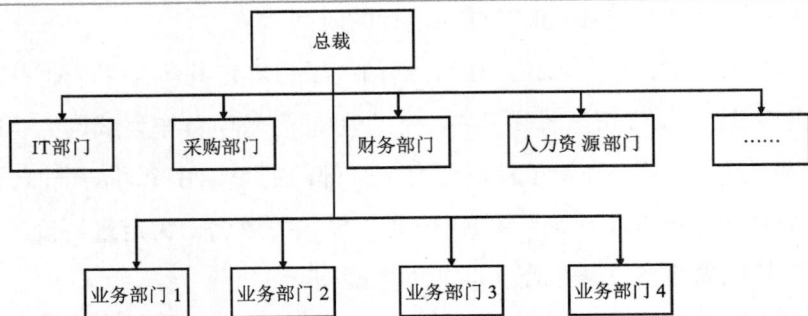

图 10-1   ZZ 公司基本组织结构

公司推出新业务的速度也将越来越快，而几乎每个新业务都需要通过一个 IT 项目的实施才能得以实现。

目前，公司 90% 以上的 IT 项目存在严重的进度延误，而且交付的项目产品 90% 以上都存在质量缺陷，所以 IT 项目的实施已经成了制约公司业务继续发展的瓶颈。ZZ 管理层已经意识到问题的严重性，并且决定马上采取措施，提升 IT 项目管理水平，确保 IT 项目的成功交付，从而为公司业务的持续发展铺平道路。

2. 立项

根据与相关专家的多次探讨，公司管理层就全面提升项目管理水平形成了初步思路："在 IT 部门内部建立项目管理办公室职能，由项目管理办公室负责 IT 部门项目管理整体水平的提高，项目管理办公室将直接对每个 IT 项目的成功交付负责，考核项目管理办公室的主要指标就是项目成功交付率和业务部门满意度。"

4 月 1 日，IT 部门 PMO 建设项目正式在公司内部立项。公司任命主管 IT 部门的副总裁威廉担任项目发起人。4 月 5 日，威廉成立了以 IT 部门为主并包括 4 个业务部门、财务部门、采购部门等的代表组成的项目前期团队，对项目实施方案进行了更为详细的调研和论证。其中，项目前期团队对"完全自建"和"完全外包"两种项目实施方式进行了比较（见表

10-4），提出了自建和外包相结合的实施方式。4 月 15 日，公司正式批准了项目前期团队提出的项目实施方式。

表 10-4　完全自建和完全外包方案比较

方案	完全自建	完全外包
方案说明	项目团队由组织内部员工组成，项目团队负责项目规划和项目实施过程中的所有工作，关键决策由项目发起人和关键相关方参与制定	把项目分包给外部咨询公司，由咨询公司负责项目规划和项目实施过程中的所有工作，关键决策由项目发起人和关键相关方负责制定
优点	1. 项目团队成员对内部业务和 IT 项目的实施过程都很熟悉 2. 员工在 PMO 建设过程中可以学到新的知识和技能 3. PMO 建成之后，可以直接从项目团队成员中选拔 PMO 成员 4. 因为是员工自己设计和建设的，所以 PMO 建成之后将更易于被组织所接受 5. PMO 建成投入运行后，如果需要对职能或体系进行调整，原项目团队的成员可以提供直接的、快速的支持	1. 外部咨询公司具有丰富的 PMO 建设经验，可以把以往 PMO 建设项目的经验用在当前项目中，使项目少走弯路 2. 外部咨询公司更加了解 ZZ 公司同行的情况，因此可以通过标杆对照等方法，使项目结果在同行中处于领先地位 3. 外部咨询公司不涉及利益冲突、情感冲突，也不存在"政治小团体"，因此更加容易做出客观、公正的项目决策 4. 项目实施全部由外部咨询公司提供的专职人员完成，内部员工不参与项目团队，因此不会和本职工作发生时间冲突
缺点	1. 项目团队成员可能是兼职参与，所以项目工作和本职工作存在时间冲突 2. 存在利益冲突、感情冲突和"政治小团队"，影响决策的客观性 3. 内部人员没有 PMO 建设的经验 4. 对同行情况不太熟悉，不能借鉴同行的做法	1. 对 ZZ 公司的业务流程及 IT 项目的实施方式不熟悉 2. 对 ZZ 公司的组织文化不熟悉 3. 由他人（外部咨询公司）建立的 PMO 可能水土不服，导致 ZZ 公司内部不喜欢、不接受、不执行 4. ZZ 公司有些内部资料不宜透露给外包公司，可能对项目实施造成阻碍

续表

方案	完全自建	完全外包
推荐方案	建议合并上述两种实施方案，集中其优点，回避其缺点。具体的方式：项目团队由外部咨询公司与 ZZ 公司内部员工共同组成，外部咨询公司委派项目经理负责引领整个项目的规划和实施，ZZ 公司委派内部项目经理负责协调内部关系，提供实施所需资源，同时负责项目整体方向的把控及项目交付物的核实	

3. 成立项目实施团队

4 月 25 日，ZZ 公司与专门从事项目管理咨询服务的 PMcom 公司签署了合作协议，PMcom 委派资深顾问王刚担任该项目的项目经理。同时，威廉任命公司 IT 部门的资深项目经理郭跃担任该项目的甲方项目经理。根据对项目工作的初步理解，威廉、郭跃和王刚协商制定了项目团队组织结构，如图 10-2 所示。

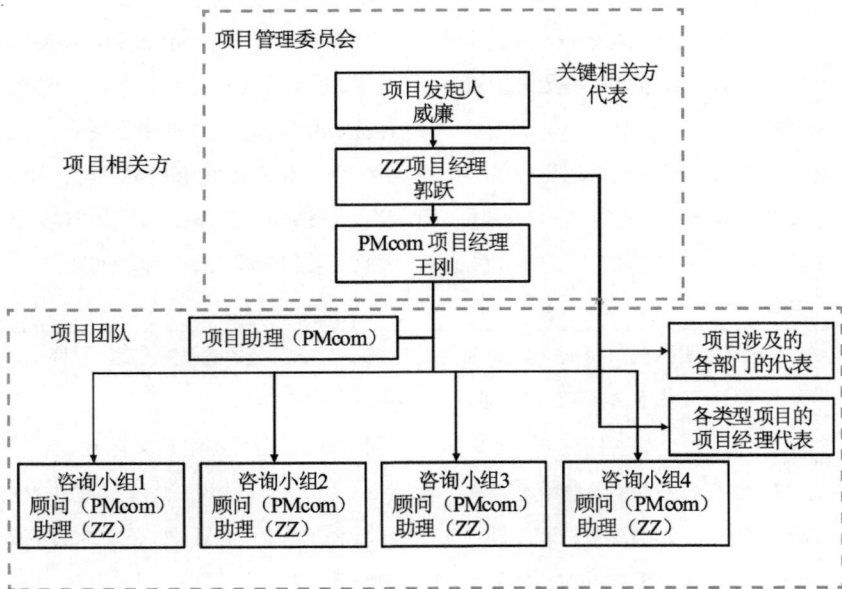

图 10-2　ZZ 公司部门级 PMO 建设项目团队组织结构

按照项目团队组织结构图，ZZ 公司委派的项目经理郭跃负责领会、传达和贯彻来自发起人的指导方针，并且负责项目整体方向的把握和项目交付成果的核实。PMcom 公司委派的项目经理王刚直接向郭跃汇报，负责项目具体工作的计划、组织和实施。项目发起人、两位项目经理及其他关键相关方组成了项目管理委员会，负责对项目中重大事项的决策。

项目团队包含4个咨询小组，在实施过程中每个小组负责不同的区域，因此大部分工作可以并行进行，极大地提高了工作效率。每个咨询小组由一名资深顾问和一名助理组成，资深顾问由 PMcom 公司委派，负责工作规划和工作实施；助理由 ZZ 公司委派，负责配合顾问完成工作。助理是未来 PMO 成员的潜在人选，因此在选择该成员的时候既要考察其项目经验，也要征询其职业发展规划。

项目团队还有一部分兼职人员，他们为 PMO 建设提供支持，并参与 PMO 建设过程中关键交付物的评审和验收，这些人员包括 IT 部门的项目经理代表、项目成员代表及其他项目参与部门的代表。每种类型的项目需要选择一至两位项目经理代表，而且要求该代表拥有扎实的项目管理知识和丰富的项目管理经验，可以对 PMO 建设团队的工作和交付物进行分析和评价；部门代表也需要有丰富的部门工作经验，了解所在部门的运作流程和常见问题，能够和部门内部保持充分的沟通，能够代表部门的意见，在需要的时候可以代表部门做出决策和承诺。IT 部门 PMO 建设项目涉及的部门除财务部、采购部、业务部外，还包括 IT 部门内部的相关小部门。

4. 相关方访谈

为了明确当前项目管理存在的主要问题，为确定 PMO 的初期职能配备提供依据，项目实施团队对 IT 项目的主要相关方进行了访谈，访谈得到的主要信息如下：

1）对项目经理的访谈。项目经理们抱怨项目交付日期完全由业务部门确定，有时不切实际，还不容商量。通常，业务部门事先已经向他们的客户做出承诺，某年某月某日将开通某个新业务功能；然后，业务部门再来通知 IT 部门："你们 IT 部门必须在某年某月某日前完成某个功能的实施并成功上线，否则，我们将无法向公司的客户交代。"

2）对业务部门的访谈。"项目的交付日期并不是由我们业务部门决定的，而是由上级决定的，是按照组织战略决定的，同时也是市场决定的，因为我们的对手已经在我们前面发布了这个新业务，如果我们晚了就来不及了，我们的客户将全部跑到对手那里了。还有，IT 部门本来就是为业务部门提供支持的，应该满足业务的需求。""另外，IT 部门交付的产品存在很大的质量问题，总是漏洞百出，我们的客户不停地投诉。如果再这样下去，以后的项目我们就不准备再麻烦 IT 部门了，我们将直接把项目外包给业务水平更高的专业 IT 公司。事实上，我们现在已经开始招聘 IT 方面的合同工来帮我们处理一些简单的开发工作了。"

3）对项目团队成员的访谈。项目团队成员都来自 IT 部门，大部分成员都抱怨工作负荷太满，既要应付日常的维护工作，又要抽出时间做新项目，成天加班，还要挨批评。

4）对 IT 部门经理的访谈。"项目团队总说人手不够，于是我们 IT 部门就不停地招人，所有的岗位名额都用完了，人员还不够，我们又通过人力资源外包的方式招用了项目制合同工。目前，在 IT 部门的办公区域，放眼望去，黑压压一片都是人，而且下班之后，依然是黑压压一片，人人都在加班。就算这样，还是不能按期交付高质量的产品，业务部门还是在投诉。""我总感觉整个摊子就像一盘沉重的磨，任你怎么使劲也推不动，不知道到底什么地方出了问题。"

5. 标杆对照

为了准确地定义 ZZ 公司当前的差距，项目团队除对相关方访谈外，还对业界同行做了标杆对照。项目团队委托 PMcom 公司对 ZZ 公司业界同行的 IT 项目管理情况进行了调查，调查结果如表 10-5 所示。

表 10-5 PMcom 公司的调查结果摘录

被调查公司	1	2	3	4	5	6	7	8	9	10
业务规模（和 ZZ 相比）	大	大	大	同	同	同	同	小	小	小
是否有 PMO 或相似职能	有	有	有	有	无	无	无	无	无	无
最终用户满意度	高	高	高	高	低	低	低	中	中	高
项目成员满意度	高	中	中	高	中	低	低	高	高	高

PMcom 公司共调查了 10 家公司，其中，4 家公司的 IT 部门拥有部门级 PMO，项目运作过程和结果良好，目前这 4 家公司都是业界的佼佼者；3 家公司没有 PMO，项目运作状况和 ZZ 公司的 IT 部门比较相似；其余的 3 家公司也没有 PMO 及相关职能，但是项目状况比 ZZ 公司好，这 3 家公司和 ZZ 公司相比，业务范围小，项目数量也少，所有项目的实施由专门的项目经理负责，IT 部门经理直接对这些项目进行监控和支持。

项目团队把 ZZ 公司 IT 部门目前的项目管理状况和拥有 PMO 的组织进行了标杆对照，比较结果如表 10-6 所示。

表 10-6 项目管理状况标杆对照

序号	ZZ 公司	拥有 PMO 的组织
1	业务部门单方面确定项目交付日期	按照项目选择流程来确定项目范围、成本和工期
2	业务部门很随意地增加需求或提出需求变更	按照变更管理流程来收集和评估变更
3	业务部门经常在验收的时候提出新要求	按照需求管理流程来管理需求，事先和业务部门确定验收标准

续表

序号	ZZ 公司	拥有 PMO 的组织
4	每个项目的实施都是单独进行的，只有在年底的时候，才会放在表中形成 IT 部门年度项目报告	随时监控项目整体状况，确保项目之间资源共享和信息共享
5	项目实施完全由项目经理负责，项目经理根据自己的想法组织项目的实施	项目经理按照流程实施项目，其他成员按照流程给予配合。出现问题时，PMO 给予支持和指导
6	项目经理为了稀缺资源争得面红耳赤，甚至伤了和气	PMO 有资源分配的原则，出现冲突时由 PMO 负责解决。项目经理心态从容，同事之间关系友善
7	项目结束后项目团队仍然需要负责修补项目产品	项目结束后，项目团队把项目产品移交给客户的同时，也移交给维护团队
8	项目经理没有时间参加培训	项目经理按照计划有序参加项目管理培训
9	项目经理的经理——IT 部门经理，面对众多的项目问题，无从下手	PMO 定期审查项目问题，并对重大问题进行专题研讨
10	客户（业务部门）感觉与项目团队沟通很吃力	项目团队定期和客户开会，沟通顺畅

6. 细化项目目标，制订项目计划

根据对 ZZ 公司 IT 部门目前问题的分析，并综合考虑了组织战略、组织资源和组织文化等方面的约束因素，项目团队确定了 PMO 建成之后应当具备的基本职能，并以此为依据编制了项目实施计划。随着项目工作的进一步开展，项目团队将逐步对该计划进行细化和完善。

研讨会：组建 PMO 过程中的经验教训总结

研讨主题：某公司部门级 PMO 建设项目经验教训总结

背景介绍：我们公司 IT 部门 PMO 建设项目的大部分工作已经完成，目前项目已进入收尾阶段。通过参与这个项目，在座的每个人，在技能上都有显著的提升。今天，我们一起来回顾和总结一下这个项目，请大家畅所欲言，说出你对 PMO 建设过程、建设结果及日后运作的想法和建议。

关键观点：

1）有些人对我们建设的 PMO 有些失望，也许这和他们当初想象的 PMO 不一样。现在回头来看，我觉得在项目开始的时候，设置相关方的心理预期很重要，如果期望值设置得太高，当你交付项目的时候，他肯定会感到失望。从我们筹建团队的动作来看，项目开始的时候确实是声势浩大，又是领导动员，又是"焦点访谈"。现在到了结束的时候，却悄无声息，几乎没有动静了。所以，我觉得，我们在这里进行项目团队内部总结是应该的，但更重要的是公司范围的总结，我们应该大张旗鼓地面向公司全体员工举行一次项目成果汇报大会。

2）我认为我们需要给所有的人灌输一个理念，就是"PMO 建设不能追求一次性成功"，所以，希望项目相关方不要对我们的成果求全责备。与其他任何职能部门一样，PMO 也存在着持续改进的问题。当然，如果确实是我们交付的项目产品存在缺陷，那我们项目团队有责任立即进行整改。

3）我认为我们的项目采用的分期建设策略比较好，值得以后的项目借鉴。采用分期建设的方法，一方面考虑了公司资源和条件的限制，另一方面也考虑了人们的接受程度，给人们留出一定的适应时间。

4）我认为我们的项目在沟通方面做得不错。大家知道，一个项目的目标必须得到大家的认可，"大家"不仅包括管理层，也包括公司的全体员工。如果项目团队在那儿忙得热火朝天，而其他人都不知道他们在忙什么，有一天，项目团队突然宣布，我们为大家建立了一个流程，请大家都遵照执行，那结果可想而知。

5）公司高层的作用很重要。公司高层必须从内心认识到建设 PMO 是件好事，而且不建不行，必须马上建。只有高层有这样的认识，员工才能意识到项目的重要性，才能为项目实施提供支持和便利。我认为我们的项目在这一点上做得比较好。

6）项目发起人的角色很重要。不仅项目经理和项目团队在为这个项目负责，而且还有项目发起人对项目负最终责任。当项目团队遇到问题时，发起人有责任帮助项目团队解决问题。发起人不应是指挥者和监督者，而应是支持者和推动者。

7）我认为明确的项目章程更为重要。有时候人的态度是一种虚的东西，你看不见摸不着，而且态度这个东西很容易发生改变，有的项目发起人开始的时候热情高涨，天天召集项目团队开会，到后来，项目实施不顺利，你再去找发起人，都找不到了，即使找到了，他也会告诉你"这个问题已经不归我管了"。因此，项目要有明确的项目章程。项目章程是一种具体的、可见的东西，它的作用不仅是委派项目经理，更重要的是明确项目相关方的职责，因为章程中写得很明白，哪个部门需要参与项目，哪个部门需要积极提供支持。项目章程上也明明白白地写了谁是项目发起人——谁签发的项目章程，谁就是项目发起人。发起人要一直为项目团队提供支持，要对项目成败直接负责。

8）我想总结的是相关方的参与。在我们的项目中，我们一直强调观念普及非常重要。项目成功最关键的因素就是人。我们知道人的想法和行为最难改变，因此，在项目调研阶段我们就开始对相关方进行培训，这很有效。除培训外，我认为更有效的方法是让相关方在项目中参与一些力所能及的工作，这也是普及观念的一种有效手段。有时候光听你讲，开始还觉得很新鲜，慢慢就听不进去了。让他动手做，不仅有助于理解概念，而且可以让他切实体会到 PMO 工作的难度。

9）我认为关键相关方也很重要。我说的关键相关方不是指项目经理和业务部门，而是指其他职能部门，如财务部和采购部。业务部门提出在 PMO 建成后实行项目的内部结算，这就需要财务部定期按项目汇总成本，并且完成内部结算。对于采购部门，以前选择分包商时以采购部门为主，PMO 建成之后，要求项目经理必须对所雇用的分包商进行评估，作为下次选择分包商的依据，那么采购部门就需要据此修改其分包商选择标准。因此，我认为在确定 PMO 建设目标的时候，要主动邀请这些关键相关方参与，认真听取他们的意见，为将来的合作奠定基础。我们虽然前期和这些职能部门有定期的沟通，但大部分都是一些概括性的关于项目进展的沟通，而关于上面这些很具体的、需要职能部门动手去做的事情，到了试运行阶段才开始实质性的沟通，我感觉晚了。

10）由于各种原因，人们在看待 PMO 的时候总会有些成见，大部分项目团队不喜欢 PMO，认为 PMO 总是索取，从不给予。如果 PMO 只是要求项目团队提交这个报告、那个数据，而从来不给项目团队提供有价值的东西，那么很自然地项目团队会对 PMO 产生抵触情绪。PMO 应当把自己看作一个服务部门，不仅为项目团队提供传统的流程、培训、模板等，还可以为项目经理提供更多的帮助，比如，帮助项目团队解决纠纷，为项目经理提供职业发展咨询，甚至可以为项目经理提供心理咨询，因为项目经理承受着来自客户、领导、团队甚至家庭等多方面的压力。当然，这是 PMO 的扩展功能，也许我们在日后为其他组织建设 PMO 的时候可以考虑。

11）我很赞同项目中采用的咨询公司和内部员工共同组建团队的方法。我以前参与的有些项目中，客户组织内部的人员参与很少，全部工作几乎都由我们外部的咨询公司来完成。我们举行项目交付物评审会议的时候，客户总说没有时间参加，有时候评审会议上连一个客户代表都没有，我们只能凭想象猜测客户想要什么。项目团队和客户内部基本保持隔绝状况，在这种状况下创建的项目管理方法体系在使用过程中肯定会出现"水土不服"。结果，等项目完工了，新建的流程投入运行了，客户又开始抱怨，说我们建立的体系根本不符合他们的实际情况。所以，我认为，我们项目团队所采取的共建的做法是完全值得肯定的，而且应该在其他项目中推广。

12）我总结两点：一个是简单，另一个是价值。第一，PMO是来帮助项目经理的，而不是来束缚项目经理的。PMO的职能设置要力求简单，过量的职能设置会使PMO变得官僚主义、形式主义，不仅没有意义，反而会浪费组织资源，扼杀项目经理的创造性和积极性。第二，PMO建设要以价值为驱动力，建立PMO不是为了安置下岗人员或创造就业机会，也不是为了给项目经理再找一个监控机构，而是要为组织带来价值。因此，在整个过程中，要强调和重视价值。

13）我感觉PMO的常设人员至少有一半需从公司内部选拔，因为PMO必须充分了解公司目前的运作流程。PMO建设过程要"短平快"，我们的项目不算试运行阶段只用了4个月，我认为是成功的。组建过程过于缓慢有可能导致相关方对项目产生怀疑，并失去耐心。

他山之石 1：PMO 的其他形式——外包、虚拟……

如果你的组织已经建立了PMO，而且PMO正在致力于提升项目成功的比例和实现流程的标准化，那说明你身处于一个好公司。调查结果显示，66%的高效组织已经建立了PMO，并且体会到了PMO带来的好处。

但是运作自己的PMO需要人才、流程，还有项目管理工具。今天，PMO面临很多选择，那些没有预算限制问题的组织，完全可以建立自己的PMO，并且雇用传统形式的顾问；那些面临预算限制或关注成本效益比的组织，则完全可以把PMO的职能外包给更加专业的公司，或者在专业公司的帮助下建立虚拟的PMO。

资料来源：*Top 10 Habits of Highly Effective PMOs*. / www.metier.com/resource-center.html.

他山之石 2：如何组建研发部门的 PMO

如何创建一个具有战略性的、能与业务部门有效协作并且能得到业务部门尊重的研发部门呢？美国密歇根州奥克兰郡的一位研发部门总监说，帮助他成功的关键因素就是有效的项目管理。以下就是这位部门总监为组建 PMO 提出的一些建议。

1．建立 PMO 的目的是与业务部门一起确定优先级

该机构的研发部门在组建 PMO 的时候有清晰的战术和战略目标：与业务部门一起对项目进行优先级管理，让业务流程通过 IT 手段而变得更高效。

你必须为建立 PMO 准备一个明确的、合理的理由。如果你只是想跟踪项目状况，那么不一定非要建立 PMO，你可以买一个简单的跟踪软件。如果你需要改进项目管理过程，并通过优先级管理对项目进行更多的控制，那么你就需要一个 PMO。不管是研发部门内部还是外部，没有谁愿意多增加一个负责批准和拒绝项目的机构，人们还不得不向这个机构汇报项目状况。因此，研发部门内部和外部的人都会对你建立 PMO 的想法提出调整。为了得到这些人的支持，你必须有一个清晰的、具有说服力的理由。如果你只是想加重官僚主义，那就趁早不要做 PMO 了。

2．获取高层的支持，杜绝随意插队

很多人不喜欢为了申请一个研发项目而编写商业论证文件或计算 ROI，他们只是给研发部门的领导或者组长打个电话，说"我们有一个需求，帮我们实现一下吧，挺着急的"。即使真的需要编写项目论证文件，他们也总是随便写一写，企图蒙混过关；有的时候他们去找大领导帮忙，

企图让大领导说服我们，让他的项目插队。但是有趣的是，他们一次也没有成功。因为每次出现这种情况，大领导就会坚定地说："你需要按照PMO的流程做，理由在这里写着，你自己看，以后不要再想走捷径的事情了。"

3. 为PMO建立合适的汇报关系

研发部门的PMO直接向部门总监汇报。这样PMO就不会受到研发部门内部其他团队的影响。PMO向总监报告，使得PMO成为项目管理的真正中心，而且可以保证标准和流程的变更都被组织内部的最高层所获知。

4. PMO是帮助中心，而不是处罚中心

当你建立了一个PMO的时候，一定要倍加小心，千万不要让你的PMO成为项目管理的警察局，不停地向研发部门总监报告部门每天发生的每件事。

PMO的责任是给人们提供指导，是人们寻求帮助的地方。如果项目经理担心PMO向总监"告密"，那么他肯定不会主动来向PMO寻求帮助，更不会向PMO提供真相。

资料来源：Five Tips for Establishing a Project Management Office, by Meridith Levinson.

第 11 章

如何彰显和度量PMO
的价值

How to

Run PMO

Effectively

11.1 PMO 现状分析

本书作者在从事培训、咨询、访谈和调查等工作的过程中，与数十家企业的 PMO 进行了较为深入的沟通。大部分 PMO 在组织中发挥了重要的作用，得到了决策层、管理层、项目团队及客户的认可。但是也有一小部分 PMO，由于不能快速进入角色、融入组织运作、创造企业价值，正面临着来自各方的怀疑，甚至面临着生存危机。还有两家 PMO 被解散，人员转入项目实施团队。

分析那些身处尴尬境地的 PMO，造成这种状况的主要原因有以下几个方面。

（1）PMO 没有核心职能，因此也就没有核心价值

造成这种情况的主要原因是，当初决定组建 PMO 的时候，没有经过谨慎评估，甚至连 PMO 的职能是什么都没有搞清楚，只是听说同行们正在组建这么一个部门，所以就组建了一个。而事实上，在本单位以前确实没有 PMO 这个部门，但是 PMO 的职能都是健全的，被战略部、计划部、基建部、财务部、运营部等多个部门分担了，而且合作、运行得很好。这时候，再组建一个 PMO，PMO 根本就没法插手项目，甚至出现 PMO 要与其他部门争抢职能的情况。如果是这种情况，要做的就是马上把这个新建的 PMO 关闭了。

（2）因 PMO 自身能力的限制，导致无法发挥应有的作用

有的项目团队抱怨，PMO 制定和提供的流程很烦琐，直接原因就是 PMO 负责流程的人员没有一线实践经验，完全是纸上谈兵。甚至有时候，不做调研，很不负责任地直接套用互联网上搜索到的流程和模板。PMO 在运行一段时间后，自身能力和职能都需要提升，还需负责监管项目绩效、辅导问题项目，甚至在项目出现危机时，亲自披挂上阵。如果 PMO 自身能力不过硬，那么就不能很好地履行这些职能，导致项目团队对 PMO 很失望。

（3）组织没有准备好

前面已经说过，组建 PMO 本身也是一个项目，而且是一个深度变革的项目，需要改变组织的文化、流程、工作习惯，甚至改变一部分人的汇报体系和职权分配。如果 PMO 不能很好地引领变革，那么在组建和运营过程中，会遭到各方的抵制，最终导致 PMO 无法正常运营，无法发挥预期的作用。

（4）领导对 PMO 的价值不满意

PMO 的价值不是在组建之后一朝一夕就能体现出来的。流程需要逐步优化，人员技能需要逐步培养，文化需要逐步改变，组织成熟度需要逐步提高。有的领导在半年或一年之后，看不到 PMO 的价值，就对 PMO 产生了失望情绪。而 PMO 自身能力的不足，更加剧了领导的失望。很多 PMO 在组织的位置并不低，它们直接报告给组织最高层。报告的有效性取决于信息的质量，高层希望拿到预警性信息，以助其及时做出合理决策，而 PMO 提供的是马后炮的报告、指不出要害的长篇大论、道听途说的二手资料，这些只能不断挫伤领导对 PMO 的信心。

（5）PMO 没有主动去宣扬自身价值

一个运行良好的 PMO，也经常为自己的价值度量而苦恼。建立了流程，流程运行得更顺畅了；培养了项目管理能力，项目运作得更顺利了……这些都是 PMO 的价值所在，但是人们总是感觉这样的描述太过模糊，不够准确，没有量化，没有直接和企业的收益和战略挂起钩来。所以，PMO 正在给自己制定一些绩效指标，一方面希望这些指标具有说服力，另一方面又担心自己是否能达到这些指标。在本章第 5 节将与读者分享一些可以用来度量 PMO 的指标。

11.2　PMO 的典型"症状"

大部分处境尴尬的 PMO 成员，工作负荷非常饱满，甚至有时需要加班。

为什么这么忙碌，而最后又没有得到认可呢？答案是明显的，他们没有把精力和时间投放在有价值的工作上，而是避重就轻，避难就易。表 11-1 列出了 PMO 工作中的三易三难。

表 11-1　PMO 工作中的三易三难

三　　易	三　　难
建流程	获得项目经理的由衷认可
做模板	为领导提供预警性信息
收报告	为组织创建清晰可见的价值

在 2014—2016 年对数十家 PMO 的调查中，有 4 项职能的得票数排在最前，也就是 80% 的 PMO 的职能，包括：负责制定和维护组织的项目管理制度；负责为项目团队提供模板；负责组织项目管理培训；负责建立和维护项目管理流程。而排在最后的职能包括项目监管、项目辅导、危机项目挽救、收益管理等。调查结果也显示，大部分 PMO 执行的职能都属于三易的范畴，而对三难领域进行挑战的 PMO 并不多。

由此可以看出，大部分 PMO 都具备了流程管理的能力，可以根据组织项目特征，建立并维护项目管理制度和流程。但对项目绩效的监管、项目出现问题之后的辅导，以及项目经理能力提升的关注偏弱一些。流程建立是第一步，接下来就需要通过项目实际操作让流程落地，通过培养和激发项目经理的潜力来使流程开花结果、出效益。

PMO 的职能是所有组织和 PMO 需要考虑的核心问题，职能定位直接决定了 PMO 在组织中的地位。如果一个 PMO 承担的只是单向支持职能，对上不承接战略，对下不指导实操，那么一定无法得到管理层和项目团队的认可。职能定位是 PMO 的立足之本，在诸多职能中，哪些职能有价值，哪些职能没有价值？哪些职能价值大，哪些职能价值小？这些都需要 PMO 深入研究，并且与相关方达成一致。只有洞察企业关键需求，重新部署职能定位，方能彰显其存在的价值。

11.3　PMO：从成本中心到利润中心，再到投资中心

有的 PMO 认为自己的工作没有意思，体现不出价值，因而得不到领导的重视；有的 PMO 甚至担心明年自己的部门是不是还能继续存在。这样的担忧让我们想到了企业中的 3 层责任中心，即成本中心、利润中心和投资中心。

1）成本中心。成本中心只对成本负责。

2）利润中心。利润中心既能控制成本，又能控制收入，比成本中心高一层次。

3）投资中心。投资中心既对成本、利润负责，又对投资效果负责，比利润中心高一层次。投资中心拥有投资决策权。

在企业中，一个部门或单位属于哪个中心，通常有明确的划定。但是 PMO 是一个特殊的部门，根据 PMO 的职能和绩效，PMO 可以属于以上 3 个中心中的任何一个。

对自己部门的生存状态表现出担忧的这个 PMO，估计属于公司的成本中心。这类 PMO 通常属于支持型的 PMO，他们建立项目管理流程，监控和领导流程的执行，比如，召开各种评审会议，建立新的信息系统并督促人们使用该系统；有些时候他们也为项目团队组织培训。以上所有这些工作都需要可量化的货币投入，其产出肯定很有价值，却很难用货币值来量化。这就是让人心生忧虑的主要原因。

如何让 PMO 演进到利润中心？一位 PMO 的资深专员说：明年我们准备自己找项目做。这是一种途径。还有一种途径，就是把现有的项目纳入 PMO 的管辖范围，从项目的商业论证评审、实施监控一直到项目的收益后评估，直接对项目绩效负责。此时 PMO 就成了利润中心。

项目组合管理处理的是项目投资的事情：在一个财务期间，根据既定的战略目标和战略举措，项目组合总投资计划是多少，分别准备投向哪些项目，

这也是组织级 PMO 应该承担的主要职能。组织级 PMO 负责项目投资组合规划、项目选择、项目监控、项目和战略一致性的跟踪，此时的 PMO 就是一个投资中心。

PMO 的生存只是表面问题，背后的实质是 PMO 对企业的价值到底有多大。从成本中心到利润中心，再到投资中心，PMO 的职能范围逐渐增加，PMO 给企业的价值贡献也越来越大。PMO 可评估当前所处的状态，并根据企业需求，制订合理的、渐进式的发展计划。

11.4 PMO 价值的度量指标

同时实现项目、项目集和项目组合管理方面的成功，意味着组织能够选择正确的项目，并且能够正确地执行项目，进而可以通过项目的成功实施来实现组织的战略目标。这正是 PMO 的价值所在。成功的项目管理给组织带来的收益可以总结为以下 3 个方面。

（1）人员价值增加（People Value Added，PVA）

人员价值增加体现在项目参与者在参与项目前后技能水平、工作效率、工作质量等方面，以及因此带来的该员工自身职业价值的提升。人员价值增加也体现在组织的整体技能水平和整体人员价值的提升。可采用的度量指标有平均每位项目成员每年所完成的项目金额等，比如，原来一个 1 000 万元的项目需要 5 人 10 个月的时间来完成，现在只需要 2 人 6 个月的时间即可完成，这就是人员价值提升的一种具体体现。

（2）客户价值增加（Customer Value Added，CVA）

客户价值增加可以通过客户满意度调查的方法来获得。支付了同样的价格，如果项目做得不成功，客户得到的可能是布满缺陷的系统，这套系统不仅不能给客户的业务带来增长机会，反而成了让客户头疼的"置之无用、弃之可惜"的鸡肋；相反，如果项目做得成功，那么客户获得的是一套运行良好的系统，凭借这套系统，客户的业务可以得到显著的提升。因此，客户价值增加体现了客户支付的每单位货币所获取的实际价值。客户满意度调查可以反映客户对这种价值的感受。

（3）经济价值增加（Economic Value Added，EVA）

成功的项目可以给组织带来直接和间接的经济收益。对于客户项目来说，通过向客户提供有价值的项目产品，可以直接为公司赚取利润；对于内部项目来说，通过实施项目使得组织运作效率得到提升，间接地为组织贡献经济价值。如果项目管理得不好，项目中出现超支和延误，项目所交付的产品没有实现预期的功能，那么组织投资该项目的预期收益就不能实现。经济价值可以用项目收益、投资回报率、净现值、投资回收期、内部收益率等财务指标来度量。

因此，成功的项目可以通过提升客户价值，促进组织业务的良性循环发展；同时，通过提升员工价值，提高员工在工作环境中的满意度，从而更大地激发他们在工作中的积极性和创造力。这些都是组织持续发展的关键因素。

除以上 3 个关键指标外，PMO 还可以采用其他指标来彰显其价值，这些指标有的是定量的，有的是定性的；有的是直接指标，有的是间接指标。下面举例说明定量指标和定性指标。

（1）定量指标

- 所有项目的营收增加。
- 所有项目带来的新市场开发和客户数量增加。
- 所有项目带来的成本降低。
- 所有项目的净现值（NPV）。
- 所有项目的投资回报率（ROI）。
- 所有项目的内部收益率（IRR）。
- 组织风险得以减少的程度。
- 资源使用数量，包括计划数量和实际数量。

- 项目交付周期整体缩短的百分比。
- 组织质量成本的变化。

（2）定性指标

- 对战略的支持程度。
- 对法律法规的符合性。
- 客户满意度。
- 市场美誉度。
- 员工满意度。

还有一些间接指标也可以选择使用，比如：

- 项目组合中红色、黄色、绿色项目占比。
- 项目组合中交付成功、收益成功、战略成功的项目占比。
- PMP、PgMP 等认证人员在项目团队中的占比，以及在 PMO 成员中的占比。
- 组织项目管理整体水平的提升，如 OPM3 级别的提升。

11.5　个案探讨

以下是笔者在从事企业咨询过程中遇到的 4 个案例，供读者参考。对于每个情景的解读、每个困境的解决，不同的人有不同的思路。读者也可以参加笔者举办的项目管理高端研讨会，与同行一起探讨，通过跨行业 PMO 之间的交流共享，推动 PMO 职能的有效运作，从而向项目实施组织和客户组织证明 PMO 在建立企业竞争优势和保障客户最大收益过程中的重要作用。

案例 1　甲公司的 EPMO——报告都是马后炮？

甲公司是一个规模较大的企业（结构见图 11-1）。在集团层面设有 7 个职能部门。集团包括 6 个事业部，每个事业部都有自己独立的产品和市场，是一个独立的利润点。

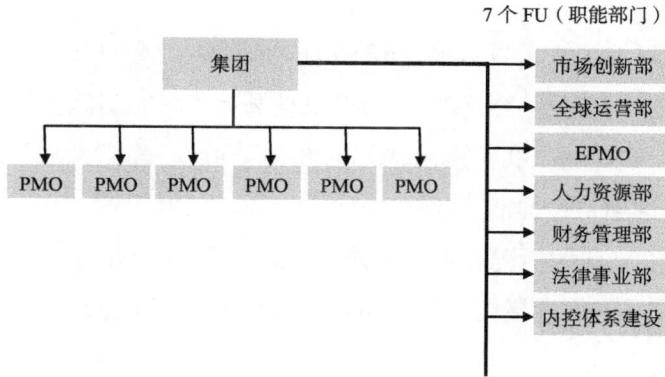

图 11-1　甲公司的 PMO

这个公司设置了两级 PMO。企业级 PMO（EPMO）设置在集团领导直管的战略发展部，作为战略发展部中的一个小组。在每个事业部，又设置了事业部的 PMO。

这种两级 PMO 设置的优劣势如下：

1．优势

EPMO 由战略发展部领导担任，参与了组织战略的制定，对战略有深入的了解，对之后选择项目、定义项目优先级、调拨项目资源有利。与最高决策者的距离近，更有机会展示 PMO 的价值。

2．劣势

领导对 EPMO 的工作不满意，认为 EPMO 不了解项目情况，虽然 EPMO 会定期编制重大项目的各种进展图表给领导，但是当领导询问项目具体状况时，EPMO 总是不能给出详细的、让领导满意的答案。

领导觉得，不如把项目团队的人叫过来直接沟通。EPMO 给领导的都是过时的信息，都是马后炮，即使有些分析，也是事后诸葛亮。领导明确提出希望 EPMO 给他提供预警性信息，但是 EPMO 对此很苦恼，他们找不到方法来提供预警性信息。

为了能更好地了解项目状况，EPMO 采取现场走查的方法。项目团队对 EPMO 采取排斥的态度。当 EPMO 去项目现场走查时，团队抱怨说：昨天，事业部的 PMO 刚来过，我们刚给他们汇报过。今天，你们又来了，我们又得给你们汇报，这项目中的活儿还干不干了？

案例探讨：当前的情况，你怎么看？目前，两层的 PMO 结构是否需要调整？PMO 应该采取何种措施为项目团队提供价值，而不是增加"麻烦"？

案例 2　乙公司的 PMO——协调不动研发部门怎么办？

乙公司规模不大，业务相对简单。销售部与客户签单后，由项目部负责实施。一个项目的实施需要内部其他部门的参与，主要是研发部，有时候还需要用到外包商。

项目部组建了一个 PMO。当一个合同进来时，PMO 根据工作负荷、技能要求、谁有空等因素，委派项目经理。重点项目由项目部总监或者更高的领导直接指定。之后由项目经理负责项目规划、实施过程协调，并整合最终的交付成果。

项目部对于 PMO 的职责定位主要有三个：

1）PMO 负责合同交付流程的制定，包括从接到合同到拿到终验，并且要求所有项目团队都遵守流程。同时，项目都不可能是标准化的，所以出现一些重大问题时，项目经理报给 PMO，由 PMO 帮助协调解决。

2）PMO 负责项目优先级排序。当出现生产高峰时，由 PMO 来协调项目的优先级。主要协调的是现场工程师和一些关键设备。

3）PMO 还担当卓越中心的职责，比如，建立技术问题库。项目中遇到技术问题，项目成员可以先查询技术问题案例库看看以前是怎么解决的。

此公司的 PMO 遇到的主要问题：

当项目经理抱怨协调不动其他部门时，PMO 出面仍然很难协调，最主要的就是研发部。虽然公司已经研制了商用成品，但每个项目几乎都需要定制化开发。目前，定制化开发由研发部负责。研发部和项目部是平级的。研发部这边的主要问题是：

1）研发部不承诺项目完成日期，或者承诺了但做不到，而合同里明确写着项目交期。

2）研发部的工作进程不透明，PMO 没法了解其内部排期，经常被一句话给堵回来：很忙，忙不过来，都在加班。

3）研发部的交付成果不符合客户要求，得返工，双方都不乐意。研发部抱怨需求没有说清楚，客户抱怨"总糊弄我们"。

PMO 希望把自己的级别提高，从目前的项目部内部 PMO，提升为公司级别的 PMO，这样就可以管到研发部了。这个想法也曾提报给公司领导，领导的回答是："你现在协调不了，抬高了就能协调得了？我的级别最高，难道我说一句话研发部的问题就都解决了吗？你们 PMO 应该用流程、用软技能、用诚意、用耐心来解决问题，而不是依靠级别和权力。"

案例探讨：当前的情况，你怎么看？你认可领导的说法吗？你认为 PMO 应该采取什么措施来提升影响力？

案例 3　丙公司的 PMO——管不了预算，项目团队不理睬

丙公司是典型的项目型组织，所有的项目都是技术研发类项目。有的项目来自上级管理部门委派的研发课题，有的项目来自企业的委托。项目带头人由那些可以接到课题或接到项目的人担任，之后他会委派一位信得过的员工担任项目经理。基本上每位员工都会参与某个研发项目，每个人的奖金都与其在项目中的贡献有关。

目前，PMO 由公司高层直管，高管希望 PMO 对所有项目的执行情况进

行监控，包括进展、费用、质量等方面。PMO 也制定了研发项目管理流程，其中要求项目团队定期提交项目报告。PMO 也会定期举行项目审查会议。

实际情况是，很多项目经理并不向 PMO 提交报告，有的即使提交，也是打马虎眼，随便找个项目中闲着的人写个报告应付差事。报告的内容都是空话、套话，看不出项目的进展，更看不出项目的问题和风险。当 PMO 召集会议的时候，项目经理都是委派质检员、助理、实习生等来应付差事。当 PMO 向项目带头人反映这些问题的时候，带头人的回答是：他们确实都挺忙的，没时间开会和写报告。

现在让 PMO 头疼的是，他们几乎没法完成每个月向公司领导提交的项目整体情况报告。总不能也像有些项目团队那样糊弄、凑字数吧。PMO 认为主要的问题是他们管不了项目的预算，每个项目的立项申请都由具有申请资质的个人向上级主管部门提出，或者一些有能力的人自己去找企业接洽。这个过程，PMO 基本上插不上手。

虽然公司高层认为有必要成立 PMO，但项目团队都认为 PMO 基本上没啥用，连 PMO 自己也认为自己没有用。

案例探讨：当前的情况，你怎么看？PMO 需要采取哪些措施才能"打入"项目内部，实现监控项目的目的？

案例 4　丁公司的 PMO——没事做，其他部门的工作插不上手

在关键人员的强势努力下，丁公司建立了企业级的 PMO（见图 11-2）。但是从开始运营的第一天，就遇到了问题：不知道自己该干什么。

PMO 想参与战略规划，战略管理部的人客气地说欢迎你们来参加会议，但是具体到了开会的那天，总是有意不通知 PMO；要求研发项目团队报项目绩效，他们说，正在向研发部老板报，可以同时抄送你们一份；让生产部门的技改项目报项目绩效，他们说一直向制造部老板报，可以同时抄送你们一份；要求流程改进类项目组报绩效，他们说一直向经营管理部老板报；向各

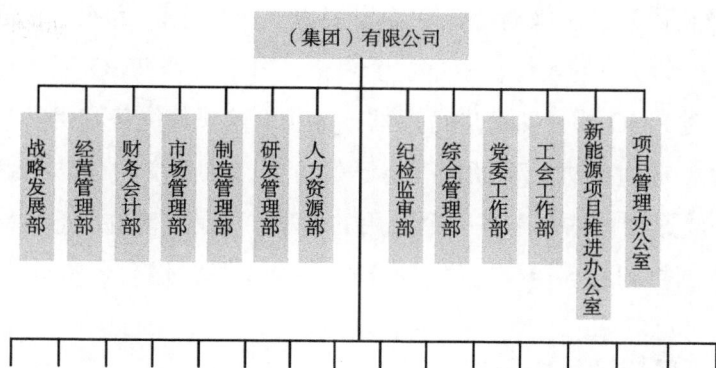

图 11-2　丁公司的 PMO

个团队要财务数据，他们说没有时间，也不能透露，建议直接去财务部要。

另外，总裁办有一项工作是把各个部门的月度执行情况定期汇总发给公司总裁。PMO 曾试图联系总裁办把其中关于项目的一部分交由 PMO 来负责，但总裁办不同意。

现在的情况是：PMO 有了，但是没有工作可干，哪里也插不上手，甚至连开展一个项目管理培训都没有预算，因为培训归人力资源部门管。目前，PMO 只有一个人，既是部门领导，也是部门成员。

案例探讨：当前的情况，你怎么看？这个 PMO 是留是散？如果留，应该采取哪些措施？

11.6　通过成熟度评估寻找提升 PMO 价值的机会

根据上面列举的几个个案及与每年进行的跨行业的 PMO 调查，可以了解到：有些 PMO 担心自己没事可做，需要和其他部门争职能；有些 PMO 感觉自己的工作没有价值，得不到领导和同事的认可。这些担忧虽然只是个别现象，但也值得引起注意，否则一来浪费公司对 PMO 的投入，二来 PMO 本身的生存会受到挑战，三来对个人职业发展也会产生连锁反应。下面提供了一个 PMO 成熟度评估的表格，通过这个表格，可以看到 PMO 可以发挥价值的空间很大。对 PMO 的成熟度进行评估，有助于发现其优势和劣势，圈定急需改进的区域，通过改进，不断提升自己的价值，从而增加自己在组织中的影响力。这个成熟度评估表不是一个通用的标准，只是笔者在从事 PMO 咨询过程中经过不断打磨感到使用效果还不错的一个工具，供读者参考。

PMO 成熟度评估的步骤

1）确定参与评估的人员。为了全面起见，除 PMO 部门内部的人员要参与评估外，还需要邀请 PMO 的关键相关方参与，这些相关方包括项目经理、项目总监、项目发起人、项目集经理、项目组合经理、决策层、项目成员、客户和用户代表、供应商代表、财务人员、采购人员、研发总监等。根据公司情况的不同，PMO 自己确定参与评估的人员，并获得他们的同意。

2）召开会议，向所有参与者讲解评估的目的。评估的目的不是考核，而是发现待改进的区域，从而提高 PMO 对项目的支持、对组织战略的贡献。

3）举行 2 小时培训，向所有参与者讲解评估表中各事项所表示的意思，以及评估打分的标准，要允许参与者提出问题，PMO 要给予耐心的解答。

4）举行 1 小时的评估活动，在评估过程中，要求参与者保持沉默，不讨论，不分享自己的看法。采用匿名方法，不需要评估者签名，以提高评估结果的客观性。

5）PMO 收集评估问卷，计算平均分，其中不适用项不纳入计算。之后做出雷达图，向主管领导汇报，并就近期改进的区域达成一致。

6）把改进工作当作一个 PMO 的常规项目进行立项，按照项目管理模式实施，并在项目结束后评价改进项目的结果。

7）向 PMO 的所有相关方报告改进项目的结果，并根据改进结果修订新的项目管理流程、制度、最佳实践和其他相关事项。必要时，针对改进成果还需要举行宣讲和培训活动。

示例　PMO 成熟度评估表

表 11-2 是 PMO 成熟度评估表示例，仅供参考，组织需要根据自己的情况进行裁剪。

表 11-2　PMO 成熟度评估表示例

代号	领域	序号	任　　务	优秀（5分）	一般（3分）	待提升（0分）	不适用
1	战略与架构	1	能经常与组织决策层、组织战略管理办公室保持联系，以确保所有进行的项目都符合组织战略，并根据战略变化及时对项目部署做出调整				
		2	在项目每个阶段关口进行战略重估，取消与战略不符合的项目				
		3	为不同类别的项目建立准入标准和退出标准				
		4	如果你处在一个大型集团中，是否建立了由集团级 PMO 和各下属单位 PMO 协同工作的多重治理体系				
		5	如果你处在一个业务形态多元化的组织中，是否建立了不同业务单元的 PMO（如打印机集团的 PMO、投影机集团的 PMO），并使得这些 PMO 之间统一协调（可以建立由各业务单元 PMO 代表组成的中心协调小组）				
		6	建立了项目经理、项目集经理、项目组合经理与 PMO 之间的协作关系				
			平均得分：				

代号	领域	序号	任务	优秀（5分）	一般（3分）	待提升(0分)	不适用
2	过程监管	1	用可视化的方式使项目过程对于相关方变得透明，从而使问题能及时暴露				
		2	定期收集项目绩效报告、项目质量报告、项目风险报告				
		3	在项目阶段关口收集阶段竣工报告和下一阶段工作计划；如果处于项目最后一个阶段，则收集项目竣工报告				
		4	对所收集到的报告信息进行核实确认，确保信息真实、及时、深入地反映了项目状态				
		5	对项目绩效进行分类管理，如按照信号灯方法分为红、黄、绿三类				
		6	PMO 拥有 QA 人员对项目过程进行质量保证，或者与公司 QA 部门合作完成此工作				
		7	PMO 对项目进行基于计划的审计，或者基于重大事件或情形（如出现大量质量问题、工期严重延误、大量客户投诉等）的审计				
		8	检查并确保项目选择了合适的项目管理方法论（如瀑布式、敏捷式）				
			平均得分：				
3	参与决策	1	要求每个项目建立项目管理委员会，以使项目各方高层参与项目决策				
		2	对销售经理拿回的商机组织评估，从而决定是否跟进商机				
		3	在选择项目时，要求关键相关方（如项目实施单位、项目发起单位、客户/用户关键代表、销售经理、采购经理、职能部门、财务经理、质量经理等）参与以形成集体决策				

代号	领域	序号	任　　务	优秀（5分）	一般（3分）	待提升（0分）	不适用
3	参与决策	4	组织对投标建议书和报价进行评审，以发现风险并要求改正，并做出最终决策				
		5	组织法务、采购等部门对即将签署的合同条款进行评审，并做出最终决策				
		6	参与关键项目的难易度评审，并根据评审结果确定合适的治理模式				
		7	检查并确保项目难易程度和项目经理级别之间的匹配制度				
		8	在每个阶段关口组织项目审查，并做出项目是否继续前行的决策				
		9	及时觉察市场、政策等外部事业环境因素的变化，并且组织人员据此做出项目决策				
		10	组织对项目中关键交付成果的验收，并做出是否验收的决策				
			平均得分：				
4	指导项目	1	根据组织项目所涉及专业建立了不同领域的专家委员会，并且有完善的专家委员聘用、考核和更替流程				
		2	建立了从项目团队成员到项目经理，再到 PMO 的问题升级流程				
		3	建有 PMO 专家热线对项目经理和项目成员提供项目技术问题和管理问题的咨询服务				
		4	建有 PMO 心理热线对项目经理和项目团队成员进行心理援助				
		5	能够通过监管等手段及时察觉项目瓶颈，并指派专人进入项目团队协助分析和解决				

续表

代号	领域	序号	任　务	优秀（5分）	一般（3分）	待提升(0分)	不适用
4	指导项目	6	能够定期召开关键项目或问题项目的现场研讨会议				
		7	根据 PMO 项目审计的结果和建议，对项目进行指导，帮助其纠正问题				
		8	根据 QA 提出的建议，对项目进行指导，帮助其纠正问题				
			平均得分：				
5	基本流程	1	建立了适合自己公司的独特项目管理体系架构				
		2	根据项目种类的不同，为各类项目建立了专门的项目管理流程				
		3	建立了项目开工会议议程				
		4	建立了项目前期论证和决策流程				
		5	建立了项目启动流程，包括项目发起人职责、项目经理委派、项目动员等步骤				
		6	建立了项目计划制订和评审流程				
		7	建立了项目绩效管理流程				
		8	建立了变更、配置、问题、风险管理流程				
		9	建立了项目收尾流程				
		10	建立了项目后评价流程				
		11	建立了危机项目整改流程				
			平均得分：				
6	基本制度	1	建立了项目经理双向选择制度				
		2	建立了项目任务的双向选择和分配制度				
		3	建立了项目成本核算制度				
		4	建立了项目工时管理制度				
		5	建立了项目奖金管理制度				

续表

代号	领域	序号	任　　务	优秀（5分）	一般（3分）	待提升(0分)	不适用
6	基本制度	6	建立了项目实物资源管理制度				
		7	建立了与客户往来的指导手册				
		8	建立了与供应商往来的指导手册				
		9	建立了远程作业或虚拟团队的监管制度				
			平均得分：				
7	流程改进	1	定期开展公司内部项目管理流程制度的培训宣讲				
		2	定期召集项目经理和项目骨干会议，要求他们提出项目流程的整改建议				
		3	定期根据团队的反馈、客户的反馈和业务发展的要求，对项目管理流程进行改进				
		4	能对流程改进的结果进行度量、报告、宣讲和落地				
			平均得分：				
8	模板工具	1	建立了完整的项目管理计划模板（包括 WBS、进度计划、成本计划、沟通计划等）				
		2	建立了项目全生命周期管理文档清单及模板				
		3	建立了项目全生命周期技术文档清单及模板				
		4	建立或导入了项目管理信息系统，并且能够促进项目的成功				
		5	根据需要建立了项目管理工具，如工时管理系统、奖金发放系统、风险模拟工具等				
		6	定期组织有关模板工具的培训				
			平均得分：				

续表

代号	领域	序号	任　　务	优秀（5分）	一般（3分）	待提升(0分)	不适用
9	知识库管理	1	建立了项目知识库，并要求项目团队及时同步数据，同时为知识库建立了便于查询的索引，设置了合适的访问权限				
		2	定期对知识库中的信息进行分析总结，形成项目估算依据和风险查对清单等可供直接参考的信息				
		3	主动在项目期间和项目结束时收集经验教训，形成经验教训知识库，并且按系列定期在内部发布				
		4	定期邀请项目技术骨干交流项目技术成果，发现可复用的技术成果，形成技术成果登记册，便于后续项目复用				
			平均得分：				
10	职责设定	1	建立了 PMO 人员和项目人员的职业行为守则				
		2	建立了项目发起人的职责描述				
		3	建立了项目管理委员会的职责描述				
		4	建立了项目经理/项目集经理/项目组合经理的职位描述				
		5	建立了产品经理在项目中的职责描述				
		6	建立了客户和用户在项目中的职责描述				
		7	建立了商务经理在项目中的职责描述				
		8	建立了项目供应商在项目中的职责描述				
		9	建立了项目团队成员的职责描述				
		10	建立了项目助理的职责描述				
		11	建立了销售经理在项目中的职责描述				
		12	建立了项目跨部门协作人员在项目中的职责描述				
		13	建立了 QA 部门在项目中的职责描述				

续表

代号	领域	序号	任　务	优秀（5分）	一般（3分）	待提升(0分)	不适用
10	职责设定	14	建立了采购部门在项目中的职责描述				
		15	建立了合同管理部门和法务部门在项目中的职责描述				
			平均得分：				
11	人员能力	1	建立项目经理人才库，对项目经理进行分级管理				
		2	根据既定标准，定期组织评审，评定优秀项目经理				
		3	建立项目经理职业发展路线图且向项目人员进行充分宣讲，并起到指导作用				
		4	根据项目完工绩效和收益实现评价对项目人员进行奖励，并作为晋级的关键依据				
		5	在项目执行过程中，对项目人员进行绩效评估并提出反馈意见				
		6	对不符合绩效要求的人员设置专门的训练营或其他安置计划				
		7	建有系统的培训框架和培训效果评估方案，定期向项目人员提供项目管理培训、项目技术培训、软技能培训、战略和业务管理培训及其他相关培训				
		8	设置定期的例行的项目经理交流日，邀请项目经理分享经验教训，促进隐性知识的传递				
		9	建立了内部项目管理电子期刊，促进项目经理分享经验、总结教训，促进组织整体项目管理能力的提升				
			平均得分：				
12	PMO能力	1	PMO 的主任及其成员接受过专门、系统的项目管理培训，并获得了相关的认证				
		2	PMO 的主任及其成员具有宣讲项目管理方法和价值的能力				

续表

代号	领域	序号	任　　务	优秀（5分）	一般（3分）	待提升(0分)	不适用
12	PMO能力	3	对公司内全部资源的当前状况，包括技能、级别、人数、可用度等信息，有充分的了解				
		4	能够定期察觉当前人力资源状况与业务发展所需之间的差距				
		5	能够及时制订针对差距的培训计划，或者向人力资源部提交招聘计划				
		6	定期与同行或者其他先进的标杆单位进行PMO运作的对标学习				
		7	建立了合适的考核PMO自身运作成效的方法和指标				
			平均得分：				
13	收益管理	1	立项时需要对项目经济可行性进行评审，并把财务指标作为选择项目的重要指标之一				
		2	在项目阶段关口再次审查项目经济可行性，并把审查结果作为决策依据之一				
		3	在项目结束时对项目完工绩效进行定量考核，包括项目进度绩效指数、成本绩效指数、质量绩效指数				
		4	在项目结束时对项目收益实现进行定量考核				
		5	对在项目产品交付之后需要持续运营才能实现收益的项目，进行持续收益跟踪，并进行收益实现情况定期考核				
		6	在项目结束后对项目进行审计，对项目选择决策、项目收益对组织战略的贡献进行闭环评价				
			平均得分：				

　　图 11-3 是某公司 PMO 采用上述评估表进行评估之后所做出的雷达图，可以看出该 PMO 在组织过程监管和模板工具等方面做得非常不错，但是在指导项目、与组织战略接轨等方面还需要提升。

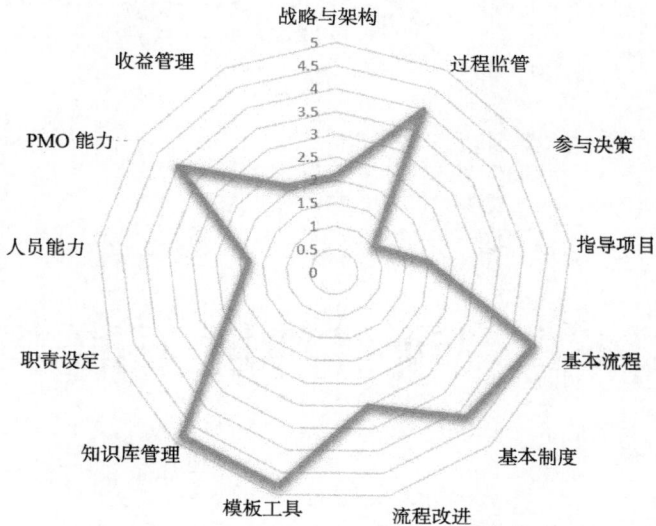

图 11-3　PMO 成熟度评估结果雷达图

第 12 章

项目环境下的 PMO

How to

Run PMO

Effectively

每个组织的 PMO 都需要向敏捷转型，这其中有两个原因。一个原因是，本组织某些项目更适合用敏捷方法进行管理，PMO 需要对这部分项目进行监管，所以 PMO 自身必须充分了解敏捷方法，并且起到带领和指导的作用。另一个原因是，组织当前尚未意识到有些项目需要采用敏捷方法。比如，某些科研机构，仍然在使用陈旧的、缓慢的开发方法，那么此时 PMO 要与时俱进，并且前瞻性地对敏捷方法进行研究，深刻了解这种方法产生的缘由，以及在当今时代这种方法所能带来的好处，从而把这种方法成功地引入组织中。对那些初创公司来说，它们的项目不确定性更高、对交付时间的要求更紧，更适合应用敏捷方法。所以，不管目前有没有采用敏捷方法，此时都需要建立一个敏捷 PMO，帮助组织进行敏捷转型，从而帮助和指导项目团队，保证他们采用了正确且合适的管理方法，并且能够达到预期的项目成果。

需要强调的是，建立敏捷 PMO 或者对现有 PMO 进行敏捷转型并不意味着组织中所有的项目都需要采用敏捷方法，而是指 PMO 需要具备敏捷项目管理和监管能力，根据项目特征，建议各个项目采取合适的管理方法，并对所有项目（包括采用传统瀑布型、迭代型、增量型、敏捷方法或复合方法的项目）进行有效监管。

不论是已有 PMO 的敏捷转型，还是在一个组织中新建一个包含敏捷功能的 PMO，都需要经过以下几个步骤，下面详细阐述。

12.1　对项目进行分类，确定适合敏捷方法的项目

通过对所有项目进行分类，找出需要采用敏捷方法的项目。没有最好的方法，只有最适用的方法。传统的基于计划的生命周期方法（瀑布式）适用于在项目前期就可以对项目的范围、成本和进度进行明确定义的项目。敏捷方法则适用于在项目开始的时候，需求和范围难以事先确定，而且整个项目环境变化迅速，项目开发过程充满了不确定性的项目。

在明确了传统项目管理方法和敏捷项目管理方法的适用性之后。PMO 要对组织中现有的项目进行详细的分类，对每类项目的特征进行研究，从而确定哪种项目适用于传统项目管理方法，哪种项目适用于敏捷方法或者其他诸如迭代、增量的适应型方法。当然，还有第三类比较复杂的项目，需要在项目的不同阶段或者不同模块使用不同的项目管理方法，有的阶段或模块使用传统模式，而有的阶段或模块使用敏捷方法。

当前社会技术的进步和市场日益变化的趋势，使得每个企业或多或少地有一部分项目需要采用敏捷方法才能达成预期的效果，死板地要求项目团队在漫长的执行过程中，按照项目开始时制订的计划执行，在过程中不能做丝毫的变动，这种僵化的方法越来越遭受质疑。这样的方法置项目于真空状态，完全忽视了环境的变化、技术的进步及人们认知的快速升级对项目的影响。

在对组织内项目进行分类和评估的过程中，PMO 既要借助内部的力量，也要借助外部的力量。借助内部的力量，指的是邀请项目经理、项目成员、需求部门及其他项目相关方，对各类项目需求的清晰程度、项目开发过程的不确定程度、项目开发团队的成熟程度等因素，并结合对以往项目实施过程的回顾和对项目结果的评价，对项目提出初步的分类意见。

图 12-1 是 Stacey 复杂度模型，可以借用此模型对项目进行基本分类，在图中处于不同区域的项目需要采用不同的管理方式，"简单"区域的项目可以采用传统的瀑布模型，"复杂"和"非常复杂"区域的项目可以采用适应型的方法，如迭代、增量和敏捷方法。处于"混乱"区域的项目风险程度最大，要谨慎启动。

在对项目进行分类的时候，也需要借助外部的力量，比如，采用标杆对照的方法，找到那些敏捷应用做得好的企业，通过交流学习，参考它们对项目的分类方法和项目管理方面的其他良好实践。另外，还可以聘请专业的敏捷咨询顾问，这些顾问往往具有深厚的敏捷实践经验，比如，在声誉良好的

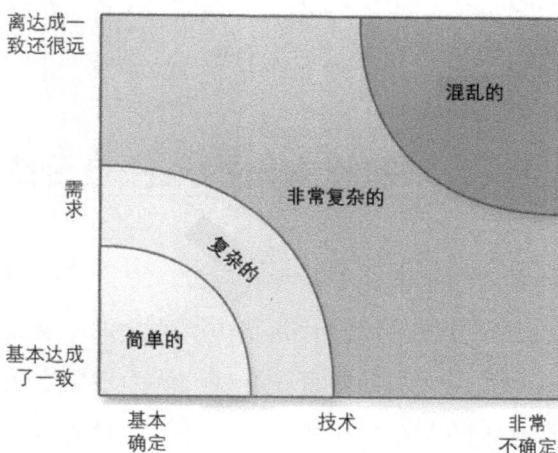

图 12-1 Stacey 复杂度模型

企业中担任多年的敏捷教练或敏捷转型负责人，他们充分了解各种敏捷方法在实际使用过程的优势、劣势，知道如何避免掉入"假敏捷"的陷阱。

把项目类型分得越细，越能明确各种类型的项目适合哪种方法，采用合适的方法，可以提高项目团队的效率，提高项目成功的概率，从而提升组织整体的竞争能力。

在这个步骤，PMO 应该交付的是一个项目分类清单，其中要包括项目类型的名称、项目工期、项目金额、项目需求一致性评级、项目技术不确定性评级（开发的难易度）、项目参与人数、人员技能水平、项目的复杂程度综合评级，以及专家建议的应该采取的项目管理方法等信息。

这个分类清单是动态的，一方面，总是有新的项目来、旧的项目去；另一方面，虽然大部分项目在一开始的时候已经确定了适用的项目管理方法，但是 PMO 和项目团队应该在项目实施过程中对这种方法的有效性进行持续跟踪，根据情况适时做出调整，比如，本来使用瀑布模型的项目后来可以调整为采用敏捷方法，而本来采用敏捷方法的项目后来也可能调整为瀑布模型。

这也是敏捷所强调的"以变更为驱动"的理念，随时监督有效性，及时发现问题及时调整，而不是因循守旧，抱残守缺。

12.2 评估组织启动敏捷方法的条件是否成熟

有一些组织已经采用了敏捷项目管理方法，取得了既定的效果。也有一些组织虽然采用了敏捷方法，却没有起到预期的效果，反而引发了抱怨，产生了一些敏捷方法的质疑者和反对者。这些人认为敏捷方法只是一些表面的形式，比如，挂在墙上的花花绿绿的看板，每天早晨的晨会，但实际上并没有感觉到生产效率提高。甚至有的时候，一个需求的实现所需要的时间比原来更长了；有的时候，与人员的沟通更难了。原来在特殊情况下，领导还可以采用命令的方式让紧急任务"插队"，要求团队加班加点完成任务。采用敏捷方法之后，倡导自组织团队，开发任务自愿领取，本来该命令的也不能命令了，所以管理层和需求方显得颇为被动。

虽然确实有这种情况，但我们不能因此而诟病敏捷方法本身。敏捷方法在全球范围内得到广泛认可和普及，并且确实提高了研发的效率和效果。出现上述情况，主要原因是我们在采用敏捷方法之前，没有对组织各方面的准备度状况进行评估。当组织并没有为敏捷方法做好准备的时候，盲目引入很可能会出现上述情况。有的人甚至开玩笑地说，他们公司只是穿上了一件叫作敏捷的外套，看上去有模有样了，但真实的情况一点都没有发生变化。

那么具体怎样来评判组织的准备度呢？除上一个步骤要对组织的项目进行分类研究外，还需要对以下三个主要方面进行评估。这三个方面分别是组织文化、组织结构和项目团队。

（1）对组织文化进行评估

组织整体的文化对敏捷方法的采用及效果有至关重要的影响。这种文化主要体现在五个方面：

- 人们对待工作的态度。
- 人们对待同事的态度。
- 人们对待领导的态度。
- 人们对待客户的态度。
- 人们对待自身利益的态度。

第一个方面是人们对待工作的态度。在有的单位，四点半发班车，人们四点就开始收拾东西准备下班。还有一些单位五点半下班，只要超过了五点半，办公室就空无一人。如果领导在下班后给员工打电话，可能没有人接，因为这是人家下班的个人时间，若要第二天问起来，也满满都是理由：正在地铁上，没听见您的电话；正在辅导孩子做功课，手机调成静音了……这种情况，于情于理于法都是无可非议的，而且敏捷方法中也强调可持续性的开发，不要让成员超负荷工作，那种加班加点熬夜救火的状态是没法长久持续的。如果人们对待工作的态度真的像上面说的一样，这样的环境是没法实施敏捷方法的。

笔者听说过一个关于番茄工作法的故事。番茄工作法就是用一个番茄计时器（见图 12-2）来帮助人们管理时间。有的人用这个计时器来提醒自己需要开始工作了，也有的人用这个计时器来提醒自己工作的时间太长了，需要休息一下。如果团队的人员大部分属于后者，那么说明他们本身对于工作有一种发自内心的热爱，有一种完成工作的急迫感，这样的团队适合敏捷方法。同样，人们也用这种比喻来评价一个组织或部门是否适合使用 OKR 管理方法，虽然这不在本书的论述范围。当然，番茄计时器的故事只是一个玩笑，或者只是片面的一己之见，但可以反映一个组织中员工对工作的态度。

图 12-2 番茄计时器

第二个方面是人们对待同事的态度。在有些组织文化中，人们会认为自己和同事之间是竞争的关系，即便表面上嘻嘻哈哈，一团和气，但事实上真正的内核关系是竞争的，比如，职位提拔的时候，如果他被提拔了，我就不能被提拔了；发奖金的时候，他拿的多了，我就拿的少了。基于这种竞争关系的定位，在工作中我知道的东西，我不会轻易传授给别人，而别人所知道的知识也不会传授给我。在这样的组织中，无法进行真正的知识分享，即使建立了知识分享系统和机制，也只是一种形式主义，人们应付差事，上传一些价值不大的文档资料。知识分为显性知识和隐性知识，一个显性知识尚且管理不好的组织，隐性知识的分享就更加无从谈起了。如果组织中人们对待同事的态度属于这一种情况，则暂时还不适合敏捷方法。为了解决这些问题，组织可能需要从人事制度、激励制度等方面做出变革。

第三个方面是对待领导的态度。当然，员工对待领导的态度主要取决于领导对待员工的态度。一个问题一旦被报到领导那里，就可能成为受到谴责的把柄，拉低绩效评价的依据，甚至有时候会成为重大责任的替罪羊。在这样一种情况下，员工对待领导就不可能做到开诚布公，而是会尽量隐瞒工作中的问题，只向领导报告好消息，而屏蔽那些坏消息。这与敏捷所倡导的透明的沟通环境完全不符合。

另外，在制定项目决策的时候，如果领导大多数情况都采用独裁制，那么开始的时候，员工可能积极"进谏"，贡献自己的聪明才智，但是在屡次被漠视、屡次受挫之后，员工就闭口不言了。领导说什么就什么吧，领导让怎么办就怎么办，领导发命令之前什么也不做。这种情况与敏捷所倡导的"自组织团队"相距甚远。为了改变这种情况，应该采用自上而下的理念宣讲和灌输，首先让领导的思想观点和言语行动发生变化。

第四个方面是对待客户的态度。对待客户的态度需要从甲乙双方"对立"的关系，变成项目"一家人"的关系。合同或者协议中承诺的工作，应该保质保量地完成好，但是不要总是搬出合同来说事儿，而是要真正站到客户的角度，为客户着想，为客户解决问题，用自己的专业技能引领客户，帮助客户建立一个合理的、科学的、具有前瞻性的项目需求，并且最终实现这个需求，为客户创造收益。

有一位客户讲过这样一个故事。他是一家教育机构，请了一个软件公司为他们开发在线教育系统，其中有个功能是学员每日在线刷题。开始的时候，他提的需求是从习题库中随机抽选 10 道题作为学员每日练习的题目。这个功能在小范围内试用之后，学员提出来：采用这种方法，有的题目总会重复出现，同样，肯定也有一些题目从来不出现，这样就会漏掉一些题目，得不到全面复习，同时又重复做一些已经会做的题目，浪费时间。根据学员的反馈，客户把这个需求修改为按照顺序来出题，而不采用之前的随机出题。一个星期之后，软件团队交付了新的功能，客户又把这个功能让部分成员试用，但是试用的结果让人"瞠目结舌"。学员反馈说，确实改成按顺序做题了，但是每次做题都从第一题开始！当客户和软件公司的项目经理沟通此事时，项目经理振振有词："这就是您说的需求呀，是您说的按顺序做题啊，现在已经实现了。"客户哑口无言。这样的例子希望只是凤毛麟角，但是也对我们有一定的启示，就是我们必须真正站到客户的角度，以专家的身份和客户一起来解决问题，帮助客户创造和提高经营收益，这样才能赢得客户的信任和尊重。我们和客户的关系是平等的、合作的、共创和共赢的关系，而不是地主和长工的关系，他出多少钱我就干多少活儿；他说怎么干，我就怎么干。当然我们和客户之间的关系是双向的，上面举的例子主要在于说明我们这方面需要做出的改善，相信客户方面也有一些需要改善的地方，所以在启动敏捷方法之前，需要对客户进行相应的培训和理念推广，从而确保客户的支持和参与。

第五个方面是对待个人利益的态度。实现了敏捷之后，员工需要为自己承诺的工作负责，既然承诺就要完成，不管是否需要加班。当然如果事后证明是期初工作量估算过多，项目经理会采取相应的调整措施，因为敏捷方法倡导工作效率的可持续性；如果证明是员工技能需要提升，项目经理也会采取整改措施，如增加培训或者换人。在正常的情况下，是当日所承诺工作量的完成决定了下班的时间，或者说是采用了"计件工资"而不是"计时工资"。今天承诺的工作完成了，那么就可以下班了，如果没有完成，就需要继续留下来完成，否则会影响第二天团队的整体进展。这和传统的朝九晚五、到点走人的方式还是有很大不同的。

在一个实施了敏捷方法的团队中，有一位成员去找 HR 咨询，说这种情况下，我们的加班费应该怎么算？如果不给加班费的话，我们是否应该安排调休？我这个迭代中帮助张三多做了 2 个工作包，应该怎么结算项目津贴？这个月的项目奖金和津贴能不能调整到下个月发，这样可以少扣一些个人所得税？员工有这样的疑问可以理解，PMO 和 HR 要给予耐心解释，如果大部分员工把大部分的心思都放在这些地方，那一定不是员工的错，而是企业文化的错。为了改善这种情况，组织应该担当起更多的责任，领导者更应该以身作则、身先士卒。30 年前一些制造企业提出的"以厂为家，无私奉献"的精神，在现在的环境下已经显得格格不入，但是"北京凌晨四点的国贸和中关村"的现象说明，确实还是有一部分人在践行这样的精神。组织文化要在"无私奉献"和"锱铢必较"之间做出平衡。

（2）对组织结构进行评估

为了适应敏捷方法，组织结构需要具有足够的灵活性。在传统组织中，一个部门一旦成立之后，几乎几年如一日地在那儿存在着，职能不变，部门领导不变，成员基本上也不变。但是在实施了敏捷方法的情况下，这种稳固的、缓慢的组织结构需要转型为灵活的、机动的形式。IBM 前总裁郭士纳在 20 年前就意识到了这个问题，他在 2003 年出版了经典名著《谁说大象不能跳舞》，其中提到即使最庞大的组织也需要具备灵活的身姿，来迎接外界变幻莫测的挑战。

在敏捷环境下，根据项目需要，可以随时从各个部门抽调人员迅速形成团队，在项目结束之后，这些成员可能回到部门，也可能迅速加入新的项目团队。传统的强矩阵、平衡矩阵、弱矩阵强调的是职能经理和项目经理权力的大小，这些概念已经无法对敏捷环境下的组织结构形式进行准确的定义。敏捷环境需要的是一个全开放的、实时更新的资源库，这个资源库包含了公司的所有资源，也包含了外部的可用资源。只要项目需要，只要资源合适，项目经理就有权力获得资源组建团队，不论这个资源目前所处哪个部门，是组织内部的，还是外部的。所以在这种情形下，一个成员在项目中的角色是持久的，无非是在这个项目，还是在那个项目；而他在职能部门中的角色是临时的，只有项目的间隙，他才会回到职能部门，接受部门专业技能的训练；或者在项目过程中需要专业技术指导的时候，回到部门寻求部门领导和部门专家的支持。

在实行了大规模敏捷的组织中，需要建立基于敏捷的层级结构，如 Scrum of Scrums，Team of teams。典型的敏捷团队成员一般为 10 人左右的小团队，大型项目的开发需要若干个小团队并行工作，在这种层级结构中，每个敏捷团队的上方有一个由各个敏捷团队的代表组成的协调团队，他们对敏捷团队之间的管理关系和技术关系进行协调，而更加大型的项目团队中需要建立更高一层的协调团队，如图 12-3 所示。这样的层级结构虽然是暂时的，但是有可能和组织现有的层级关系产生冲突。当组织准备采用敏捷方法时，组织现有结构需要为此做好充分的准备，承认并支持这种新建的、临时的层级关系，以保证其可以良好运作。

我们在第 2 章的案例分享中提到了这样一个例子，这个组织是一个学习型组织，领导率先学习到了敏捷方法，并且意识到敏捷方法的好处。然后回到公司，在公司里推广敏捷方法，并且以身作则，把公司的组织结构变成了灵活的网状结构。

关于组织结构方面的准备，还需要注意到：在当今社会，一个组织已经不是一个完全封闭的团体，而是与社会上其他组织、其他团体有着千丝万缕的关系，这些关系中最重要的包括与客户、供应商、协作部门、监管部门之间的关系。在采用了敏捷方法之后，组织需要和这些外部团体调整之前的工作关系，从甲方付费乙方干活的简单关系，转变为合作共创的长久依赖关系。实施敏捷方法，需要供应商和客户多方联动，PMO需要向各方推广方法，宣讲好处，并切实告诉各方在实施敏捷方法后所需做出的思想上、行为上、工作流程上等方面的具体变化，以及各方相关部门和人员的角色职责调整。为此，PMO需要担当一个敏捷方法的游说者。

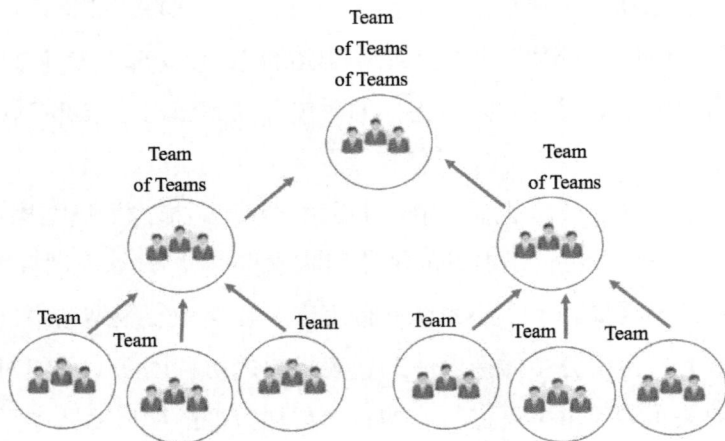

图 12-3　大规模敏捷中的层级关系

（3）对项目团队进行评估

敏捷方法倡导自组织团队，他们认为最佳的设计和最佳的解决方案都出自自组织团队。所谓自组织团队，就是由团队成员自己做出决策，自己制订计划，自己承诺目标，自己执行工作，自己检查工作的完成情况，并根据情况自己进行纠正，最后自己交付产品，并且在交付之后对过程进行自我反思，从而实现持续改进。在整个过程中没有一个强势的领导，在敏捷团队中，项目经理的定位是服务型领导或仆人式领导，他们为团队解决困难，扫清障碍，为团队顺利完成工作创造条件。那么一个团队是不是具备自组织的能力和觉悟呢？这也是很多敏捷质疑者心中的疑问。

我们把团队准备度分三个方面进行阐述，分别为技术水平、价值观和团队默契。

采用敏捷方法后，在每次迭代的规划会议上，采用团队集体参与的轻量级估算方法，由团队自己决定本次迭代所承诺的工作数量，并且由成员自己选择自己的工作，而不是像传统的方式那样由项目经理进行委派。也有人会提出质疑，如果每个人都选择那种最简单的工作，而有难度的工作没人选择怎么办呢？

自组织团队并不意味着这个团队不需要技术高手，相反，每个成员都需要成为 T 形人才。所谓的 T 形人才，就是说每个成员需要对自己所负责的领域深扎下去，成为这方面的专家；同时还要横向掌握项目团队其他岗位所需要的能力。这样在确保完成自己工作的前提下，还可以在其他成员遇到困难时出手相助。同时，敏捷团队不是一个孤立运作的团队，它也需要来自团队外的技术高手的专业指导，项目经理要随时识别技能差距，随时安排技能培训。如果说敏捷团队要求成员个个都是技术高手也并不为过。如果技术方面没有问题了，就不会出现拈轻怕重、回避有难度的任务的情况了，相反，人们更愿意去承接一些有挑战的任务，以彰显自己的职业价值。

第二个方面就是 PMO 要向项目团队宣讲敏捷价值观，并得到团队的真心认可。Scrum 框架中提出的五大价值观可以作为每个敏捷团队的价值观，具体如下：

1）承诺：愿意对目标做出承诺。

2）专注：把自己的心思和能力都用到所承诺的工作上去。

3）开放：把项目中的一切开放给每个相关方看。

4）尊重：每个人都有其独特的背景和经验，尊重任何人。

5）勇气：有勇气做出承诺，履行承诺，接受别人的尊重。

第三个方面是建立团队成员之间的默契。对于一个自组织的团队而言，成员之间的默契是制胜的关键。一个团队如果拥有良好的个人素质，并且有一份详尽的项目规划，那么这个团队也能够高效地执行这份计划，前提是环境保持相对静态，计划始终有效。但是目前技术的发展、互联网行业的兴起、竞争对手的胁迫，使得项目环境不可能"相对静态"，一切都在变化，敏捷的口号也是"拥抱变更"，这种情况下需要的是一支相互信任且有明确的共同目标的团队。如此，在面对迅速变化的局势，面对纷杂变化的需求时，这一群人才能够及时反应且迅速协调一致。伟大的团队中，所有的成员都必须彼此信任，随着时间的推移，这些人会发现彼此的优点和缺点，这会使他们更加知道如何取长补短、协调一致，从而像一个整体一样去行动。

在《赋能：打造应对不确定性的敏捷团队》这本书里面提到了海豹突击队的一个故事。2009 年 4 月 8 日，4 名手持 AK-47 步枪的海盗登上了马士基-阿拉巴马号集装箱运货船，抓住了阿拉巴马号上的美国船长。美国立即向事发地点派出两艘军舰：驱逐舰班布里奇号和护卫舰哈利伯顿好。海盗把船长劫持到一艘救生艇上作为人质，他们把船长的双手绑起来，用枪顶住船长的后背，开始和美方展开谈判。3 名海豹突击队的狙击手趁着夜色乘坐 C-17 运输机抵达现场，跳伞降落在冰冷的海水中，然后割断降落伞，在驱逐舰的尾部静静地等待时机。救生艇上只有两个小窗户，只有一名海盗处在瞄准器的十字线上，他们清楚，如果仅仅打死一名海盗，那么船长肯定非死即残。一直等到当地时间上午七点多，救生艇上的两名海盗实在受不了船舱内 3 天没有流动过的空气，他们打开救生艇前端的一个小窗口，而第三名海盗此时依然在阻击手的视线内。三名海盗猛吸了一口咸湿的海风，但是他们注定只能吸一口，随即三颗子弹从班布里奇号的船尾射出，飞过 75 英尺的距离来到随着波涛起伏的救生艇上，3 名海盗同时被击毙，船长重获自由。

这样的故事对美国人来说非常刺激，他们赞赏这些海豹突击队的速度、力量和精准性。但事实上，这个行动最不同凡响的地方，并不是大多数人认为的那样，因为在 75 英尺内击中移动目标对于每个狙击手来说都不是什么了不起的事情。在这个事件中，最不同凡响的是 3 个成员之间的默契，没有领导给他们下命令，也来不及和同伴开口说话，一瞬间多箭齐发，这些战士有机地融成了一个整体。这样一种默契感和一致性并不是一种幸运的巧合，而是海豹突击队精心打造的结果。海豹突击队并不是让成员根据上级明确的命令行事，而是通过各种训练和实战让队员们能够在一个小团队内构筑互信，并且根据实际情况调整应对。

书中也说道：你不会成为海豹突击队员，也没有必要成为他们。但是你一定希望自己的团队能拥有他们中间的一些素质。为了培养成员之间的默契，首先要从组织层面去掉垂直命令的工作方式，同时 PMO 要设计科学有效的团队建设活动来锻造这种默契性，当然最主要的是在工作中发现、认可和鼓励这种实践，这种实践将逐渐把一个团队从多个成员转变为一个整体，也逐渐把一个普通的团队打造成超级团队。

有一个售后服务的团队去客户现场处理事故。客户的主设备报警，显示另一台辅助设备有问题。两位工程师来到现场，其中一位是实习工程师，他通常负责备品备件的准备、历史案例的查询等，然后站在旁边学习主工程师的做法，在需要的时候递送工具。主工程师首先检查有问题的设备，但是没有发现问题。于是他检查这台设备和主设备之间连接的电缆，这个电缆不是一般家用的宽带连接线，而是一条宽度有 20 厘米、中间由数不清的导线组成的、花花绿绿的、像一条时尚的腰带一样的电缆。虽然对电缆的外观看不出任何问题，但主工程师决定更换电缆试试。实习工程师拿出带来的备件，拆封包装，换上之后奇迹没有出现，主设备仍然报警。他们再次陷入沉思，这时主工程师说："会不会是新换上的电缆仍然有问题？也许我们需要让公司重新发一条电缆过来。"这时实习工程师说："我马上去车上，我多申请了一条。"这回轮到主工程师惊讶了，他没有想到实习工程师会领了两条电缆。第二条电缆换上后，奇迹出现了，报警消除，一切恢复正常。在场的工作人员都不由自主地鼓起掌来。虽然没有海豹突击队的工作惊天动地，但这个项目小分队中工作的默契度也可圈可点。

图 12-4 是对组织实施敏捷方法时的准备度进行评估的一个例子，组织可

以根据自己业务和项目的不同对评估表进行调整。在评估之后，需要根据当前的短板有针对性地组织培训或采取其他相应的整改措施，以保证敏捷方法的顺利落地。

得分	文化准备度					组织准备度			团队准备度		
5											
4											
3											
2											
1											
评估细项	对工作的态度	对同事的态度	对领导的态度	对客户的态度	对个人利益的态度	组织结构的灵活性	组织资源的共用	与供应商和客户的共创	成员的技术能力（T形）	成员对价值观的践行	成员之间的默契

图 12-4　敏捷准备度状况评估

12.3　选择合适的敏捷方法

敏捷方法就好像一把雨伞，只要符合《敏捷宣言》中倡导的价值观和原则的任何方法、技术、框架、工具或实践都可以放在这把雨伞下被称作敏捷方法，如 Scrum 方法、极限编程（XP）方法、看板方法、ScrumBan 方法、水晶方法、功能驱动开发方法（FDD）、动态系统开发方法（DSDM）等；同时，还有若干适用于大型团队使用的敏捷方法，如 Scrum of Scrums（SoS，也称为"meta Scrum"）、大规模敏捷框架（SAFe®）、大规模敏捷开发（LeSS）、企业 Scrum、规范 Scrum 等。

企业需要根据自身项目的实际情况选择一个或多个具体的敏捷方法。同时，这些方法并非为某个项目量身定制，所以针对具体项目时，项目团队需要在 PMO 的支持下，对具体敏捷方法进行裁剪，甚至有时候需要混合使用多个方法，才能达到预期的效果。

下面是来自某个互联网游戏公司研发部门 PMO 主管的分享，他分享了他们在实际工作中如何对项目管理方法进行裁剪。

我现在的公司是一个互联网公司，从组织结构上主要分为市场部、运营部、策划部和研发部。我在研发部工作，是典型的项目型工作，可以说项目管理方法已经潜移默化到每个工作环节了。但是我们不会刻意去定义，说我们正在使用的是什么方法，因为这样做会产生一些限制。我们可能纠缠这个方法我们用的到底对不对，是不是原汁原味，是不是符合其中的步骤。这样做，方法就变成了教条，而我们需要的是实用和灵活。我们会根据工作需要，参考那些广为认可的方法，定义最适合我们自己的做法。我们的业务、市场、人员成熟度也在不停地变化，所以，我们还需要及时调整方法。

我们也考虑了团队自身的情况。我们的团队都是 90 后的成员，年轻、活泼、好动、有创新性。那些传统的、陈旧的方法和术语即使听上去高大上，也并不能获得他们的青睐，他们喜欢明快的、直接的、高效的、时尚的沟通方式。所以，我们在工作中只是商量一下，这件事情我们这么做会更好一些，那我们就这么做。至于叫什么方法，属于哪个体系，并不是我们关心的范畴。

作为一个互联网公司，我们的特点是快速、敏捷、及时地获知市场信息，及时做出反应。所以，我们没有那些长达一两年的项目。迄今为止，我们的项目最长为 3 个月，一般就是几个星期，甚至更短的两三天就必须上线。对于项目来说，我们最关注的是时效性。必须在某个特定的时间点上线某个产品或功能，否则你就可能贻误了一个重大的商业机会。时间就是金钱，在我们这里这么说一点都不为过。

质量很重要，我们不能牺牲质量，也不能把质量放在第二位。我想时效性，既包括按时交付，也包括高质量交付。我们的产品上线后，如果质量有问题，用户体验差，达不到预定的市场份额，那么即使按时上线了，也达不到效果，无法获得收益。所以，时间和质量，都在第一位，既要保证时间，还要保证质量，这就是我们的项目、我们的团队所面临的挑战，也是我们必须满足的目标。

在多个竞争性目标中，如果非要舍弃什么，那么在我们这就是"范围"。当面临压力的时候，我们会在"多"这个指标上做出妥协。做出妥协，并不是指我们要放弃一部分范围，删掉一部分功能，而是我们采用了分步上线的增量方法。也就是在既定的目标期限，我们会保证主要功能、核心功能的高质量交付，而一些辅助功能放在后续的升级中。这个方面可以说我们采用了增量开发的方法。

其实，我们并没有给自己的项目管理方法或者生命周期模型命名，也没有去刻意套用哪个模型。图12-5可以概要性地说明我们大部分项目的管理思路。

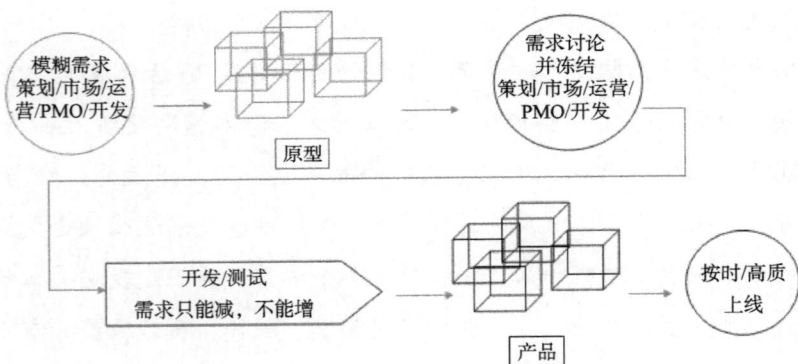

图 12-5　大部分项目的管理思路

在立项时，我们会开一个会，包括发起人、运营、PMO、开发等相关角色都会参加。这个会的目的是定义初步需求。之后，我们的团队会很快做出一个原型来。针对这个原型，上述人员再开第二次正式会议，这次会议目标是，对需求进行补充、细化和确认。这个会议结束，就表示需求已经冻结，不允许再讨论和修改。这里面既包含迭代开发的理念，也在某些程度上采用瀑布模式。

团队依据这个需求，迅速开始开发与测试工作。在开发过程中，我们共同遵守一个原则：需求如果要改变，那么只能减，不能增。面对一个固定的上线日期，如果再增加需求，则一定会产生额外的工作量，即使最后能勉强完成开发工作，也一定会存在测试不充分等各种隐患。所以，为了保证质量，我们达成一致意见：范围只能减少，不能增加。

对于开发小组来说，开发环境是封闭的，不再受外界的干扰，不再接受需求增加。但是对于项目经理来说，仍然在接收来自各个相关方的需求。我们并不会把这些需求马上增加到正在开发的项目中。可以说在这个地方我们借用了 Scrum 的产品 Backlog 和 Sprint Backlog 的做法，只是我们这里产品经理、项目经理和 Scrum Master 由一个人担任。

就整体而言，我们采用了瀑布模型的理念。在项目前期，又借鉴迭代的方法，通过一次原型，分两次完成需求收集和确认工作。而在开发过程中，借鉴了敏捷的方法，把开发团队置于一个封闭的、不受干扰的环境，由项目经理负责接收来自各方的新需求。在交付上，我们采用了分批增量的方法。

敏捷方法中提到了"自组织的团队"。作为研发团队的经理，你首先必须同意 Y 理论，也就是要相信：如果我们提供合适的环境，员工都是愿意工作的，且都能自我管理。你只有相信并践行这个理论，才能带好研发团队。

工作环境、激励机制这些都很重要，但是我感觉最重要的是细节，这需要管理者真心体察员工，真正尊重员工。如果你只是说：好好干活，干完了给你发钱。我觉得这可能是一个好的奖励机制，看不出管理者的诚意和对员工的尊重。对于我自己来说，我的做法就是观察和交谈。比如，有一次，我发现一个成员情绪连续几天都不好，但这个成员自己并没有说什么，还是照常进行着自己的工作。我觉得不行，我得主动找他谈谈，一谈，果然是有事，家里出事了，那么我们就尽最大的力量帮助他。通过观察，你还可以对人的行为有一定的预测，从而可以及早采取措施，如人员的流动性。所以管好项目不仅仅需要合适的方法轮，对人员需求的管理也是很重要的一部分。

12.4 大范围开展敏捷培训

除前面提到的向关键相关方包括管理层、客户、供应商等进行的理念宣讲以外，PMO 还需要组织更加广泛、更加深入的敏捷培训，使得所有参与敏捷行动的人员都具备相应的能力，并根据需要不断提升。

目前，市场上有不少关于敏捷认证的培训课程，如 PMI-ACP®、Scrum Master、SAFe®等，企业可以根据需要选择合适的培训，在条件成熟之后，应该根据企业和项目的需求开发适合自己的敏捷项目管理方法培训课程，可以分为基础级、实践级和专家级，甚至在组织内部进行认证。组织内部认证的好处是不仅可以把知识作为认证的依据，而且可以把更重要的因素——"实践应用和应用效果"作为级别划分的依据。同时，组织 PMO 需要建立自己的讲师团队，从敏捷团队中挑选优秀的骨干人员作为内部培训师，既是对他们工作业绩的肯定，对他们来说也是一种荣誉；同时，这些人更了解组织项目所遇到的问题、组织内部的文化等因素，所以他们可以引导团队找到更加切合实际的解决方案。适时引入外部培训也是必不可少的，随时了解管理方法的演进和更新，及时了解其他企业的优秀做法，所谓"他山之石，可以攻玉"。

另外，需要注意的是，敏捷方法并不是一门孤立的方法，它和其他的管理方法和管理实践有千丝万缕的联系，因此，PMO 在设计培训框架时还要综合考虑其他相关课程，做到相辅相成，综合增效。通常需要包括的课程有项目管理专业人士（PMP）认证培训、项目商业分析专业人士（PMI-PBA）认证培训、精益方法培训、项目经理软技能培训、高效运作项目管理办公室、项目管理实战问题回顾和研讨等。PMO 需要建立敏捷培训框架和路线，指导人们如何从入门者通过参加培训，逐渐提升为实践者、专业级、专家级，明确列出每个级别需要完成的课程，以及课程结束后需要在实践中进行应用，并就应用结果进行总结分享。

参加敏捷培训的人士不应该局限于实行了敏捷方法的项目团队成员，而是要广泛邀请相关方的参与。敏捷方法是一个系统方法，需要多方联动，只有一个孤立的小组在使用这个方法，是不会见到成效的，甚至根本就不能执行下去。通常，参加培训的人员包括项目团队成员、项目经理、产品经理、职能部门经理、项目支持者、管理层、决策层、客户主要代表和项目参与者、供应商主要代表和项目参与者，当然还有 PMO 所有成员。

除持续地、系统地提供敏捷培训外，PMO 还需要建立敏捷图书库，引导项目团队和相关方通过碎片时间持续学习新知识，并且定期开展读书分享会，这是促进提升的一种性价比很高的有效手段。关于敏捷方法的读物有很多，PMI 建议的 12 本书分别为：

1）*Agile Estimating and Planning*《敏捷估计与规划》 作者：Mike Cohn

2）*Agile Practice Guide* 《敏捷实践指南》作者：Project Management Institute, Inc.

3）*Agile Project Management: Creating Innovative Products* 《敏捷项目管理：创造新颖产品》作者：Jim Highsmith

4）*Agile Retrospectives: Making Good Teams Great* 《敏捷回顾：团队从优秀到卓越之道》 作者：Esther Derby, Diana Larsen, Ken Schwaber

5）*Agile Software Development: The Cooperative Game* 《敏捷软件开发》作者：Alistair Cockburn

6）*Coaching Agile Teams: A Companion for ScrumMasters, Agile Coaches, and Project Managers in Transition* 《创建敏捷团队：ScrumMaster、敏捷教练与项目经理的实用指南》 作者：Lyssa Adkins

7）*Effective Project Management: Traditional, Agile, Extreme* 《有效的项目管理：面向传统、敏捷、极限项目》 作者：Robert K. Wysocki

8）*Exploring Scrum: The Fundamentals* *本书没有中文版 作者：Dan Rawsthorne with Doug Shimp

9）*Kanban in Action* 《看板实战》 作者: Marcus Hammarberg, Joakim Sunden

10）*Kanban: Successful Evolutionary Change for your Technology Business* 《看板方法：科技企业渐进变革成功之道》 作者: David J. Anderson

11）*Lean-Agile Software Development*《精益-敏捷项目管理》 作者: Alan Shalloway, Guy Beaver, James R. Trott

12）*User Stories Applied: For Agile Software Development* 《用户故事与敏捷方法》作者: Mike Cohn

12.5 从局部试行到全面运行

敏捷转型的一种稳妥的做法是从局部试行开始。选择试行项目时考虑的要素：第一，这个项目比较独立，这个项目进展的快慢不会影响其他的项目；第二，这个项目从开始到交付的周期不宜太长，一般以 2~4 个月为佳；第三，这个项目团队的经理、成员和主要参与者在前期接受了良好的敏捷培训，既有相应的认证（内部或外部的），同时又从思想上认可敏捷方法，对这种方法的使用有强烈的渴求，也就是要确保这些团队是自愿作为敏捷试点项目。另外，在选择试运行项目的时候，建议选 2~3 个。切忌不能只选择一个，有的时候竞争也是促进变革成功的一种有效手段；也不能选择太多，因为在转型初期每个团队都需要专家指导，选择太多容易顾此失彼。

针对试点项目，PMO 要委派敏捷转型专家进行一对一辅导，在情况允许的情况下，建议每个团队都有两位专家，一位专家来自外部，具有丰富的敏捷实战经验和转型成功案例；另一位专家来自组织的 PMO，同样具备丰富的敏捷知识和经验，并且要具有强大的内外部协调和动员能力，与管理层有良好的沟通，在团队中有良好的威信，并且具有战略和业务管理能力和杰出的领导力。

在试行开始之初，专家和项目团队要就计划采用的管理路线进行充分讨论，基本达成一致意见，甚至要细化到具体的角色、管理工作和管理工件。具体的角色有项目经理、产品经理、开发人员、测试人员、客户、供应商等各自的角色和职责；管理工作有规划会议、每日站会、评审会、反思会召开的方式和议程等；管理工件有项目中采用的产品愿景描述、产品路线图、版本计划、迭代计划、产品未完项清单、迭代未完项清单、燃气图、燃尽图等的模板和格式。

开始的几次迭代可以由专家来担任项目经理，真正的项目经理进行观摩；也可以由项目经理直接上手，专家给予指导意见。每个管理活动结束之后，专家都要和团队坐下来一起讨论：我们执行的方式和预期的方式是否有偏差？我们执行的方式是否和组织的有些条件不匹配？我们是否需要做出调整？我们应该如何调整？

可以邀请其他有意向成为下一批试点的项目经理、成员，以及 PMO 人员等来参加试点团队的敏捷活动，并允许他们提出疑问，专家要对此进行耐心解释。因为接下来就轮到这些项目经理上场了。PMO 的助理需要全程跟踪试点团队的活动，并认真记录每次活动的情况，以及活动之后专家带领的讨论会议。这对其他团队进行敏捷转型有极大的参考价值。

在试点项目结束之后，专家、项目经理和 PMO 助理要一起复盘整个过程，并形成最终的从项目开始到项目结束的全生命周期敏捷管理过程文件。这份文件并不会成为日后其他项目必须遵守的标准或样板，只是作为其他项目参考或裁剪的依据。另一个重要的事情就是 PMO 要组织针对试点项目成效的评估，可以从质量、工期、成本、客户满意度、员工满意度等方面进行评估。

接下来就要在较大范围内推广敏捷方法。此时对项目的选择范围可以扩大一些，可以适当包括一些工期比较长、规模比较大的项目。但是对于项目相关人员的准备状况还是要有严格的要求，包括技能、态度、意愿，甚至性格。任何方法在尝试之初，都会遇到困难、受到质疑，并且让绩效陷入暂时的低谷，所以需要团队成员具有坚忍的意志，乐观的精神，勇于面对问题、困难和挑战的毅力和能力。这些纳入第二批试点的项目经理必须参加了第一批试点项目的观摩，参加了他们的讨论会议，这样才能扬长避短，少走弯路，用最快的速度让敏捷方法落地，并对通用性问题的解决胸有成竹。

在第二批试点项目的推进过程中，仍然需要转型专家和 PMO 专家的支持和指导，帮助他们找到正确和合适的方法，帮助他们协调内外部其他相关方的支持和配合。但此时已经无法做到一对一的辅导了，通常由一对专家（一内一外）负责 3~5 个项目组。如果组织中有规模比较大的项目，也建议在第二批试点中选择 2~3 个大规模项目，开展规模化敏捷方法的试运行。对于此类项目，还是需要专家一对一辅导。

同样在第二批试点项目的执行过程中，在每个管理活动结束后，专家要组织讨论会，对正在采用的方法进行调整、裁剪和优化。随着项目的陆续结束，要对项目管理方法进行复盘，形成最终版的敏捷管理过程。PMO 要组织对各个项目效益的评估，以分析敏捷方法是否真正缩短了工期、降低了成本、加快了响应速度、强调了持续生产力而减少了突击加班现象。当然，最重要的是客户是否满意，是否快速实现了客户的需求，为客户的业务运营增加了价值。

在试点项目取得初步成效之后，PMO 需要带动和说服组织其他适合敏捷方法的项目全面进行敏捷转型。对于每个第一次使用敏捷方法的团队，PMO 都要提供一对一或一对多的转型教练，对其进行指导。这种依次递进的方式虽然可能导致转型的速度比较慢，但是转型过程中人们的接受度更高，转型之后更有可能真正达到目的。在敏捷转型中，切忌一窝蜂地、命令式地全面转型，在这种情况下，有的人能力不具备，有的人认识没有跟上，该协调的没人协调，该负责的没人负责，一通忙乎之后，只是形式上做了些改变，墙上挂了几块挂板，时间长了，挂板也没人更新了，敏捷转型活动不了了之，人们又回到原来熟悉的工作习惯。这看起来好像只是一个管理方法的失败，是件小事情，其实不然，在快速变化的环境下，如果我们的管理思路跟不上，如果我们处理业务、响应客户的速度还像"大象"一样缓慢，那么我们的竞争力就会下降，我们就跟不上这个变幻莫测的时代了，这可就不是一件小事情了。

12.6　进入敏捷 PMO 稳定期

相比传统的 PMO，进入稳定期之后的敏捷 PMO 仍然会面临一些挑战。首先，敏捷 PMO 需要担当组织内部的"咨询公司"，为项目提供咨询服务。但是敏捷项目的不确定性高，所以前来咨询的内容也五花八门，有的团队可能需要一些特殊的工具模板，有的项目可能需要就某个具体问题提供指导建议。因此，PMO 的敏捷咨询顾问需要有丰富的经验、渊博的知识、解决问题的能力，以及专业的引导和指导的能力。对于一个刚刚完成敏捷转型的 PMO 来说，要从内部培养这样的顾问是需要时日的，所以建议的做法是从外部精心挑选，"高薪诚聘"，对几个顾问薪酬的投入与敏捷方法见效后为企业带来的增效相比一定是微不足道的。

PMO 面临的第二个挑战是敏捷项目中所涉及的知识和学科多，不仅应用到的技术更加丰富，而且需要采用的管理手段也更加先进，所以 PMO 需要建立多个主题的专家小组，这些小组不仅有技术专家小组、敏捷方法专家小组，甚至需要包括人力资源专家小组、采购专家小组、供应链专家小组。通过这些专家来帮助敏捷团队解决他们遇到的各种技术和管理问题，并且在敏捷团队需要指导时提供专家意见。

PMO 遇到的第三个挑战是在提供培训的时候，与传统 PMO 不同，不仅要对项目团队的人员进行培训，还要对组织内部其他相关部门进行培训，包括：业务部门，因为他们往往是需求的提出者；财务部门，他们需要核算每个需求的预期 ROI 和投入使用之后实际的收益；高级管理层和中级管理层，他们需要知道在敏捷方法下他们各自的角色和工作方式的改变。除此以外，PMO 还要向外部的供应商和客户提供敏捷培训，这不是一件容易的事情，有的时候即使免费提供，外部人员也不一定愿意参加。因此 PMO 要想方设法、借助各方关键人物的影响，举行培训，通过培训建立统一的管理方法，这样在工作过程中才能有效配合。基础培训完成之后并非万事大吉，因为新的方法不断涌现，所以需要增加新方法的培训。项目实战中的问题更是层出不穷，花样百出，所以针对项目问题要开展有针对性的实战研讨培训。各个项目相关组织的人员是动态变化的，参与项目的人员也在不断变化，所以这种培训必须是持续的。为了达到这个目的，PMO 需要建立一支强壮的师资队伍，这些讲师可能来自 PMO 内部，也可能来自组织中其他敏捷团队的骨干人员及外部聘请的专业讲师。

除此以外，敏捷转型后的 PMO 承担的主要职能还包括：

1）建立敏捷项目的管理流程、标准、参考模板、软件工具等。但是切记，敏捷方法是适应型的，所以 PMO 所建立的敏捷流程标准也是适应型的，只能作为对敏捷团队的指导和参考，团队需要根据自己的项目情况进行裁剪和调整。

2）建立敏捷团队的绩效考核制度。敏捷方法中包含了很多温和的人文因素，这种人与人之间的相互信任，其最终目的是提高员工和客户满意度，提高项目所交付的价值，从而贡献于组织的收益，所以项目收益和组织收益也需要纳入敏捷项目的绩效考核指标中。

3）进行多个项目之间的协调。需要注意的是，在进行多项目协调时，如果企业采用了大规模敏捷的方法，那么 PMO 需要与大规模敏捷团队的层级协调体制达成共识，保持一致，避免职能重叠或职能遗漏。

4）维护组织过程资产库。把每个项目每次回顾的总结进行整理，形成组织内部的经验教训知识库，并且通过信息系统建立索引，促进同事之间、团队之间的互相学习。PMO 也可以挑选其中的优秀案例编制成册，分发到各个小组成员手中，作为案头参考手册。PMO 还需要召开面对面的跨团队的交流会，促进隐性知识的分享。

5）协调相关方对敏捷方法的持续支持。敏捷项目实施过程中，需要组织内部自上而下各层领导的支持，需要组织内部横向跨职能的支持，还需要组织外部的客户和供应商的支持。PMO 需要制定相关的指导手册，告诉敏捷团队如何获取这些相关方的参与和支持。在特殊情况下，PMO 还需要亲自披挂上阵，帮助团队协调关系，解决问题，做出示范。

6）评定敏捷项目经理的级别。建立项目经理资源库，根据这些人员的知识状态、实际绩效、相关方打分、技术特长来确定其级别和专业方向，同时制定晋级标准、晋级时间表和评定方法。每次启动新项目的时候，可以把项目的特征与项目经理资源库进行匹配，让合适的人做合适的事情，从而提高项目成功的概率。

7）持续改进。社会在进步，技术在进步，客户的需求在不断变化，因此再新的项目管理方法也会过时。PMO 不能故步自封，必须与时俱进，因需而变，持续改进。改进的机会主要来源于团队的反馈、客户的反馈、战略的需要和标杆对照的启示。PMO 需要随时观察敏捷团队的行为和效率，参加他们的回顾会，从中发现改进机会。PMO 需要主动收集客户的声音，既包括外部客户，也包括内部的需求部门，从他们的反馈中识别改进机会。PMO 需要与组织决策层保持紧密联系，掌握组织战略发展方向，从而为未来发展提前储备能力和优化流程。另外，PMO 必须经常参加行业交流会，了解其他单位尤其是标杆企业的做法，取长补短，不断提升自己。持续改进才能使敏捷管理方法真正成为组织的核心竞争力。

附 录 A

缩 略 语

How to

Run PMO

Effectively

表 A-1 缩略语

缩 略 语	英文释文	中文释文
AC	Actual Cost	实际成本
BU	Business Unit	业务单元
CAPM	Certified Associate in Project Management	PMI 的项目管理专业人员资质认证机构
CCB	Change Control Board	变更控制委员会
CPI	Cost Performance Index	成本绩效指标
CT	Customer Team	客户团队
CV	Cost Variance	成本偏差
CVA	Customer Value Added	客户价值增加
EV	Earned Value	挣值分析方法
EVA	Economic Value Added	经济价值增加
FA	Final Acceptance	终验
IA	Initial Acceptance	初验
ICB	IPMA Competence Baseline	IPMA 能力基准
IPMA	International Project Management Association	国际项目管理协会
IT	Information Technology	信息技术
ITSM	Information Technology Service Management	IT 服务管理
MOV	Measurable Organization Value	可度量的组织价值
NPV	Net Present Value	净现值，财务指标之一
OA	Office Automation	办公自动化系统
OPM3	Organizational Project Management Maturity Model	组织项目管理成熟度模型
PgMP	Program Management Professional	PMI 的项目集管理专业人员资质认证
PLC	Project Life Cycle	项目生命周期
PM	Project Manager	项目经理
PMBOK	Project Management Body of Knowledge	项目管理知识体系
PMCDF	Project Manager Competency Development Framework	项目管理能力发展框架

缩略语	英文释文	中文释文
PMI	Project Management Institute	项目管理协会
PMIS	Project Management Information System	项目管理信息系统
PMO	Project Management Office	项目管理办公室
PMP	Project Management Professional	PMI 的项目管理专业人员资质认证
PV	Planned Value	计划值
PVA	People Value Added	人员价值增加
RAM	Responsibility Assignment Matrix	项目团队的职责分工矩阵
RBS	Risk Breakdown Structure	风险分解结构
RBS	Resource Breakdown Structure	资源分解结构
RFA	Readiness for Application	具备运行条件
ROI	Return on Investment	投资回报率
SOW	Scope of Work	工作范围
SPI	Schedule Performance Index	进度绩效指标
SV	Schedule Variance	进度偏差
SWOT	Strengths Weakness Opportunities Threats	态势分析法
TTT	Train the Trainer	培训培训师的课程
WBS	Work Breakdown Structure	工作分解结构

参考文献

1. Project Management Institute. 项目管理知识体系指南（第 6 版）[M]. 北京：电子工业出版社，2018.

2. Project Management Institute. 项目组合管理标准（第 4 版）[M]. 张智晓，苏金艺，译. 北京：电子工业出版社，2019.

3. Project Management Institute. 项目集管理标准（第 4 版）[M]. 北京：电子工业出版社，2019.

4. Project Management Institute. 敏捷实践指南[M]. 北京：电子工业出版社，2018.

5. Project Management Institute. 项目组合、项目集和项目治理实践指南[M]. 何国勋，焦春芳，许江林，译. 北京：电子工业出版社，2019.

6. Project Management Institute. 项目经理能力发展框架（第 3 版）[M]. 赵弘，译. 北京：电子工业出版社，2020.

7. Project Management Institute. 组织项目管理成熟度模型（OPM3）[M]. 张增华，吕义怀，译. 北京：电子工业出版社，2006.

8. 杰克·T. 马丘卡. 信息技术项目管理（第 2 版）[M]. 许江林，译. 北京：电子工业出版社，2007.

9. 凯文·福斯伯格，等. 可视化项目管理（第 3 版）（修订版）[M]. 许江林，刘景梅，译. 北京：电子工业出版社，2011.

10. 许江林，刘景梅. IT 项目管理最佳历程[M]. 北京：电子工业出版社，2004.

反侵权盗版声明

电子工业出版社依法对本作品享有专有出版权。任何未经权利人书面许可，复制、销售或通过信息网络传播本作品的行为；歪曲、篡改、剽窃本作品的行为，均违反《中华人民共和国著作权法》，其行为人应承担相应的民事责任和行政责任，构成犯罪的，将被依法追究刑事责任。

为了维护市场秩序，保护权利人的合法权益，我社将依法查处和打击侵权盗版的单位和个人。欢迎社会各界人士积极举报侵权盗版行为，本社将奖励举报有功人员，并保证举报人的信息不被泄露。

举报电话：（010）88254396；（010）88258888

传　　真：（010）88254397

E-mail：　dbqq@phei.com.cn

通信地址：北京市万寿路 173 信箱

　　　　　电子工业出版社总编办公室

邮　　编：100036